工业和信息化高职高专"十二五"
规划教材立项项目

21世纪高等职业教育财经类规划教材

物流管理专业

采购与供应管理实务

Purchasing and Supply Management Practices

司银霞 ◎ 主编

张志乔 赵丽娟 ◎ 副主编

Logistics Management

人民邮电出版社

北京

图书在版编目（CIP）数据

采购与供应管理实务 / 司银霞主编. -- 北京 : 人民邮电出版社, 2011.10（2023.1 重印）
21世纪高等职业教育财经类规划教材. 物流管理专业
ISBN 978-7-115-26299-8

Ⅰ. ①采… Ⅱ. ①司… Ⅲ. ①采购－物资管理－高等职业教育－教材②物资供应－物资管理－高等职业教育－教材 Ⅳ. ①F252

中国版本图书馆CIP数据核字(2011)第187408号

内 容 提 要

本书遵循学生职业能力培养的基本规律，以职业阶梯为背景，岗位任务为载体，确定主题学习单元，做到了教、学、做相结合。实现了理论与实践一体化，合理设计学习项目，优化教学模式。本书共有 10 个学习项目，23 个训练任务。

本书可作为高等职业院校、大专院校物流管理及相关管理类专业的教学用书，也可用做企事业单位技术及管理人员的培训教材。

◆ 主　　编　司银霞
副 主 编　张志乔　赵丽娟
责任编辑　李育民
◆ 人民邮电出版社出版发行　北京市丰台区成寿寺路 11 号
邮编　100164　电子邮件　315@ptpress.com.cn
网址　https://www.ptpress.com.cn
北京盛通印刷股份有限公司印刷
◆ 开本：700×1000　1/16
印张：15.25　2011 年 10 月第 1 版
字数：290 千字　2023 年 1 月北京第 11 次印刷

ISBN 978-7-115-26299-8

定价：28.00 元

读者服务热线：(010) 81055256　印装质量热线：(010) 81055316
反盗版热线：(010) 81055315
广告经营许可证：京东市监广登字 20170147 号

出版说明

近 30 年来，我国取得巨大的进步，靠的是改革开放带来的经济腾飞。经济的发展使得财经类学科一时成为显学，财经类专业也成为了大中专院校的热门专业。

当前，企业对财经类人才的需求又开始呈现增长的态势，但同时企业对财经类人才的要求与以往相比也越来越高。因此，能够培养出数量充足，而且素质和技能较高、能够充分适应和满足企业需求的财经类人才，已成为未来高职高专院校亟待探索和解决的问题。

何谓高层次的财经人才，首先，应该有科学、完整、宽厚、扎实的专业知识，现在市场细分，岗位细分，越是细分，就对人才的要求越综合，就越需要具备综合知识，以做好细分后的工作；其次，需要有较强的实践能力，能够高质量地承担第一线工作，并且能够在实践中不断地发展自己。要培养出这样一支高素质、高技能的应用型、技术性人才队伍，就要摸索出一套有效的人才培养模式，做好高校人才培养工作。

教材建设在高校人才培养中占有重要的地位。基于这一点，人民邮电出版社在广泛征求全国高职高专财经专家、学者和教师意见的基础上，组建了 21 世纪高等职业教育财经类规划教材编写委员会，以课题研究的形式，组织全国多所知名财经院校教师，召开了多次教材建设研讨会，从而确立了系列规划教材的编写思路和编写体例，并对系列规划教材的大纲和内容进行了深入研讨和论证，几易其稿，终能付梓。

本系列规划教材涉及财务会计、财政金融、市场营销、工商管理、经济贸易、物流管理、电子商务等多个方向，其内容既体现教育部发布的 16 号文件精神，又与高职高专院校教学实践相结合，具有鲜明的编写特色。

1．整体策划，项目推进。本系列规划教材注重专业整体规划，从分析专业工作岗位入手，获得专业核心技能和岗位核心技能，进而来组织教材选题，安排教材结构和内容。同时，本系列教材采用项目研究、整体推进的形式，可以有效保证各专业教材内部之间的衔接性和系统性。

2．定位准确，紧扣改革。本系列规划教材紧扣教学改革的最新趋势，体现教育部发布的《关于全面提高高等职业教育教学质量的若干意见》的文件精神，专业核心课程以应用知识为主，重点是培养学生解决实际问题的能力，满足培养应用型人才的教学需求。

3．理论够用，突出技能。本系列规划教材遵循“以就业为导向，工学结合”的原则，以实用为基础，根据企业的岗位需求进行课程体系设置和教材内容选取，理论知识以“够用”为度，突出工作过程导向，突出技能的培养。在编写体例上将案例教学方式和项目教学方式与不同的课程合理结合，以期能够更贴近教学实际。

为了提升教学效果和满足学生的学习需求，本系列规划教材大部分还建设了配套的立体化教学辅助资源，包括多媒体课件、电子教案、实训资料、习题及答案、生动的教学案例及案例分析，部分教材还配有图片、动画和视频等教学资源。

期望通过本系列规划教材的推出，能够为推动财经类专业职业教育教学模式、课程体系和教学方法的改革贡献一份力量。同时，我们也希望能有更多的专家和老师参与到本系列规划教材的建设中来，对教材提出宝贵的意见和建议。

前　言

随着经济一体化的不断发展，企业所面临的国内外竞争日趋激烈。而在企业努力提高核心竞争力的过程中，采购部门的地位越来越显得重要。

采购与供应管理是一门综合性较强的技术科学，它集合了经济、技术、管理、沟通等各方面的知识和技能，需要通过从业者深入的学习和实践，来提高自身业务水平和综合能力。因此，采购与供应管理既是工商企业管理、物流管理、连锁经营管理、市场营销等专业的核心课程，也是其他管理类专业的选修课程。

本书遵循学生职业能力培养的基本规律，以职业阶梯为背景，岗位任务为载体，确定主题学习单元，教、学、做相结合。理论与实践一体化，合理设计选择学习项目，优化教学模式。本书共 10 个学习项目，23 个训练任务，相关知识为完成该项任务提供理论支撑和参考。这 10 个项目可分为 3 个模块，其中，项目一为初步认识采购而安排的内容；项目二至项目五是依据采购作业环节及岗位要求，编排教学任务和知识内容，对应复杂操作层和基层管理岗位而设；项目六至项目十是不同背景下，采购与供应模式的基层运作和管理的相关内容。学生通过 10 个项目的学习，不仅可以掌握采购各个环节的技能，还能够掌握不同作业模式下的采购业务运作，从而使学生的职业综合能力得到渐进式的训练和提升。

本书由浙江经贸职业技术学院司银霞主编，张志乔和赵丽娟担任副主编。司银霞负责编写项目一、项目二、项目五、项目七、项目八、项目十，并对全书进行统稿；赵丽娟负责编写项目三、项目四；王志国负责编写项目六；刘淑红负责编写项目九。浙江经贸职业技术学院张志乔老师对本书的体例制定进行了修订。中国联合工程公司工业二院项目部负责人周丹诚对本书进行了指导。

此外，本书在编写过程中，得到了兄弟院校、政府行业管理部门等的大力支持和帮助。同时，本书引用了国内外有关专家学者的著作和资料，在此表示忠心的感谢。

由于作者编写水平有限，时间仓促，书中难免存在不当之处。恳请专家和读者批评指正！

编　者

2011 年 8 月

目　录

目录

目　录

项目一

认识采购

【知识目标】

- 熟悉采购活动的基本概念
- 了解采购在企业中的作用和地位
- 熟悉采购的基本作业程序
- 掌握采购作业的基本原则和不同岗位的主要职责
- 了解采购组织

【技能目标】

- 能辨别采购与购买
- 能叙述采购的一般作业程序
- 能够描述采购工作涉及的岗位及主要工作职责

任务　采购部门调研分析

任务引入

不管在什么社会背景下，任何企业在不同市场上的经营运作，其主要程序都离不开这3个环节：采购—生产—销售，很显然，采购是企业生产和人们日常生活的重要保障。因此，采购对企业来讲，是非常重要的一个环节。如何保证企业以最小的采购成本，创造最大的采购效益，是所有企业和个人的采购行为所追寻的主要目标。通用公司前 CEO 杰克韦尔奇说过的一句话道出了采购的重要性："采购和销售是公司唯一能'挣钱'的部门，其他任何部门发生的都是管理费用！"

1. 任务要求

通过查阅资料（教材、期刊、网络等）、调研等形式，完成一份采购活动的调研报告。内容包括如下几个方面。

（1）基本信息：调研时间、调研形式、调研地点、小组成员等。

（2）采购企业状况：企业名称、采购部门组织（包括企业组织结构）、采购人员岗位安排、采购商品种类、采购的时间和数量计划、采购的基本作业流程等基本情况。

（3）调研企业的感想与体会。

2. 任务分析

采购是企业运营的主要环节。通过查阅资料、实地调研、走访，学生可以了解采购的基本业务和运作流程，认识业务实施必备的设施设备、信息系统、信息技术和管理方法，对企业采购部门设置、采购岗位及工作职责、工作性质及职业发展规律等有初步印象，为以后深入学习采购运作及管理技能做好铺垫，对日后就业岗位及所需技能有较清晰的认识。

3. 实施步骤

（1）准备工作：对学生进行分组，约 4～5 人一组；教师讲解安全注意事项、参观要求和报告撰写要求。

（2）老师可推荐部分合作企业，或由学生自行确定调研企业。

（3）任务实施：收集要查阅的资料，联系企业采购部门进行访谈调研，分工协作。

（4）编写报告。

4. 结果评价与交流

对学生实施过程及调研报告质量进行评价，激励学生积极认真地实施项目。为后续的点评交流准备翔实的基础资料。可将评价分为个人评价和小组评价两个层面。

选取典型报告进行展示点评，对表现优秀的事迹和亮点给予表彰和推广，对于不足之处帮助其改进，提高以后项目实施的绩效。

一、采购概述

1. 采购的概念

一般情况下，我们所讲的采购是指在市场经济条件下，商品流通过程中，各企业及个人为获取商品，对获取商品的渠道、方式、质量、价格、时间等进行预测、决策，把货币资金转化为商品的交易过程，具有明显的商业性。

广义的采购是指除了以购买的方式占有物品之外，还可以通过租赁、借贷、交换等途径获取物品的使用权，来达到企业或个人满足需求的目的；狭义的采购就是企业根据需求，提出采购计划，审核计划，确定供应商，经过商务谈判确定价格、交货及相关条件，最终签订合同，并按要求收货付款的过程。

阅读材料

采购与购买的区别

原始社会，人们为满足生活的需求，基本上依靠自己生产，是“自给自足”的时代。随着人类社会的不断发展和进步，生产出现了剩余，人们满足自己需求的方式不再简单地依赖自己生产，于是开始出现了购买的方式。开始是物物交换，货币出现以后，开始用货币来交换物品，也就是我们现在最广泛采用的购买方式。

但是，“购买”和“采购”在概念上不一样。例如，我们已经站到了食堂的柜台旁，如果对打饭的师傅说，我“采购”饭菜，肯定会引起哄堂大笑。又例如，你问一个采购员到哪儿去，干什么？如果他说“我到江南去‘采购’一批药材”，则和说“我到江南去‘购买’一批药材”具有不同的意思。说“采购”的话，你可能就理解为他要到江南各地到处跑跑，选购许多不同品种的药材。说“购买”的话，你可能会理解为他要到江南某地某个药店去购买一批药材。这二者的意思实际上差别很大。

那么，我们来分析一下“采购”和“购买”有什么区别：购买是使用货币换取商品的交易过程；采购应当比购买的概念更专业、含义更广泛，包括购买、储运、运输、接收、检验及废料处理等。采购应当包含着两个基本意思：一是“采”，二是“购”。“采”，是采集、采摘，是从众多的对象中选择若干个之意；“购”，是通过商品交易手段把所选定的对象从对方手中转移到自己手中之意。所以所谓“采购”，一般是指从多个对象中选择购买自己所需要的物品的意思。这里所谓“对象”，既可以是市场、厂家、商店，也可以是物品。

从学术上看，它一般包含以下一些基本的含义。

① 所有采购，都是从资源市场获取资源的过程。

② 采购，既是一个商流过程，也是一个物流过程。

③ 采购，是一种经济活动。

2. 采购管理

采购管理是指为保障企业物料供应而对企业进行的采购活动的计划、组织、指挥、协调和控制的管理活动。采购管理活动具体包括制订采购计划，对采购活动、采购人员、采购资金、运储进行管理，并进行采购评价和采购监控。也包括建立采购管理组织、采购管理机制、采购基础建设等。

采购与采购管理的区别主要在于：前者是一种作业活动，是为完成指定的采购任务而进行具体操作的活动，一般是由采购员承担；而采购管理是管理活动，是面向整个企业的，不但面向企业全体采购员，而且也面向企业组织其他人员（进行有关采购的协调配合工作），一般由企业的采购科（部、处）长或供应科（部、处）长或企业副总来承担。

（1）采购管理的职能。采购管理工作的主要职能体现在3个方面。

① 保障供应是其首要职能，采购要实现对整个企业的物资供应，保障企业生产和生活的正常进行。企业生产需要原材料、零配件、机器设备和工具，生产线一开动，这些东西必须样样到位，缺少哪一样，生产线就开动不起来。

② 供应链管理职能。传统的采购管理观念，一般把保障供应看成是采购管理唯一的职能。但是随着社会的发展，特别是20世纪90年代供应链的思想出现以后，人们对采购管理的职能有了进一步的认识，即认为采购管理应当还有第二个重要职能，那就是供应链管理，特别是上游供应链的管理。

③ 资源市场信息管理。在企业中，只有采购管理部门天天和资源市场打交道，采购管理部门除了是企业和资源市场的物资输入窗口外，同时也是企业和资源市场的信息接口。所以采购管理除了保障物资供应、建立起友好的供应商关系之外，还要随时掌握资源市场信息，并反馈到企业管理层，为企业的经营决策提供及时、有力的支持。

（2）采购管理的重要性。企业的基本职能是为社会提供产品和服务。这个基本职能可以分解成物资销售、物资生产和物资采购3个子职能。其中采购对于企业来讲至关重要，主要表现在以下几个方面。

① 物资采购为企业保障供应、维持正常生产、降低缺货风险创造条件。很显然，物资供应是物资生产的前提条件。生产所需要的原材料、设备和工具都要由物资采购来提供。没有采购就没有生产条件，没有物资供应就不可能进行生产。

② 物资采购供应的物资的质量好坏直接决定了本企业生产的产品质量的好坏。能不能生产出合格的产品，取决于物资采购所提供的原材料以及设备工具的质量的好坏。

③ 物资采购的成本构成了物资生产成本的主体部分，其中包括采购费用、进货费用、仓储费用、流动资金占用费用以及管理费用等。物资采购的成本太高，将会大大降低企业生产的经济效益，甚至亏损，致使物资生产成为没有意义的事情。

④ 物资采购是企业和资源市场的关系接口，是企业外部供应链的操作点。只有通过物资采购部门人员与供应商的接触和业务交流，才能把企业与供应商联结起来，形成一种相互支持、相互配合的关系。在条件成熟以后，可以组织成一种供应链关系，

从而使企业在管理方面、效益方面都登上一个崭新的台阶。

⑤ 物资采购是企业与市场的信息接口。物资采购人员直接和资源市场打交道。资源市场和销售市场是交融混杂在一起的，都处在大市场之中。所以，物资采购人员比较容易获得市场信息，是企业的市场信息接口，可以为企业及时提供各种各样的市场信息，供企业进行管理决策。

⑥ 物资采购是企业科学管理的开端。企业物资供应是直接和生产相联系的。物资供应模式往往会在很大程度上影响生产模式。例如，实行准时采购制度，则企业的生产方式就会改成看板方式，企业的生产流程、搬运方式也都要做很大的变革；如果要实行供应链采购，则需要实行供应商掌握库存、多频次小批量补充货物的方式，这也将大大改变企业的生产方式和搬运方式。所以，物资采购部门每提供一种科学的物资采购供应模式，必然会要求生产方式、物料搬运方式都做相应的变动，以共同构成一种科学管理模式。可见，这种科学管理模式是以物资采购供应作为开端而运作起来的。

3. 采购管理作业流程与工作内容

采购管理的工作过程如图 1-1 所示。

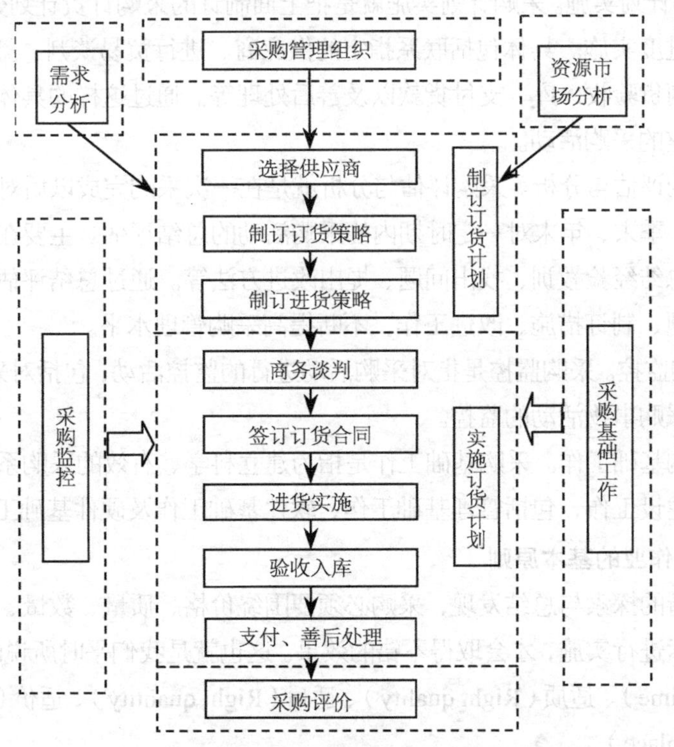

图 1-1　采购管理作业流程

（1）采购管理组织。采购管理组织是采购管理最基本的组成部分。为了搞好企业复杂繁多的采购管理工作，需要有一个合理的管理机制和一个精悍的管理组织机构，要有一些能干的管理人员和操作人员。

（2）需求分析。需求分析就是要弄清楚企业需要采购什么品种、需要采购多少、什么时候需要什么品种、需要多少等问题。作为全企业的物资采购供应部门，应当掌握全企业的物资需求情况并制订物料需求计划，从而为制订出科学合理的采购订货计划做准备。

（3）资源市场分析。资源市场分析就是根据企业所需求的物资品种，分析资源市场的情况，包括资源分布情况、供应商情况、品种质量、价格情况、交通运输情况等。资源市场分析的重点是供应商分析和品种分析。分析的目的，是为制订采购订货计划做准备。

（4）制订采购订货计划。制订采购订货计划是根据需求品种情况和供应商的情况，制订出切实可行的采购订货计划，包括选定供应商、供应品种、具体的订货策略、运输进货策略以及具体的实施进度计划等。具体地解决什么时候订货、订购什么、订多少、向谁订、怎样订、怎样进货、怎样支付等具体的计划问题，为整个采购订货规划一个蓝图。

（5）采购计划实施。采购计划实施就是把上面制订的采购订货计划分配落实到人，根据既定的进度实施。具体包括联系指定的供应商、进行贸易谈判、签订订货合同、运输进货、到货验收入库、支付货款以及善后处理等。通过这样的具体活动，最后完成了一次完整的采购活动。

（6）采购评估与分析。采购评估与分析就是在一次采购完成以后对这次采购的评估，或月末、季末、年末对一定时期内的采购活动的总结评估。主要在于评估采购活动的效果、总结经验教训、找出问题、提出改进方法等。通过总结评估，可以肯定成绩、发现问题、制订措施、改进工作，不断提高采购管理水平。

（7）采购监控。采购监控是指对采购活动进行的监控活动，包括对采购有关人员、采购资金、采购事物活动的监控。

（8）采购基础工作。采购基础工作是指为建立科学、有效的采购系统，需要进行的一些基础建设工作，包括管理基础工作、软件基础工作及硬件基础工作。

4. 采购作业的基本原则

经过不断的探索与总结发现，采购必须要围绕价格、质量、数量、需求时间、地点等 5 个要素进行实施，才会取得不错的效果。这也就是我们平时所说的“5R”原则。适时（Right time）、适质（Right quality）、适量（Right quantity）、适价（Right price）、适地（Right place）。

下面就商品采购的 5R 原则进行介绍。

（1）适价（Right Price）。价格是企业领导在采购环节最关心的要点之一，也是采购人员最敏感的焦点。因此，采购人员不得不把相当多的时间与精力放在与供应商的“砍价”上。物品的价格与该物品的种类、是否长期购买、是否大量购买及市场供求关系有关。同时物品的价格还与采购人员对该物品市场状况熟悉情况也有关系，如果采购人员未能把握市场脉搏，供应商在报价时就有可能“蒙骗”采购人员。一个合适的价格往往要经过以下几个环节的努力才能获得。

① 多渠道获得报价。这不仅要求有渠道供应商报价，还应该要求一些新供应商报价。企业与某些现有供应商的合作可能已达数年之久，但它们的报价未必优惠。获得多渠道的报价后，企业就会对该物品的市场价有一个大概的了解，并进行比较。

② 比价。俗话说“货比三家”，因为专业采购所买的东西，可能是一台价值百万或千万元的设备，或采购金额达千万元的零部件，这就要求采购人员必须谨慎行事。由于供应商的报价单中所包含的条件往往不同，故采购人员必须将不同供应商报价中的条件转化一致后才能进行比较，只有这样才能得到真实可信的比较结果。

③ 议价。经过比价环节后，筛选出价格最适当的 2～3 个报价环节。随着进一步的深入沟通，不仅可以将详细的采购要求传达给供应商，而且可进一步“杀价”，供应商的第一次报价往往含有“水分”。但是，如果采购物品为卖方市场，即使是面对面地与供应商议价，最后所取得的实际效果可能要比预期的要低。

④ 定价：经过上述 3 个环节后，买卖双方均可接受的价格便作为日后的正式采购价，一般需保持 2～3 个供应商的报价。这两 3 个供应商的价格可能相同，也可能不同。

（2）适质（Right Quality）。一个不重视品质的企业在今天激烈的市场竞争环境中根本无法立足。一个优秀的采购人员不仅要做一个精明的商人，同时也要在一定程度上扮演管理人员的角色，在日常的采购工作中要安排部分时间去推动供应商改善、稳定物品品质。

采购物品品质达不到使用要求的严重后果是显而易见的。来料品质不良，往往导致企业内部相关人员花费大量的时间与精力去处理，会增加大量的管理费用；来料品质不良，往往在重检、挑选上花费额外的时间与精力，造成检验费用增加；来料品质不良，导致生产线返工增多，降低产品质量、降低生产效率。因来料品质不良而导致生产计划推迟进行，有可能引起不能按承诺的时间向客户交货，会降低客户对企业的信任度；若因来料品质不良引起客户退货，有可能令企业蒙受余种损失，严重的还会丢失客户。

（3）适时（Right Time）。企业已安排好生产计划，若原材料未能如期达到，往往会引起企业内部混乱，即产生停工待料。当产品不能按计划出货时，会引起客户强烈不满。若原材料提前太多时间买回来放在仓库里等着生产，又会造成库存过多，大量积压采购资金，这是企业很忌讳的事情。故采购人员要扮演协调者与监督者的角色，去促使供应商按预定时间交货。对某些企业来讲，交货时机很重要。

（4）适量（Right Quantity）。批量采购虽有可能获得数量折扣，但会积压采购资金，太少又不能满足生产需要，故合理确定采购数量相当关键。一般按经济订购量采购，采购人员不仅要监督供应商准时交货，还要强调按订单数量交货。

（5）适地（Right Place）。天时不如地利，企业往往容易在与距离较近的供应商的合作中取得主动权，企业在选择试点供应商时最好选择近距离供应商来实施。近距离供货不仅使得买卖双方沟通更为方便，处理事务更快捷，亦可降低采购物流成本。

总之，只有综合考虑才能实现最佳采购，这需要采购实施人员在长期的实际操作中积累经验。

二、采购作业的作用

1. 采购可保证企业所需物料与服务的正常供应

采购是企业在一定的条件下从供应商购买产品或服务作为企业资源的整个过程。企业部门的采购，主要的任务就是要保障企业和部门所需物料与服务的正常供应。采购过程包含了制订并实施采购方针、策略、目标及改进计划并进行采购及供应商绩效衡量，建立供应商审核及认可、考核与评估体系，开展采购系统自我审核及评估，同其他单位的采购进行行业水平比较以提高整体采购水平，建立培养稳定、有创造性的专业采购队伍，与其他单位（往往是本集团的其他兄弟企业）共享采购资源、开展“杠杆采购”等。

采购的基本任务是保证本单位所需物料与服务的正常供应，不断改进采购过程及供应商管理过程以提高原材料质量，控制、减少所有与采购相关的成本，包括直接采购成本和间接采购成本，管理、控制好与采购相关的文件及信息，如程序性文件、作业指导书、供应商调研报告、供应商考核及认可报告、图纸及样品、合同、发票等。

采购工作范围如图 1-2 所示。

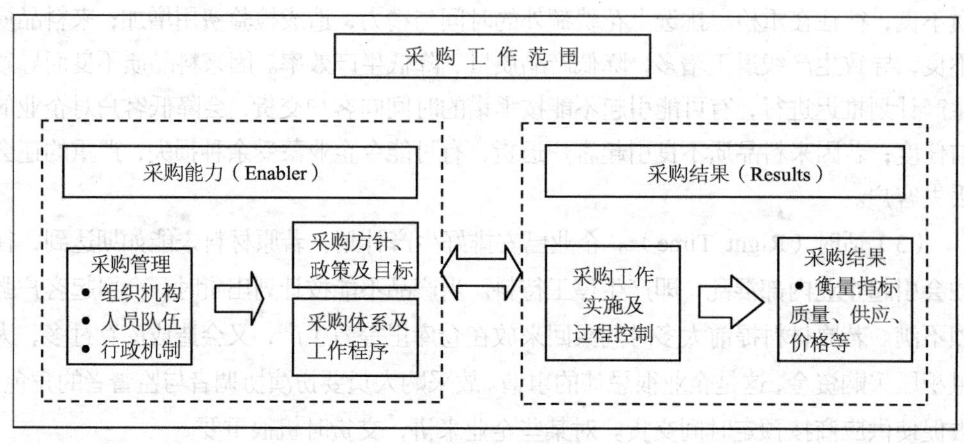

图 1-2　采购工作范围

2. 采购是企业供应链管理过程中的主导力量

采购作为保证企业生产及经营活动正常开展的经营活动，它是企业供应链管理过程中的主导力量，如图 1-3 所示。

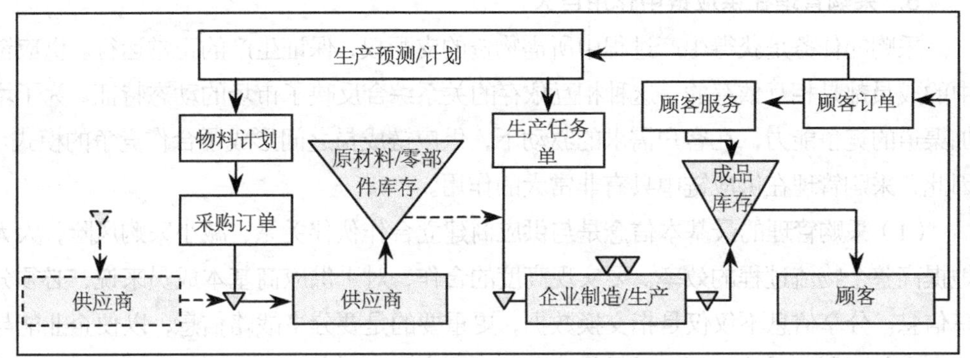

图 1-3 采购在供应链过程中起主导力量

企业的利润是同制造及供应过程中的物流和信息流的流动速度成正比例的。从整体供应链的角度来看，企业为了获取尽可能多的利润，都会想方设法加快物料和信息的流动。这样就必须依靠采购的力量、充分发挥供应商的作用，因为占成本 60%以上的物料以及相关的信息都发生或来自于供应商。

供应商提高其供应可靠性及灵活性、缩短交货周期、增加送货频率可以极大地改进生产制造企业的企划表现，如缩短生产总周期、提高生产效率、减少库存、加快资金周转、增强对市场需求的应变力等。

3. 采购是企业产品质量的基本保证

产品中价值 60%是经过采购由供应商提供，毫无疑问，产品“生命”的 60%应在来货质量控制中得到确保，也就是说企业产品质量不仅要在企业内部控制好，更多的控制应是在供应商的质量管理过程中，这也是“上游质量控制”的体现。

供应商上游质量控制得好，不仅可以为下游质量控制打好基础，同时可以降低质量成本，减少企业来货检验费（降低检验频次甚至免检）等。经验表明，一个企业要是能将 1/4 到 1/3 的质量管理精力花在供应商的质量管理上，那么企业自身的质量水平至少可以提高 50%以上。

4. 采购部门不是成本中心，而是企业真正的利润中心之一。

采购在绝大多数的企业里面，被视为一个花钱的部门，是企业活动中的成本中心。同时，企业也在不断地要求采购部门降低采购成本，从而减小开支，提高企业利润。从此可以看出，企业还是把采购作为提高企业利润的一个重要途径。

采购是公司能带来利润和公司增值的部门——杰克·韦尔奇。花钱并不可怕，既然每个公司都要在采购上花钱，那么，如何通过专业能力和谈判技巧，相对竞争对手少花钱，也是树立竞争优势的有效手段。据统计数据表明，生产制造企业外购的材料及零部件占企业采购成本的 40%～60%，而材料价格每降低 1%，在其他条件不变的前提下，企业的净资产回报率可增加 15%。

5. 采购管理在供应链中作用巨大

采购的任务是获得生产过程中所需物资的支配权，保证生产的正常运行。供应链中的成员都是相互依存的，这种相互依存的关系综合反映了市场的动态特征。为了增加渠道的竞争能力，在客户需求的驱动下，供应链成员之间形成了合作竞争的模式。因此，采购管理在供应链中具有非常大的作用。

（1）采购管理的最基本信念是与供应商建立合作伙伴关系，减小采购风险，大大地提高整个物流过程的效率。要实现高度的合作，对于供应商基本成员来说，必须分享信息。分享信息不仅仅是指交换数据，更重要的是要分享战略信息，以便企业能与供应商共同制订采购计划，以最佳的方法和更有效的手段来满足需求。同时，对于缺货成本来说，通过高效的采购管理方法，会大大地降低缺货的几率，并能在保障足够供货的情况下，从上游对库存优化起到很重要的影响。所以，采购管理是使企业能够更快更有效地正确工作必不可少的。

（2）排除了浪费和重复努力。在传统的采购渠道中，配置的大量库存构成了充满风险的承诺。分享信息和共同计划可以排除或减小与库存投机密切相关的风险。供应链合理化背后核心是库存是必须的无法彻底排除的，但是一定要排除浪费和重复努力。

三、采购组织及工作岗位

1. 企业采购组织设计的影响因素

一般情况下，采购的定位和结构依赖于企业的业务特征和情境因素，采购的组织工作也极大地依赖于公司的特点和所购买的产品的特点。国际公司中的采购活动越来越讲究协作，越来越多的公司在使用不同的采购技巧、方法和行为。采购的组织定位非常依赖于管理层对于采购职能所持的看法，当看做业务活动时，采购部门出于等级较低的地位；当看做重要的竞争因素，采购经理可能要向董事会汇报，甚至会成为董事会的一员；当把采购和供应管理与物流管理相结合的时候，采购经理会经常向物流经理汇报；而在以技术为导向公司中，采购经理可能会向生产经理提供有关报告。

可见一般情况下，企业的采购组织形式与下列因素有密切的关系。

（1）采购部门在企业中的地位和功能。

（2）企业的地理分布。

（3）采购组织便于满足价格优势。

（4）采购组织可提高采购透明度。

（5）便于提高采购的效率。

2. 采购组织的形式

采购管理组织有 3 种基本类型，即直线制，直线职能制和事业部制。

① 直线制是由一个上级直接命令管辖多个下级的一种组织结构形式。这种组织结构形式是最简单、最基本的组织结构形式，而且也是各种管理组织结构形式的基本单元。他的优势就在于直接命令和指挥，可以最有效、最直接地提高管理效率，但是管理者的能力、控制幅度会限制管理的各个方面。因此，直线制只适用于规模较小，生产技术比较简单的企业，对生产技术和经营管理比较复杂的企业并不适宜。

② 直线职能制是在直线制和职能制的基础上，取长补短，吸取这两种形式的优点而建立起来的。目前，我们绝大多数企业都采用这种组织结构形式。其主要优点是保证了企业管理体系的集中统一，又可以在各级行政负责人的领导下，充分发挥各专业管理机构的作用。同时还克服了直线制管理者受个人能力限制的缺点，可以在职能人员的协助下，对下级管理更宽、更细、更深入。其缺点是职能部门之间的协作和配合性较差，许多工作要直接向上层领导报告请示才能处理，从而加重上层领导的工作负担；另一方面也造成办事效率低。为了克服这些缺点，可以设立各种综合委员会，或建立各种会议制度，以协调各方面的工作，起到沟通作用，帮助高层领导出谋划策。

③ 事业部制是分级管理 、分级核算、自负盈亏的一种形式，即一个公司按地区或按产品类别分成若干个事业部，从产品的设计，原料采购，成本核算，产品制造，一直到产品销售，均由事业部及所属工厂负责，实行单独核算，独立经营，公司总部只保留人事决策，预算控制和监督大权，并通过利润等指标对事业部进行控制。也有的事业部只负责指挥和组织生产，不负责采购和销售，实行生产和供销分立。但这种事业部正在被产品事业部所取代。还有的事业部则按区域来划分。

另外，采购部门组织形式一般按照以下几个方面进行设立。

（1）按物品类别来设计采购组织：根据不同的采购物料类别，建立采购小组，执行采购任务。这种采购往往属于一贯式作业，它的主要特点如下。

① 一位采购人员可以综合管理全部采购过程，权责比较分明。

② 符合规模经济的原则。

③ 与供应商的关系良好。

④ 由于对供应商有取舍的权力，因此可以增强及时交货及改善品质的管理效能。

⑤ 一位采购员负责全部过程的各项作业，对各项作业难以都非常精通。

⑥ 采购事务从头到尾，全由一个采购人员全权负责，使得采购人员的权利过大，容易产生徇私舞弊、贪污受贿的事件；

⑦ 采购人员常常因为某一采购事务的羁绊，而无法进行其他的采购事务，致使采购完成效率低下。图 1-4 是按照物品类别来设计的采购组织结构形式。

（2）按照采购地区来设计采购组织：在进行采购设置时，根据供应商所在区域设定采购组织。因为不同区域的物流活动和业务组织有一定的差异，按地区划分，可以提高采购效率。这种组织形式同样具有上述一贯式作业的特点。

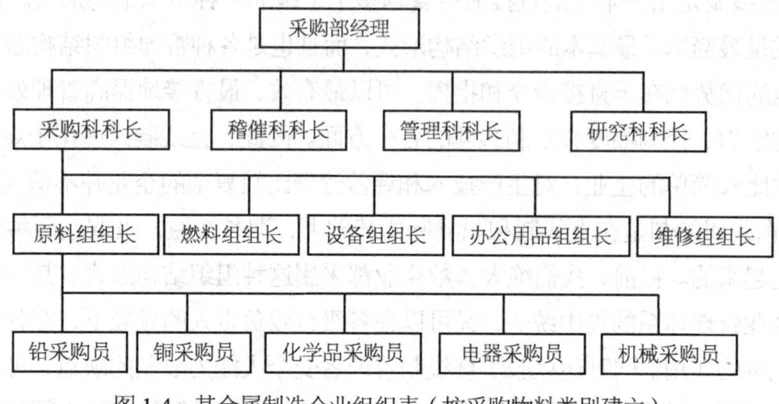

图 1-4　某金属制造企业组织表（按采购物料类别建立）

（3）按照采购过程来设计采购组织：一般要根据企业采购的运作方式和主要程序来设计组织结构。每个环节由专业的人员来进行运作。这种分段式作业的做法也有如下特点。

① 每位采购人员只负责采购过程中的一部分，能够做到熟能生巧，减少错误的发生，提高办事效率。

② 一方面是分工合作，另一方面则是内部牵制，不容易发生贪污或舞弊。

③ 采购过程每一阶段均由专业人员负责，可以大大提升采购作业的品质。

④ 同时采购过程由不同人员分段处理，收发转接手续较多，延误时效。

⑤ 各自为政，无人负责，而且采购与使用之间接手人员太多，会大量增加联系上的困扰。

⑥ 因为其对任何采购事务均无完整的决定权,因此采购人员的工作满足感比较低。

图 1-5 所示的采购组织结构形式第一层是按照地区来设计的，第二层是考虑采购流程设计的。

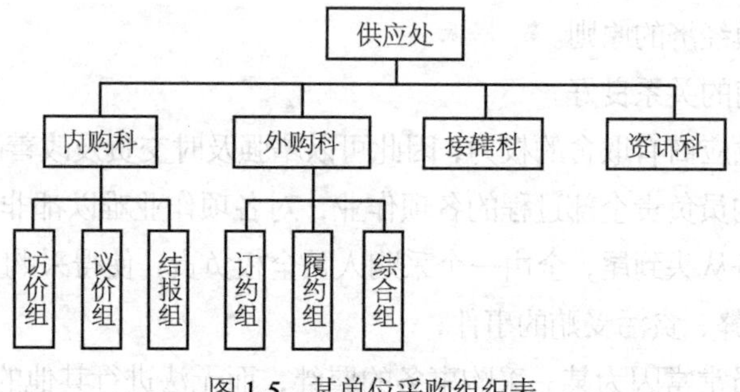

图 1-5　某单位采购组织表

（4）按采购价值或重要性来设计采购组织：比如企业可根据商品的价值或出/入库

频率对其进行ABC分类。不同类别商品的采购，可由不同级别或岗位的人员来承担。又比如，服务采购可根据采购项目的重要程度进行分类，采购组织结构可依据不同的采购项目的类别来设定承办人以及采购组织结构。

（5）混合式的采购组织形式：指在采购组织结构的设置过程中，兼顾物品类别、地区差异、采购价值、采购过程以及采购重要性等多方面因素，设计采购组织。图1-6就是混合式采购组织设计的一个实例。

表1-1 按采购物品重要性分工的采购组织

物 品	价 值	数 量	承办人
A	70%	10%	经理
B	20%	20%	科长
C	10%	70%	科员

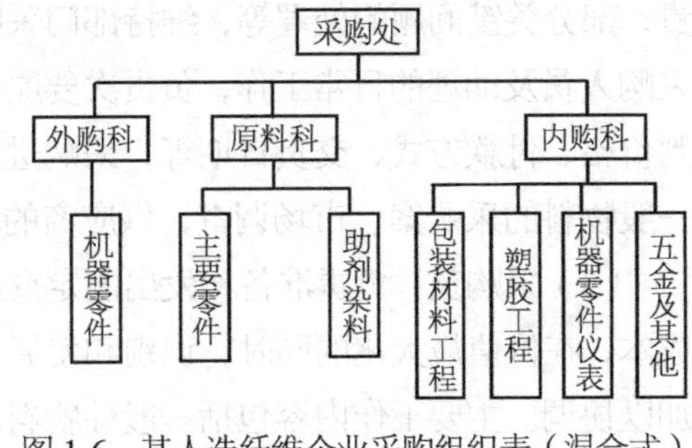

图1-6 某人造纤维企业采购组织表（混合式）

另外，还可以根据采购部门的隶属部门不同进行组织结构的设计，主要包括：隶属于生产部的采购组织模式、隶属于行政部的采购组织模式、隶属于高级管理阶层的组织模式、隶属于资材部的组织模式。一般情况下，规模较小的公司往往是直接隶属于高阶层直接管辖的机会较大。

3. 采购的工作岗位及主要职责

根据企业性质不同，采购工作的主要职责也不尽相同，如生产制造企业原材料采购、销售企业商品采购、政府设备采购等。

但是，不管是何种商品采购，采购人员的工作内容基本类似。一般采购部门人员的业务主要包含：报表审批、文书、联络工作、谈判、跟催、价值分析、商品验收、财务结算等工作。表1-2和表1-3分别是从作业层面和策略层面就不同的工作内容所占用的时间比例进行了对比介绍。

表1-2 作业性工作的时间分配对比

序 号	采购部门的工作内容	占用时间比例（%）
1	文书	50
2	跟催	20
3	推销员访谈	10
4	商品品质问题	10
5	开会	5
6	电话联络	5

表1-3 策略性时间分配

序 号	采购部门的工作内容	占用时间比例（%）
1	调研选择供应商	20
2	谈判	20
3	价值分析	15
4	品质改善	10
5	寻找替代来源	15
6	推销员访谈	10
7	文书作业	5
8	电话联络	5

从采购部门的管理阶层考虑，一般可划分为以下几个层次：采购经理、采购科长、采购员、采购员助理。采购部门人员的岗位职责描述如下。

（1）采购经理：负责主要材料和关键项目的采购，部门的统筹管理，主要工作内容包括拟定采购部门工作方针与目标，负责主要原料或物料的采购，编制年度采购计划于预算，签订订购单与合约，采购制度的建立与改善。

（2）采购科长：负责安排、协调、协助采购员的工作，并对非关键物料的采购负责，部分关键问题的处理等，维持部门采购业务顺利开展。其主要工作内容包括分派采购人员及助理的日常工作，负责次要原料或物料的采购，协助采购人员与供应商谈判价格、付款方式、交货日期等，采购进度的追踪；保险、公证、索赔的督导，审核一般物料的采购案，市场调查，供应商的考核等。

（3）采购员：负责准备和发出制定商品供应或服务的采购订单。追求最低采购总成本，在价值最大化的同时，识别和发展合格的供应商。如果发生供应中断要恰当地加以协调。主要工作内容包括一般性物料的采购，查访厂商，与供应商谈判价格、付款方式、交货日期等，要求供应商执行价值工程的工作，确定交货日期，一般索赔案件的处理，处理退货，收集价格情报及替代品资料等工作。

（4）采购员助理：协助采购员做好采购订单的制定工作，尤其是采购操作过程中单据的登记和事项记录，安排与接待访客等协助性工作。其主要工作内容包括请购单、验收单的登记，订购单与合约的登记，交货记录及催促交货，访客的安排与接待，采购费用的申请与报支，进出口文件及手续的申请，电脑作业与档案管理，办保险、公证事宜等。

4. 采购人员的素质和能力要求

采购工作不仅是简单地拿钱买东西，而是一种职能、一门专业、一种可为企业节约成本、增加利润、获取服务的资源。因此，采购并不是一件轻松的工作，需要较高的专业技能和谈判技巧，他需要采购人员具备较高的专业能力以及综合的素质要求。那么一个成功的采购人员应具备哪些方面的技能和素质呢？

（1）具备成本意识与价值分析能力。采购支出是构成销货成本的主要部分，通过调查发现，企业50%～60%的销售额均用于采购，有的企业竟高达75%。因此，采购员必须具有成本意识，会精打细算；具有“成本效益”的观念。此外，对于报价的内容，应学会分析的技巧，不要总是以“总价”比较。必须在相同的基础上，对原料、人工、工具、税款、利润、交货时间、付款条件等逐项加以剖析评判。

（2）具备一定的预测能力。在经济发展的大环境下，物品的采购价格与供应数量经常会调整变动。采购员应能依据各种产销资料，分析、判断商品的需求及库存情况，预测商品是否可能供应短缺等情况。总之，采购员必须具备“察言观色、先知先觉”的能力，才能对物品未来的供应趋势“未雨绸缪”。

（3）具备一定的表达能力和人际沟通能力。采购员无论是用语言或文字与供应商沟通，必须能正确、清晰表达所欲采购物品的各种条件，例如规格、数量、价格、交货期限、付款方式等，避免语意含混，产生误解。尤其是忙碌的采购工作，更需要采购员具备长话短说、言简意赅的表达能力，以免浪费时间。同时与供应商良好的沟通，更能使采购员获取优惠的采购条件达到采购目的。显然，采购员必须具备良好的人际关系与协调能力，才能获得有关部门和供应商的合作而圆满完成任务。

（4）具备一定的危机意识和应变能力。市场经济社会情况复杂多变，“适者生存，强者发展”。在强者如林的竞争环境中，采购员必须习惯于用危机意识去思考问题。危机就是动力，危机促使竞争，思则有备，有备则无患。同时，采购员在工作中必须审时度势，随机应变。在实际工作中，面对市场的变化和竞争对手采购策略的调整，及时调整工作思路和采购策略，尽量把竞争的主动权掌握在自己手里。

（5）具备全面的专业知识。采购员对其经办的产品，若能了解原料来源、组合过程、基本功能、品质、用途，成本等，将有助于与供应商的沟通，并避免吃亏上当。有了专业知识，采购员就更能主动开发新来源或替代品，有助于降低采购成本。

（6）具备良好的素质要求。采购员必须以公平、公开、公正的方式来对待采购工作，因此在采购过程中要求采购员具备以下素质。

① 公正与诚实。处理采购业务时应对事不对人；在可能的范围内协助供应商及获得供应商的配合与信任（助人助己）不接受供应商的热情招待及礼物；设法取得供应商的敬重。与供应商的来往，也必以实事求是的态度相待，不可有欺瞒的行为，造成不道德的采购。

② 临财不苟得。采购员所处理的“采购单”在性质上与“钞票”并无太大差异，因此难免被唯利是图的供应商所包围。无论是威逼（通过人际关系）或利诱（回扣或红包），采购员都必须维持平常心、不动心。否则牺牲公司权益，终将误人误己。所以重利忘义之徒实难胜任采购职责。

③ 具备敬业精神。虽然造成原料短缺的原因很多，若采购员不能抱有“舍我其谁”的态度负责调度所需的物料/将使公司损失严重。

④ 虚心与耐心。在“买方市场”上，采购员虽然较占上风，但对供应商的态度，必须和气，不可趾高气扬、傲慢无理。与供应商谈判过程中，可能相当艰辛与复杂，采购员更要有耐心，才能“欲擒故纵”，气定神闲地进行工作。居于劣势时，也能忍让求全，不温不火，克己奉公。

【阅读案例】 华为采购组织结构

华为采购组织结构是基于物料族的组织结构。华为采购部建立了物料专家团（Commodity Expert Groups，CEG），各 CEG 负责采购某一类或一族的物料满足业务部门、地区市场的需要。按物料族进行采购运作的目的是在全球范围内利用华为的采购杠杆。每个 CEG 都是一个跨部门的团队，通过统一的物料族策略、集中控制的供应商管理和合同管理提高采购效率。

CEG和华为的技术和认证中心（Technology & Qualification Center，T&QC）在华为研发和供应商之间架起了沟通的桥梁，推动供应商早期参与华为的产品设计来取得双方的技术融合以及在成本、产品供应能力和功能方面的竞争优势。

华为的工程采购部（Customer Solution Procurement，CSP）将和华为销售和行销一起积极地参与客户标书的制作。参与市场投标将使采购部了解到客户配套产品的需求，在订单履行过程的早期充分了解华为向客户做出的承诺以确保解决方案满足客户需求并能够及时交付。

生产采购和行政采购负责日常采购运作以及与供应商和内部客户的沟通）及时处理采购请求和解决双方的问题从而提高供应商的表现和内部客户满意度。同时华为也关注于不断提高采购履行流程的自动化程度，让采购执行人员有更多的机会积极地参与物料族采购策略的制订。

华为高效的采购组织为企业的发展提供了动力，那么华为采购部门的功能是什么？采购组织结构图又是怎么样的呢？请大家讨论。

实训练习

某中型服装代加工生产企业，员工共 100 人左右，其中参与采购业务的共有六名雇员，每名雇员有不同的行政级别及审批金额上限。在企业中有不同的职务和被赋予不同的企业角色。属于不同的项目和成本中心。目前该公司需要采购用于生产服装的物资如下：

服装加工设备 80 台；

布料 100kg；

员工工作服 100 套；对讲机 20 台。

要求：

（1）根据描述，画出该企业合理的采购组织结构图，并对员工进行任务分工。

（2）绘制采购的作业流程图。

综合练习

1. 小组讨论如何控制采购商品质量。

2. 结合查阅资料思考，家电类连锁企业配送中心和生产型企业的采购业务流程的区别是什么？

项目二

采购申请及采购计划制订

【知识目标】

- 了解生产制造企业物料消耗量的确定方法
- 掌握商贸流通企业商品采购量的确定方法
- 熟悉 MRP、EOQ 等订货方式的计算公式
- 熟悉采购申请及审批作业程序
- 熟悉采购计划和采购预算的编制方法和内容

【技能目标】

- 会计算不同类型企业的物料采购数量
- 会协调请购部门与采购部门的商品采购量
- 能够填写请购单，能通过采购申请单确定采购商品的需求量
- 会编制采购计划与预算

任务一　确定物料的采购量

任务引入

要进行采购，首先要分析弄清采购部所代理的需求部门的需求，确定各个需求部

门需要什么、需要多少、什么时候需要的问题，从而明确应当采购什么、采购多少、什么时候采购以及怎样采购。这个环节可称为需求分析，是采购工作的第一步，是制订采购计划的基础和前提。通常，在极简单的情况下，需求量的确定是很简单的。例如，在单次、单一品种需求的情况下，需要什么、需要多少、什么时候需要的问题非常明确，不需要进行复杂的需求分析也就清楚了。在较复杂的采购情况下，需求分析就变得十分必要了。例如，一个汽车制造企业有上万个零部件，有很多的车间和很多的工序。每个车间、每个工序生产这些零部件，都需要不同品种、不同数量的原材料、工具、设备、用品，在各个不同时间需求不同。这么多的零部件，什么时候需要什么材料、需要多少、哪些品种要单独采购、哪些品种要联合采购、哪些品种先采购、哪些品种后采购、采购多少，这些问题不进行认真的分析研究，就不可能进行科学的采购工作。

1．任务要求

通过查阅资料（教材、期刊、网络等）、讨论等形式，完成以下两个任务，并填好学生任务书（由教师自行制作）。

（1）某生产主产品 A 的制造企业，其生产过程可表述如下：A 由 2 个 B 和 3 个 C 组装而成，其中 B 需要该生产企业进行采购，而 C 产品企业可自行组装，组装的材料由 D 和 B 组成，D 也需要企业进行采购。另外，该公司主产品 A 的生产计划如表 2-1 所示。

表 2-1　　公司主产品 A 的生产计划

月　份	1	2	3	4	5	6	7	8	9
计划产量	10	8	9	7	12	13	6	10	8

请根据上述描述完成以下任务。

① 列出该公司需采购商品的类别。

② 列出公司主产品的物料清单。

③ 计算采购商品的数量。

④ 思考并回答如何确定采购时间，列出确定采购时间的影响因素。

⑤ 完成任务书的填写。

（2）李景是某大型综合超市食品采购部的负责人，在采购中碰到了下列问题。

该大型综合超市专门向某粮食供应商采购优质大米。据历年资料分析，大米一年可销 30 吨，每公斤采购价格为 4 元，每次采购费用约为 250 元，商品的年储存费率约为 15%，供应商每个小包装约 10kg，5 个小包装组成一个中包装约 50kg，每 20 个中包装组成一个小型集装箱约 1000kg。问：每次进多少数量最合适？一年采购多少次？每次采购相隔几天？全年总费用多少？

食盐是该大型综合超市中销量十分稳定的商品。李景经过统计，上一年全年销量为 7800 包（每包 500g），而全年周边又有了不少新住宅，估计全年销量要增加 30%。另外，从发出订单起，到供应商送货上门入库再上柜销量大概要 7 天，考虑双休日及天气原因，提前时间放宽到 10 天，请计算采购点是多少？

2. 任务分析

采购需求的分析是采购部门进行采购的第一步，如何有效解决采购数量和质量是企业运营的主要环节。学生可通过查阅资料、讨论，了解采购需求的分析方法，同时，在学生进行任务解析的同时，教师可对基本概念和基础知识进行解释，辅助其完成整个任务的操作过程。

3. 实施步骤

（1）准备工作：学生进行分组，约 4～5 人一组。

（2）教师可对任务材料进行剖析，对部分基础知识进行解释，并进行提示和指导。

（3）任务实施：分工协作，完成需求分析。

（4）编写报告。

4. 结果评价与交流

对学生计算过程及任务书的问题分析进行评价，激励学生积极认真地实施项目。为后续的点评交流准备翔实的基础资料。可将评价分为个人评价和小组评价两个层面，分别由组员和教师进行。

选取部分优秀的作业报告进行展示点评，对表现突出亮点和准确率极高的作品给予表彰和推广，并帮助其改进不足之处，提高以后项目实施的绩效。

相关知识

一、采购需求分析概述

1. 采购需求分析的内涵介绍

要进行采购，首先要分析弄清采购管理机构所代理的需求者究竟需要什么、需要多少、什么时候需要的问题，从而明确应当采购什么、采购多少、什么时候采购以及怎样采购的问题，得到一份确实可靠、科学合理的采购清单。这个环节的工作，就叫做采购需求分析。需求分析是采购工作的第一步，是制订采购计划的基础和前提。

在极简单的情况下，需求分析是很简单的。例如，在偶尔的单独采购中，单一品种并且与其他需求没有关联的情况下，需要什么、需要多少、什么时候需要的问题非常明确，不需要进行复杂的需求分析也就清楚了。

但是，在某些生产制造企业或相关性较强的商品销售企业，在这种较复杂的采购背景下，进行必要合理的需求分析，就构成采购部门或需求部门的重要工作环节了。例如，一个电脑生产制造企业，有几千甚至上万个零部件、由各种不同类别的材料构成，有很多的加工车间、经历很多的生产工序，每个车间、每个工序生产这些零部件，都需要不同品种、不同数量的原材料、工具、设备、辅助材料等，这么多的零部件，什么时候需要什么材料、需要多少、哪些品种要单独采购、哪些品种要联合采购、哪些品种先采购、哪些品种后采购、采购多少，这些问题不进行认真的分析研究，就不可能进行科学的采购工作。

因此，科学的采购必须要首先做出正确的采购决策。而采购决策的确定，主要就是采购需求的确定。也就是要确定正确的商品采购时间、正确的采购数量和正确的采购品种。为了达到这个目的，需要有合理的和科学的需求分析方法才行。

2. 采购需求分析的作用及主要方法

采购需求分析是采购部门或需求部门执行采购的第一步工作。通过对采购需求的分析，确定采购品类、数量及采购时间，主要是为了实现以下目的。

（1）从需求方角度来讲，精细化的需求描述，可以使需求方得到更为符合自己要求的产品，以达到提高需求方的使用目的。

（2）从需求时间的分析来看，通过把握准确的供货时间，既保证了需求部门的产品供应，避免缺货，同时也能够在库存控制中，降低库存成本，提高企业利润。

（3）从供应商角度来看，准确及时地分析商品需求，有助于供应商提前备货，保证备货过程中商品的需求数量和质量要求，减少逆向物流运作，提高供应效率和经济效益。

（4）准确的需求描述也是提高供应商和采购商服务水平，提升企业信誉的有效途径。

进行采购需求分析与确定的方法有很多种，常见的有：采购需求表、统计分析预测方法、ABC 分析法、物资消耗定额管理分析方法、经济订货批量法、固定期间法、固定数量法、批对批法、物料需求计划法等。

采购需求申请及订单处理，可参见任务二及其他相关知识，下面就常用的其他几种方法进行分别介绍。

二、统计分析预测方法

在采购需求分析中用得最多、最普遍的就是统计分析。统计分析的主要任务就是根据一些原始材料来分析，通过计算得出客户的需求规律，再根据需求规律进行需求预测。在实践操作中，统计分析通常有以下两种方法。

1. 对以往的采购申请单汇总统计

现在一般的企业采购都是采取如下模式：要求各个需求部门每个周期提交一份采购申请表，提出各个需求部门在下一周期的采购品种及采购数量。之后，采购部门就把这些表汇总，得出下个周期的总体的采购任务表，再根据此表制订下个月的采购计划。

2. 对各个单位销售日报表进行统计

对于流通企业来说，每天的销售就是用户对企业物资的需求，需求速率的大小反映了企业物资的消耗快慢。因此由每天的销售日报表就可以统计得到企业物资的消耗规律。消耗的物资需要补充，也就需要采购。因此物资消耗规律也就是物资采购需求的规律。

三、ABC分析法

一个企业除了生产所需要的原材料外，还有办公用品、生活用品等。因此，需要采购的物资品种是很多的。但是这些物资的重要程度都是不一样的。有的特别重要，一点都不能缺货，一旦缺货，将造成不可估量的损失。有些物资则相对不那么重要，一旦缺货，也不会造成多大的损失。

面对这种情况，我们在进行采购管理时该怎么处理呢？这时候我们最有效的方法，就是采用 ABC 分析法。将所面对的成千上万的物资品种进行 ABC 分类，并且按类别实行重点管理，用我们有限的人力、物力、财力去为企业获得最大的效益。到底什么是 ABC 分析法呢？

ABC 分析法（Activity Based Classification）又称帕累托分析法，它是根据事物在技术或经济方面的主要特征，进行分类排队，分清重点和一般，从而有区别地确定管理方式的一种分析方法。由于它把被分析的对象分成 A、B、C 3 类，所以又称为 ABC 分析法。

ABC 分析法是由意大利经济学家帕累托提出。1879 年，帕累托在研究个人收入的分布状态时，发现少数人的收入占全部人收入的大部分，而多数人的收入却只占一小部分。他将这一关系用图表示出来，就是著名的帕累托图。该分析方法的核心思想是在决定一个事物的众多因素中分清主次，识别出少数的但对事物起决定作用的关键因素和多数的但对事物影响较少的次要因素。

应当说明的是，ABC 分析法，一般是将分析对象分成 A、B、C 3 类。但我们也可以根据分析对象重要性分布的特性和对象的数量的大小分成 2 类或 3 类以上。

ABC 分析法在实际运用过程中，通常可以参照以下步骤进行。

（1）确定 ABC 分析法应用的目的。

（2）确定分析对象及统计指标。

（3）进行统计分析，要选定一个合适的统计期，在选定统计期时，应遵循几个基本原则，即比较靠近计划期，运行比较正常。

（4）分别统计出各种物资在该统计期中的采购量（或者销售量），单价和采购额（或采购额），并编制一张 ABC 分析表，填上品名、采购量（或销售量）、采购额（或采购额）。

（5）确定好分类，绘制 ABC 分析图。一般情况下，A 类商品品种占 10%～20%、资金占 60%～80%，C 类商品品种占 50%～70%、而资金占 5%～15%，B 类商品品种占 20%～30%、资金占 15%～35%；

（6）制定好不同类别商品的管理方式。

【例】某零售企业共有库存商品 3421 种，按照采购额可以排成 7 个档次。依据上述方法统计每当的品种数和采购金额，然后计算两个指标的累积数计其与全部品种和采购总额的百分比，并填入表 2-2 内。

表 2-2　　ABC 分析法应用案例数据

年采购额（万元）	品种数（种）	品种累计（种）	占总数的百分比（%）	采购额（万元）	采购额累计（万元）	累计百分比（%）	分类结果
X＞6	260	260	7.6	5800	5800	69.1	A
6≥X＞5	68	328	9.6	500	6300	75.1	A
5≥X＞4	55	383	11.2	50	6550	78.1	B
4≥X＞3	5	478	14.0	340	6890	82.1	B
3≥X＞2	170	648	18.9	420	7310	87.1	B
2≥X＞1	352	1000	29.2	410	7720	92.0	B
X≤1	2424	3421	100	670	8390	100	C

按照 ABC 分析法将表中的 7 档商品分成 ABC3 类，其中前两档的品种数只占总数的 9.6%，采购额占中采购额的 75.1% ，符合 A 类标准；第三到第六档品种占到总品种数的 19.1%，而采购额占总采购额的 16.9%，符合 B 类标准；剩下的第七档商品品种数占总品种数的 70.8%，而采购额只占 8%，符合 C 类标准。因此我们可以根据数据绘制 ABC 分析图和 ABC 分类结果表（这里省略）。

之后根据分类结果，对不同的商品实施不同的库存管理策略。

① A 类商品：实施重点管理，要对商品进行编号，尽可能准确地预测需求，少量采购力求减少库存，严格盘点，提高库存精度，采购须经高层主管审核。

② B 类商品：中量采购，每两三周盘点一次即可，采购须经高层主管审核。

③ C 类商品：大量采购，简化库存管理手段，安全库存量大，盘点间隔期长，仅需基层主管审核即可。

四、MRP原理及其应用

1. 物料需求计划MRP（material requirement planning）基本原理

物料需求计划，是生产企业最常用的需求分析方法。它的基本原理就是根据企业的主产品生产计划、主产品的结构文件和库存文件，分别求出主产品的所有零部件的需求时间和需求数量，也就是求出物料需求计划。物料需求计划最早都是用手工分析计算得出来的。到了20世纪60年代，有了计算机以后，逐渐发展成用计算机进行计算，当时叫做MRP(Material Requirement Planning)软件。

MRP的输入文件有3个，分别是：① MPS(**Master Production Schedule**)主生产计划；② BOM(Bill of Materials)物料清单；③ 库存文件。

他们的关系如表2-3所示。

表2-3　MRP 3个输入文件的关系

处理的问题	需用的信息
1. 生产什么？生产多少？	1. 现实可行的MPS
2. 需要用到什么？	2. 准确的BOM
3. 已有什么？	3. 准确的库存信息
4. 还缺什么？何时需要？	4. MRP的计算结果

因此，从表中也可以看出MRP的输出文件包括了主产品及其零部件在各周的净需求量、计划订货接受和计划订货发出3个文件。

一是净需求量，是指系统需要外界在给定的时间提供的给定物料的数量。这是物资资源配置最需要回答的主要问题，即到底生产系统需要什么物资、需要多少、什么时候需要。净需求量文件很好地回答了这些问题。

二是计划接受订货量，是指为满足净需求量的需要，应该计划从外界接受订货的数量和时间。

三是计划发出订货量，是指发出采购订货单进行采购、或发出生产任务单进行生产的数量和时间。其中发出订货的数量，等于“计划接受订货”的数量，也等于同周的“净需求量”的数量。计划发出订货的时间是考虑生产或订货提前期，为了保证“计划接受订货”或者“净需要量”在需要的时刻及时得到供应，而提前一个提前期得到的一个时间。即：

计划发出订货时间=计划接受订货时间−生产(或采购)提前期
=净需求量时间−生产（或采购）提前期

用手工计算求出物料需求计划的过程步骤如下。

（1）确定主产品生产计划。所谓主产品，是指企业提供给社会的主要产成品。通俗的理解，可以理解为最终出厂产品。例如，汽车制造厂的主产品就是汽车，电视机厂的主产品就是电视机，主产品的生产计划，是企业接受社会订货，或者计划提供给社会的主产品的数量和进度计划。包括数量和时间两个要求，即生产多少和什么时候生产。

但是，企业生产和采购还有另外一个次要依据，就是社会维修企业对社会上处于使用状态的主产品进行维修保养所需要的零部件的需求计划。这些零部件的生产或采购也需要企业承担。比如，电视机厂商不仅仅要生产整台的电视机，还要生产维修电视机所需的常用维修零件。

（2）确定主产品的物料清单图（BOM）。就是求出装配主产品需要哪些零件、部件、原材料，各需要多少，哪些要自制，哪些要外购，自制或外购需要多长时间，即生产提前期或采购提前期。这样逐层分解，一直到最底层的原材料层次。

（3）确定库存文件。所谓库存文件，就是主产品以及主产品所属所有零部件、原材料的现有库存量清单文件，即主产品零部件库存一览表。

（4）求出物料需求计划。设 P_i 是第 i 个零部件下月需求量，P 是主产品下月的计划出产量；n_i 是一个主产品中包含第 i 个零部件的个数；P_{oi} 是第 i 个零部件下月的外订货数量（即社会维修订货数量）。则第 i 个品种下月需求量可以用下式确定：$P_i=P \cdot n_i+P_{oi}$

（5）根据物料需求计划求得采购任务清单。

2. 物料需求计划应用实例

图 2-1 是某企业的主产品的物料清单图，请根据主产品的生产计划及库存情况，确定所有外购商品的采购数量。

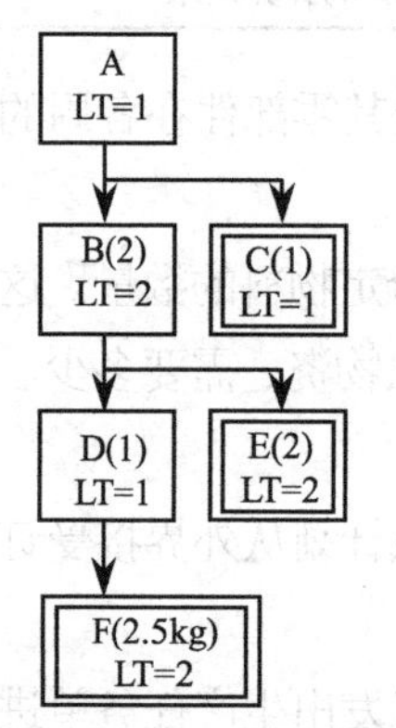

图 2-1　A 产品的物料清单图

图 2-1 中，A、B、C、D、E、F 为产品名，括号内的数字表示一个上级产品中所包含的本产品的件数，而 LT 表示提前期，单位为天。双线框表示外购件，单线框表示自制件。

根据主产品结构文件，可以得到主产品零部件数量一览表（见表 2-4）。

表 2-4　　主产品零部件数量

零部件名	数　量	是否自制	是否外购	提前期（天）
B	=2A	是		2
C	=1A		是	1
D	=B=2A	是		1
E	=2B=4A		是	2
F	=2.5D=5A(kg)		是	2

主产品需求计划和零部件采购计划如表 2-5 所示。

表 2-5　　主产品需求计划和零部件采购计划

时期（周）	第 1 周	第 2 周	第 3 周	第 4 周	合　计
A 生产（件/周）	25	15	20	15	75
C 外订（件/周）	15		15		30
E 外订（件/周）		20		20	40

采购零部件数量如表 2-6 所示。

表 2-6 采购零部件一览表

零部件名	下月需要数量
C	75×1+30=105
E	75×4+40=340
F	5kg×75=375kg

五、定量订货法与经济订货批量

1. 定量订货法

定量订货法的基本原理是，预先确定一个订货点 Q_k 和一个订货批量 Q^*，随时检查库存，当库存量下降到订货点 Q_k 时，就要发出订货请求。定量订货法的原理如图 2-2 所示。其特点是：每次订货数量一致。因此，该方法首要的任务就是要确定订货点。

定量订货法的前提如下。

① 订货点固定的订货量=平均每日销售量×备用天数+安全库存。

② 当库存量下降到某一数量时（即订货点），应立即提出请购要求。

③ 订货批量固定。

④ 订货提前期不一致。

其中 $Q(t)$——货物量；

Q^*——订货批量（不变量）；

Q_k——订货点；

Q_s——安全库存；

T_k——订货提前期，即从发出订单到货到的时间间隔。

根据上述原理图和已知条件即可求得商品的采购数量。

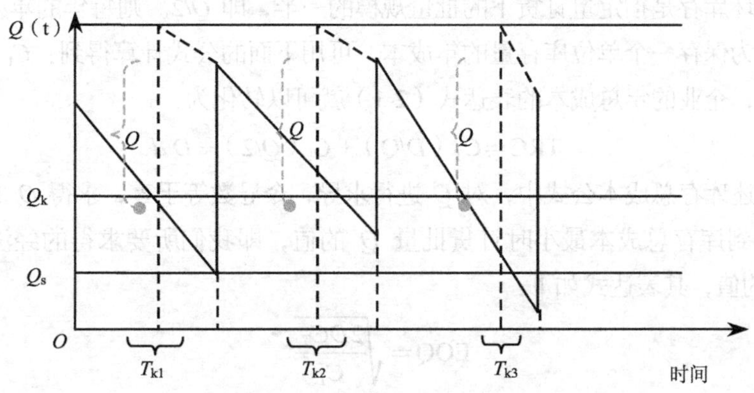

图 2-2 定量订货法原理图

除此之外，定量订货法的采购量还可以通过过去的经验和直觉，或者统计预测的结果进行确定。

2. **经济订货批量**

最优的采购数量控制应该是既能满足生产需要，又能在保证生产正常进行提下的最经济的采购方式。经济订货批量（EOQ）就是基于年总成本最小时的订货数量。

其实采用上述定量订货法订货时，在保证总成本最小的前提下得到的订货批量，就是我们要求的经济订货批量。下面简单介绍一下经济订货批量的计算公式的推导过程。

基于上述定量订货法的原理和基本条件下，首先确定年总成本的模型，可以表示为：

$$\text{年总成本}=\text{年库存（储存）成本}+\text{年订货成本}+\text{年采购价格成本} \quad (2\text{-}1)$$

假设：TRC——年总成本；

D——年需求量或年用量；

d——商品采购单价；

U——订货提前期内的需求量；

L——订货提前期；

n——年订货次数；

R——订货点；

s——安全库存；

Q——订货批量；

C_T——每次订货的固定成本，与订货量大小没有关系；

C_I——保存一个单位存货的年成本；

C_B——缺货成本。

那么，每年的年订购次数 n 可以表示为：$n=D/Q$，每年的订购成本可以用下面的公式得到：$C_T(D/Q)$。

年循环库存是指定量订货下的批量规模的一半，即 $Q/2$。则每年的年存储成本就可以表示为保存一个单位库存量的年成本，可用下面的公式计算得到：$C_I(Q/2)$。

因此，企业的年总成本的表达式（2-1）就可以转化为：

$$\text{TRC}=C_T(D/Q)+C_I(Q/2)+D\,d \quad (2\text{-}2)$$

在上述库存总成本公式中，对 Q 进行求导，令导数等于零，求得 Q 的取值，也就可以得到库存总成本最小时订货批量 Q 的值，即我们所要求得的经济订货批量（EOQ）的值，其表达式如下：

$$\text{EOQ}=\sqrt{\frac{2DC_T}{C_I}} \quad (2\text{-}3)$$

应用实例：某公司某商品年需求量为2000单位，单位商品的购买价格为60元，每次订货成本为270元，单位商品的年保管费为商品价格的20%，求：该商品的经济订购批量。

$$\text{解：经济批量 EOQ} = \sqrt{2\times 270\times \frac{2000}{60\times 20\%}} = 300\text{ 单位}$$

六、定期订货法

对库存进行管理时，在仓库对某种商品发出订货指令到下一次发出订货指令之间具有一定的间隔时间，即订货周期是固定的，这样每到达固定周期，便发出订货通知，将库存补充到最高库存水平。我们把这种库存管理方法称为定期订货法。该方法的原理如图 2-3 所示。

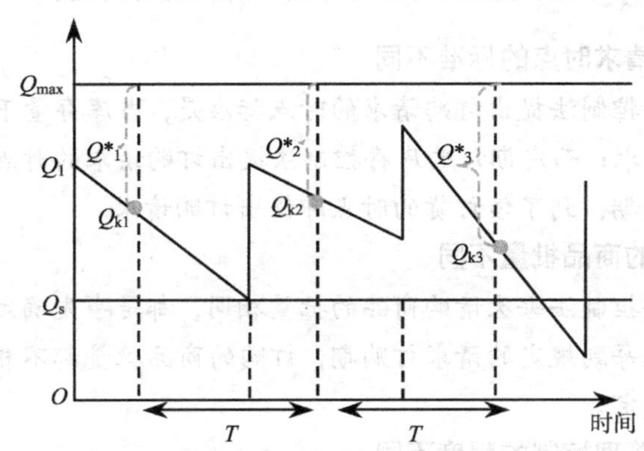

图 2-3　定期订货法的原理图

其中　Q^*_1，Q^*_2，Q^*_3——订货量（变化量）；

Q_k——订货点；

Q_s——安全库存；

T——订货周期（不变量）；

Q_{max}——最高库存量。

定期订货法的最高库存量是固定的，因此订货量可以通过最高库存量和实际库存量的差值来得到。

假设，订货周期用 T 表示，则可以根据总库存成本最小时，求得商品的最优订货周期。最佳订货周期可以用下列公式计算：

$$T^* = \frac{EOQ}{D} = \sqrt{\frac{2C_T}{C_1 D}} \qquad (2\text{-}4)$$

相关参数含义同“定量订货法”中的参数。

货物的最高库存量可以表示为订货周期和订货提前期的需求量与安全库存之和，即：

$$Q_{max} = (L+T)\times d + S \qquad (2\text{-}5)$$

另外，定期订货法中的订货批量和订货点都是不固定的。订货时间一旦确定，无论货物库存大小，都要将最高库存量和实际存货量的差值作为订货量进行订货。我们可以用下式计算订货量：

订货量=最高库存量-现有库存量-计划到货量+客户延期取货的数量　（2-6）

可见，该控制方法的优点是减少超储，不用每日盘点，计划性强；缺点是安全库存大，订货批量不确定。

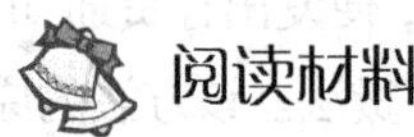
阅读材料

定量订货法与定期订货法的区别有哪些？

1. 提出订购请求时点的标准不同

定量订购库存控制法提出订购请求的时点标准是，当库存量下降到预定的订货点时，即提出订购请求；而定期订购库存控制法提出订购请求的时点标准则是，按预先规定的订货间隔周期，到了该订货的时点即提出订购请求。

2. 请求订购的商品批量不同

定量订购库存控制法每次请购商品的批量相同，都是事先确定的经济批量；而定期订购库存控制法每到规定的请求订购期，订购的商品批量都不相同，可根据库存的实际情况计算后确定。

3. 库存商品管理控制的程度不同

定期订购库存控制法要求仓库作业人员对库存商品进行严格的控制精心地管理，经常检查，详细记录，认真盘点；而用定量订购库存控制法时，对库存商品只要求进行一般的管理，简单的记录，不需要经常检查和盘点。

4. 适用的商品范围不同

定期订购库存控制法适用于品种数量少，平均占用资金大的需重点管理的A类商品；而定量订购库存控制法适用于品种数量大，平均占用资金少的、只需一般管理的B类、C类商品。

七、物料消耗定额分析法

所谓物料消耗定额，是在一定的生产技术组织的条件下，生产单位产品或完成单位工作量所需要消耗的物资的标准量。通常用绝对数表示，如制造一台机床或一个零件消耗多少钢材、生铁。下面我们就来介绍一下如何通过物料消耗定额来计算物资采购量。

工业企业制定物资消耗定额的方法通常有3种。

1. 技术分析法

这种方法比较科学、精确，但需要精确计算，工作量较大，适用于生产企业制定产品的物料消耗定额。技术分析法的基本步骤如下。

（1）根据产品装配图求出产品的所有零部件。

（2）根据每个零部件的加工工艺流程求出每个零部件的加工工艺。

（3）对于每个零件，考虑从下料切削开始一直到最后形成零件净尺寸 Q 为止的所有各道切削加工的切削尺寸 q_i。每个零件的净尺寸 Q 加上所有各道切削尺寸留量之和，就是这个零件的物料消耗定额 G：

$$G=Q+\sum q_i$$

其中，切削消耗留量尺寸 q 包括如下几个方面。

q_1：加工留量。选择材料直径、长度时，总是要比零件的净直径、净长度要大，超过的部分就是加工切削的尺寸留量。加有加工尺寸留量后的零件材料就叫零件的毛坯。

q_2：下料切削留量。下料时，每一个零件的毛坯都是从一整段原材料上切断而得的，切断每一段毛坯都要损耗一个切口宽度的材料，这就是下料切削留量。一个零件的毛坯尺寸加上切口尺寸，就是零件的工艺尺寸。

q_3：夹头损耗。

q_4：残料损耗：一整段材料可能要切成多个零件毛坯。在切削多个毛坯时，总是需要用机床夹具夹住一头。如果最后一个毛坯不能掉头切削的话，则这个材料夹头部分就不能再利用而成为一种损耗，就是夹头损耗。也可能出现 n 个工艺尺寸不能刚好平分一整段材料而剩余一小部分不能利用，这就是残料损耗。夹头损耗和残料损耗都要分摊到每个零件上去计算物料消耗定额。

2. 统计分析法

这是一种根据以往生产中物资消耗的统计资料，经过分析研究并考虑到计划期内生产技术组织条件的变化等因素而制定采购量的方法。采用这种方法时，需要有详细可靠的统计资料。例如，要制定某种产品的物料消耗定额，可以根据过去一段时间仓库的领料记录和同期间内产品的产出记录进行统计平均就可以求出平均每个产品的材料消耗量。这个平均消耗量就可以看成是该产品的物料消耗定额。

3. 经验估计法

这是一种根据技术人员、工人的实际生产经验，参考有关的技术文件和考虑到企业在计划期内生产条件的变化等因素制定定额的方法。这种方法简单易行，但科学性较差。

八、库存控制知识

库存控制又称库存管理，它是对库存物料的进货与使用进行计划、组织、协调与控制。库存管理的重点在于企业采购环节，如何确定订货方式、订货数量和订货时间。

过去，企业库存量过多，对企业而言，这可能是企业生产能力较强的一个证明。但是现在，企业对库存量控制和管理的目标是实现成本最小化，甚至零库存，而过分强调降低库存的水平又会使企业因为货源短缺而产生短缺成本。因此，实施良好的库存管理，保持企业合理库存量，这对一个企业的资金周转、经营成本和最终利润是非常重要的。库存是企业生产运作及供应链管理全过程的“无缝连接器”。

在西方发达国家，库存在企业的成本中占据相当高的比例，大公司纷纷通过库存环节降低物流成本。美国制造企业的平均库存成本占库存价值的30%～35%。例如，如果一个公司的年库存产品价值是1 000万美元，其每年的库存成本就将超过300万美元，这些成本是由过时、保险、机会成本等原因引起的。如果该公司库存减少到500万美元，其在账面上就可以节约150万美元以上。也就是说，减少库存而节约的成本可以看做是利润的增加。

不合理的库存管理曾使许多国际知名企业头疼不已，如诺基亚（NOKIA）、戴尔电脑（DELL）、国际商用机器（IBM）、思科（CISCO）、爱立信等都曾经在库存管理问题上受到打击和困扰，它们在库存控制的道路上也并不是一帆风顺。然而，它们实施库存控制之后取得了很大的效益。下面是戴尔公司的一组数据，我们从中可以看到企业库存管理的作用。

阅读材料

在库存的数量管理上，戴尔以物料的低库存与成品的零库存而声名远播，其平均物料库存只有约5天。在IT业界，与戴尔最接近的竞争对手也有10天以上的库存，业内的其他企业平均库存更是达到了50天左右。由于材料成本每周就会有1%的贬值，因此库存天数对产品的成本影响很大，仅低库存一项就使戴尔的产品比许多竞争对手拥有了8%左右的价格优势。

而高效率的物流配送使戴尔的过期零部件比例保持在材料开支总额的0.05%～0.1%，2006年戴尔全年在这方面的损失为4100万美元。而这一比例在戴尔的对手企业都高达2%～3%，在其他工业部门更是高达4%～5%。

当然，戴尔的库存管理并不仅仅着眼于“低”，通过双向管理其供应链，通盘考虑用户的需求与供应商的供应能力，使二者的配合达到最佳平衡点，实现“永久性库存平衡”，这才是戴尔库存管理的最终目的。

国内很多连锁企业也在关注库存控制，以节省库存成本，提高企业的经济效益。例如，湖南某连锁公司，在意识到库存问题之后，实施了一系列措施，取得了意想不到的效果。销售总额由2002年的1.7亿元上升到了2003年的2.65亿元，存货总额由1.236 9亿元下降到了0.433亿元，存货周转率由0.97次提高到了4.39次，接近了行业的先进水平，从而提高了企业的竞争力，给企业的发展带来良好的契机。其成功的关键就是抓住了库存管理这个核心，尤其是如何根据企业实际确定合理的库存量，实行优化的库存管理。

1．库存控制的作用

纵观国内和国际诸多大企业，它们都曾经受到过库存管理问题的困扰，并给企业的发展带来很大的障碍，而企业在改善库存管理现状之后，获得的收益也是巨大的。但是，库存管理既有其积极作用，也有其消极作用。

（1）库存的积极作用。获得大量购买的价格折扣；大批量运输降低了运输成本；避免出现供应中断；维持销售或供应的稳定；调整供需的季节差异和波动，维持平衡关系；保持连续的供应来源；提高客户服务水平；留住技术工人。

（2）库存有的时候也具有一定的反作用。比如，过多的库存往往会掩盖连锁物流管理过程中的失误和缺陷。另外，连锁企业库存活动的存在使社会需求反映不准确，容易出现虚增的现象。

2．库存控制的主要内容

库存控制的主要目标是在满足企业生产经营和顾客服务要求的基础上，合理确定库存物资数量、订货方式和订货时间，减少存货资金的占用，尽可能地降低库存水平，提高物流系统的效率，强化企业竞争力。

所以，库存管理不同于仓库管理，它是与库存物料计划和控制相关的所有业务的管理。它不仅应该满足客户和市场的需求，更应该控制库存量，加速库存周转，降低库存总成本。

因此，库存管理需要解决的关键问题主要有以下几个方面。

（1）订货点。库存量降至某一数值时，应该立即下达采购命令的点或界限。订货点必须把握得当，过早订货会造成企业库存增加，导致企业的库存成本及其空间利用成本增加；过晚订购，则会造成缺货，迫使生产企业流程中断或丢失客户，影响企业的信誉和竞争力。因此，订货点的把握非常重要。

（2）订货量。是企业到达订货点进行采购时应该采购物品的数量。恰当的订货量是满足企业库存量的基准，是满足企业生产和销售的需要。订货量过多或过少都会造成企业物流成本的增加或订货费用的增加。

（3）库存量的极限。考虑库存量的范围时，往往最低库存量和最高库存量都需要确定。其中最低库存量是企业管理者在进行企业自身状况调研之后制定的某一库存商品能够维持需求的最低库存数量的界限。我们通常又根据最低库存量是否是临界值将其分为理想最低库存量和实际最低库存量两种。实际库存量是理想库存量和安全库存量之和。

所谓安全库存量，是指企业为了防范仓库经营过程中的风险，在设计实际库存量时设置的一个超出理想最低库存量的数值。

最高库存量是企业在经营过程中，为了防止库存过多，浪费资金，从而对各种货品都设置了一个最高的库存水平，这个库存水平就是最高库存量。企业将其作为内部库存控制的一个警戒指标。

（4）平均库存量。是指在某一周期内（一年或一个季度）库存量的平均数，是库存管理中的重要概念。由于进货次数和出库量的不同，平均库存量又可分为两种情况。

① 一次进货，每次等量等时出库。由于出库的数量及间隔时间相等，所以实际库存量呈阶梯形下降，库存量近似一条下降的直线，直线下方的三角形面积就是这段时期的库存量。因而，平均库存量为进货量的一半。

② 多次等量进货，依次等量出库。即一次到货后，依次等量出库，库存量逐渐下降。当库存量为零时又有一批新货入库，库存量又升到最高。这样循环往复使实际库存量呈多次性上升，每次又呈阶梯形下降。若将阶梯形折线化为近似直线进行分析，平均库存量同样等于每次进货量的一半。

【阅读案例 1】 奥康：物流管理零库存

1998年以前，奥康沿用以产定销营销模式。当时整个温州企业的物流形式都是总部生产什么，营销人员就推销什么，代理商就卖什么。这种模式导致与市场需求脱离，库存加大，利润降低。

1999年，奥康开始实施产、销两分离，全面导入订单制，即生产部门生产什么，不是生产部门说了算，而是营销部门说了算。营销部门根据市场的信息、分公司的需求、代理商的订单进行信息整合，最后形成需求，向生产部门下订单。这样，奥康以销定产的物流运作模式慢慢形成。

2004年以前，奥康在深圳、重庆等地外加工生产的鞋子必须通过托运部统一托运到温州总部，经质检合格后方可分销到全国各个省级公司，再由省级公司向各个专店和销售网点进行销售。没有通过质检的鞋子需要重新打回生产厂家，修改合格以后再托运到温州总部。这样一来，既浪费人力、物力，又浪费了大量的时间，加上鞋子是季节性较强的产品，错过上市最佳时机，很可能导致这一季的鞋子积压。

经过不断探索与实践，奥康运用将别人的工厂变成自己仓库的方法，解决这一问题。具体操作方法是：假如奥康在深圳、重庆生产加工的鞋子无需托运回温州总部，只需温州总部派出质检人员前往生产厂家进行质量检验，质量合格后生产厂家就可直接从当地向奥康各省级公司进行发货，再由省级公司向各营销点进行分销。

奥康集团总裁王振滔表示，当时机成熟时，奥康完全可以撤销省级的仓库，借用别人的工厂和仓库来储存奥康的产品，甚至可以直接从生产厂家将产品发往当地直接点。这样，既节省大量人力、物力、财力，又节省了大量时间，使鞋子紧跟市场流行趋势。同时，可以大量减少库存甚至保持零库存。按照这样的设想，奥康在30多家省级公司不需要设置任何仓库，温州总部也只需设一个中转仓库就可以了。

【阅读案例 2】　　　　　　应用各种策略削减库存

削减库存相当重要，根据一项调查报告，超过 85%的库管人员认为，减少库存是他们在新的一年里重要或非常重要的职责之一，也是老板最关心的事情之一。为了削减库存至合理水平，管理人员也对重点关注的技术和策略方法提出了自己的见解。

1. 减少库存的方法

加强与供应商和与涉及储存的公司内部各部门在思想和策略上的交流。在多个部门的帮助下安全库存会减少，而且在周期盘点和检查所有可获得的信息等技术的帮助下，更好地处理订单数量。

在周期盘点上花费更多的时间，增加盘点项目的数量。

2. 采用接单生产方案

有这样一家公司，按预测生产一直使他们有很高的库存水平，而且顾客交货满意度低，因为每个项目的预测准确度只有 50%，而家庭产品所需的准确度却高达 90%。

自从他们认为不能改善预测的准确度后，就开始采取接单生产方案。由于使用新的接单生产概念并强调送货，他们期望在采取接单生产的第一年里能减少成品库存 30%，减少制品库存 15%。

3. 积极使用库存管理技术

一家卫生保健设备制造厂的物料管理行政主管，集中精力努力减少安全库存水平和重新采用托运方案。他最大的难题就是减少安全库存，使用精密跟踪法后，即取得了一些成绩。他们将重点转到使用报告提供更多的分析上来，从而确定 A、B 和 C 的库存水平。

4. 与供应商共享信息资源

尽可能做生产计划，不仅仅是对一级供应商，而且包括可供不同生产线选择的二级供应商。目标是把采购的前置期从 22 周减少到 6 周，从而使费用减少 25%。也想办法减少 30%的紧急订单和客户待出订单，在预测比去年的销售额增长 20%的情形下来做这件事情。

5. 确定库存搬运成本

库存搬运成本资料每月都分别送给产品的生产厂家，运送减少的成本被用来作为生产厂家分红计划的一部分。每月也召开会议，集思广益讨论减少库存搬运成本的方法。

6. 扩大看板线的数量

一家游戏机生产厂的物流经理将在生产车间 1500 个选址上覆盖超过 700 个零件号的看板线，包括 8 条生产线和 5 个局部装配区，他的计划是把看板和准时制结合起来，减少现场的库存水平。他预计下一个挑战是使工程技术人员、顾客确信这种生产概念能够产生巨大的效益。

顾客存在的主要问题是：他们根据商品的价格来衡量他们节约费用的多少。

7. 指导供应商管理库存

一家大型消费品/工业品生产厂的供应链经理认为，逐步用38个主要供应商管理我们60%原材料和包装产品将是有效的办法。其最终目标是不使原材料的送达时间超过产品开始生产前的24小时。

供应链经理已经看到了过时材料的明显减少。材料不再进行库存和储备，直接让它们进入工作区，并在24小时内使用。

8. 计划更多的检查和分析

分析每一条库存搬运路线和检查每一个库存项目的安全库存水平，也可以使用一些工具让车间层能看到订单并按时送货。

订单有3种类型。客户订单索要的物品非常典型，不用库存。补充订单在库存水平处于规定的最低点时，从公司的配送中心运送。季节性订单是指在繁忙的季节里，产品供不应求时，采用的一种满足需求的订单。

9. 减少货物运送活动

我们通过供应商和契约制造商减少设备的运送从而减少60%在制品库存。

10. 集中减少补货预估时间

一家大型橡胶制品厂的内部顾问，解释他们是如何以预估时间行为为基础建立库存模型来减少预估时间的。通过重新设计，重点在预估时间的步骤和规律上，最终把补货预估时间减少了40%～80%。网络的影响也使库存减少了25%，订单满足率提高了8%。

11. 转移库存给供应商

一家小型海产品加工厂的采购代理人宣布，把更多的库存转移给供应商。他们存在的问题之一是在货物管理费用合适时，没有足够的仓储空间储存必需品。过去，他们只是订购所需要的货物，而不是一直满载运送的货物，这样导致其承担更高的零担货运业运费。

然而，齐全的商品清单把更多的库存转移给了供应商。确信供应商在仓库经常使用瓦楞纸箱，这种行为已经把我们的前置期从7天减少到了1天。在另一种情形下，他们帮助薄膜供应商安排薄膜仓库靠近他们的工厂。现在他们在仓库的附近生产，前置期降到了几分钟。

实训练习

在我们的日常生活和工作中，经常会遇到有价格折扣的采购项目。这种情况下我们该选择什么方法确定采购数量？影响采购决策的因素又有哪些？

现举例如下，某电器公司每年需要4000只开关，开关的价格为：购买数量为1～499时，每个开关0.90元；购买数量为500～999时，每个开关0.85元；购买数量在1000只以上时，每个开关0.82元。每次订货费用为18元，库存保管费用率为18%。请根据上述条件，确定最优的采购量和年总费用。

任务二　采购申请

任务引入

采购工作的主要任务就是为企业各个部门提供满足需求的合适商品。如何才能让采购部门及时准确地得到采购要求、如何处理各部门的需求，以保证总需求的准确性，也是采购部门及其商品的需求部门需要处理好的关键问题。

1. 任务要求

为了适时、适量地确定采购数量，制订合理采购计划，保障需求部门的商品供应和要求，请根据××公司生产部门及其他使用部门的需求，完成各个部门的采购需求申请以及采购部门的申请处理过程。

2. 任务分析

采购申请及处理是采购计划和采购预算指定的基础，也是采购部门采购工作顺利开展的基础。本任务中，教师可根据学生熟悉的实训基地或其他接触较多的企业，选择一到两个企业，针对不同需求部门的需求商品及要求，设定任务训练的具体背景，让学生根据采购申请的步骤及要求完成任务。此任务可以以小组的形式，设定不同的角色，赋以不同的角色以不同的任务，通过查阅资料、调研、讨论等形式搜集信息，制定不同角色的任务要求以完成各类表单的制作和处理工作。为后续的任务操作和工作要求打下良好的基础。

3. 实施步骤

（1）学生分组。

（2）训练区域和工具的准备：电脑机房、计算机、多媒体网络。

（3）确定采购申请的品类和数量。根据教师给定具体的任务背景材料，确定各类不同企业或企业不同部门请购商品的品类和数量，并要求学生按照采购物料的功能和用途进行分类，也可以按照采购方式和供应商进行分类，并汇总成为总的需求单据。

（4）完成指定商品的采购申请文件的制作。此环节要注意不同类别的商品采购，申请文件的格式不同。教师可进行提示，辅助学生完成操作。

（5）报送审批。

（6）汇报成果并总结。

4. 结果评价与交流

对学生实施过程的协作分工情况以及采购申请过程材料进行评价，评价的主要标准：学生是否能够根据各自的角色要求，按照教师指定的部门商品需求完成采购申请并处理得当；同时，成员之间能管理团结协作，分工明确；表格和相关文件设计合理；成果汇报条理清楚、内容翔实、表达清晰。

激励学生积极认真地实施任务，为后续的点评交流准备翔实的基础资料。选取典型报告进行展示点评，对优秀的报告给予表彰和推广，并帮助其改进不足之处，提高以后项目实施的绩效。

相关知识

一、采购申请的提出

需求是采购的前提，没有需求，就没有采购。采购的源头是企业的某一方提出的对某一产品的需求。我们把提出需求的一方称为“需求方”。生产车间和项目建设需要原材料和半成品、办公室工作人员需要办公用品等都是需求。当需求方提出对某一产品的需求后，企业首先要对需求的合理性进行审核。如果审核无误，企业将首先在自有资源范围内(如库存)寻找供应来源，如果发现自有资源不能满足需求，企业才转而对外寻求供应来源。首先，我们需明确几个概念。

（1）请购部门：请购部门也就是采购申请者。是指采购物料的使用者。企业的使用者就是企业的各个部门或个人。他们可能是在生产部门，也可能在管理部门、研发部门或销售部门等，比如各个车间、各个科室、各个班组、研发中心等。

（2）请购单：请购部门签发的明确需求的单据。

（3）采购订单：一般是指采购部门汇总需求后，指定的商品采购信息，由采购人员指定，下发给供应商的单据。

申请采购的时间：正常情况下，一般是在月末、季末或年末。但是一些特殊情况，特别是紧急需求的情况，也可以随时接受申请。

二、采购申请的内容

请购部门进行采购申请的主要内容包括以下几个部分。

（1）需求单位：申请者所在的单位，也就是需要物资的单位。

（2）需求品种、规格、型号：比如需求的是螺母，那么需要的是外六角螺母，还是内六角螺母？直径是 14mm 的，还是 17mm 的？

（3）需求数量：需求单位需要物资的确切数量。

（4）需求时间：物资需求一定要在规定的时间送到需求单位，否则就会影响正常的生产。

（5）品种的用途：所需的物资做什么用，不能随便的申请采购，如果所申请的不是必需品，那么就不需要采购。

（6）特别要求：所需要的物资是不是有特殊的要求，比如防水、防火或者耐磨等。

三、采购申请常见的文件及表格

请购部门需要报批的申请表形式不一主要包含上述内容。表 2-7 是采购申请表的格式示范。大部分请购表单的形式类似。

表 2-7　　　　采购申请表

申请部门：　　　　申请日期：　　　　年　月　日

品　名	数　量	预估金额	需要使用时间	规格型号等其他要求（可另附页）
申购原因（用途）：				
申请人签字：				
部门意见：				
财务部门意见：				
公司领导审批：				

以上采购申请表单主要用于采购多项独立物品，一般是一个单位的申请采购物品的汇总清单。

除此之外还有单项独立物品的请购申请单以及同一产品相关多项原材料的采购申请单。后者主要用于同一个产品（或部件）的多项相关原材料的采购申请，是按物料清单（BOM）展开的物料需求分析。当所需的生产成品的材料库存不够，需要采购时下达的采购申请单。或接到上级通知备库存而提出材料采购申请的单据。采购以此作为采购材料的凭证依据。它实际上是该产品(或部件)的物料需求清单，各种物料互成一定比例写在一起，方便计算和审核。

表 2-8 是单项独立物品的申请单格式。

表 2-8　　　　单项独立物品的申请单

项目名称			
采购人			
授权代理人		职务	
联系方式		采购预算	
拟申请的单一来源类型	单一供应商		
申请理由 （附件）	采购人单位公章 日期：		
需要申请单一供应商的应填写以下内容：			
拟申请单一的供应商情况介绍：			

四、采购申请的审核

采购申请单必须提交相关负责部门或领导进行审核。通过采购审核可以实现以下几个目的。

（1）需要考虑采购的可行性。确认本企业现有库存无法满足需求后，才能进行采购。

（2）需要考虑采购的价值成本。生产部门只懂得生产，不懂得资源市场产品情况。而且，采购不需要生产部门掏钱，因此采购的价值成本观念不强。采购部门要对企业的生产负责，要对采购申请进行审核。

（3）需要考虑库存控制。请同学们考虑一下，库存数量多了或少了对企业有什么影响？（库存多了会占用资金，容易造成产品积压，增加库存管理费用；库存少了会影响正常的生产活动。）库存数量多也不好少也不好，申请的数量是不是最佳的采购数量，是否考虑了库存控制，能不能多一点或少一点，这些都需要采购部门考虑。

相关部门和领导在进行采购申请审核时，需要注意以下几个问题。

（1）是不是非要采购这个品种？考虑资源市场的产品变革，有没有其他更好的替代品？市场上可能已经出现了更好的品种，生产部门并不清楚，但是采购部门清楚，因为采购部门直接同资源市场打交道，所以要考虑是否有更好的替代品。

（2）是不是非要采购这么多的数量，考虑采购价值和成本、考虑库存控制的需要，能不能少一点或多一点？

（3）这个品种的需求时间是不是可靠，考虑采购价值和成本、考虑库存控制的需要，可不可以推后或提前？

（4）这个品种采购有没有什么特别要求，考虑采购价值和成本、考虑库存控制的需要，这些要求是不是必要，有没有实现的可能性？

【阅读案例】 采购申请疏忽酿成大错

某制药厂开始生产一种新药。为配合新药的生产，厂计划部门指示采购部门每月提供一定规格的尺寸类型瓦楞纸包装纸盒 5 000 个，由于采购部过去一直定期向包装车间提供同类型纸盒包装其他药品。因此并未向计划部门询问新的包装纸盒有无特殊要求，只是简单地向供货商追加了订货数量。但当最终新产品由库房提出准备发货时，发现产品包装纸盒开胶情况严重，开胶纸盒达 30%以上。产品未能及时供应客户，药厂受到一定经济损失。事后，厂领导要求采购部查清为何会出现如此严重的供应质量问题，并扣发有关采购人员全季度奖金。采购部门会同纸盒供货商经多次调查发现，该新药与其他产品不同，要求冷库储存，从入库至发货产品通常要在冷库存放 48 小时以上，普通包装纸盒在此冷藏条件下易开胶。供货商提供适合冷藏的包装纸盒后，开胶现象再未出现。

分析这个案例会发现，表面上，出现问题的原因似乎是采购部门责任心不强，而实际原因则是需求部门的产品需求描述中出现了漏项。在这个案例中，对新产品包装提出需求描述的应是产品研发部门。研发部门一定是知道新产品要冷库保存的，但他们忽略了考虑这一情况可能对产品包装材料所产生的特殊影响，没有把冷藏储存这一特殊要求加入需求描述中，导致包装纸盒不能满足最终产品要求。

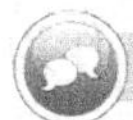

实训练习

请走访某连锁超市的终端门店，调研其销售商品的采购类别和采购申请的流程操作，了解请购单据的格式和内容。回答以下两个问题的调研报告。

（1）该门店的采购申请如何运作？画出流程图并加以说明。

（2）该门店的采购申请表格有哪几种？都包含哪些内容？分别适用于什么货物的采购申请。

任务三　编制采购计划与预算

任务引入

采购职能总体目标是：采购的商品，其质量应该是货真价实的，数量是符合要求的，时间是准确的，地点是正确的，供应商是可靠的，服务是合适的，价格是合理的。因此在进行采购业务之前必须进行完善的计划。采购计划是企业在计划期（年、季或月）安排和组织商品市场采购的计划。它是企业在进行一系列采购决策之后编制的，是采购决策的落实和具体化。合理、完善的采购计划是成功的关键。

1. 任务要求

为了了解采购计划应达到的目的，请根据××公司生产部门或其他使用部门的计划制定的包括采购物料、采购数量、需求日期等内容来制定采购计划表格，说明采购预算的主要内容并完成预算表格的制定。

2. 任务分析

采购计划和采购预算是采购作业操作的首要环节，也是极其关键的环节。本任务可以以小组的形式，通过查阅资料、讨论、调研的形式，来搜集信息，完成任务，为进入工作岗位打下良好的实践操作基础。

3. 实施步骤

（1）学生分组。

（2）训练区域和工具的准备：电脑机房、计算机、多媒体网络。

（3）采购数量的预测：销售预测，加上人为的判断，即可拟订销售计划或目标。销售计划，是表明各种产品在不同时间的预期销售数量。而生产计划即依据销售数量，加上预期的期末存货减去期初存货来拟订的。

（4）采购商品/物料清单：采购计划只显示产品的数量，并无法直接知道某一产品需用哪些物料以及数量多少，因此必须借助采购商品和物料清单。清单是由公司市场部配合采购部门所拟订的，内容列示各种产品由哪些基本的商品所制造或组合而成。根据清单可以精确计算某种商品及组合架存和库存的安全数量。清单所列的基本安全量，即统称的标准用量（以15日或30日为一个周期），与实际用量相互比较，作为成本控制的依据。

（5）存量管制卡的使用：若商品有存货，则采购数量不一定要等于销售数量。所以商品采购数量也不一定要等于根据清单所计算的基本商品需用量。采购员应依据实际和计划商品需求数量，并考虑采购的安全在途时间和安全存量水准，算出正确的采购数量。然后才开具请购单，进行采购活动。

（6）结合材料和分析，完成采购计划和采购预算的表格的制订工作。

4. 结果评价与交流

对学生实施过程及采购计划编制情况进行评价，评价的主要标准：学生是否能够根据生产部门或其他使用部门的计划正确制定的包括采购物料、采购数量、需求日期等表格。表格的条理性、完整性、规格性作为评价标准。

激励学生积极认真地实施项目，为后续的点评交流准备翔实的基础资料。可将评价分为个人评价和小组评价两个层面。

选取典型报告进行展示点评，对优秀报告给予表彰和推广，并帮助其改进不足之处，以提高以后项目实施的绩效。

相关知识

一、采购计划

1. 采购计划的概念

采购计划是指企业在计划期（年、季或月）安排和组织商品市场采购的计划。它是企业在进行一系列采购决策之后编制的，是采购决策的落实和具体化。合理、完善的采购计划是成功的关键。

2. 采购计划的作用

采购计划的主要作用表现在以下几个方面。

（1）估计所需的物料数量与时间。

（2）保证生产的持续正常进行。

（3）避免物料采购过多。

（4）造成库存积压。

（5）配合公司生产计划与资金调度。

（6）确立物料耗用标准。

（7）控制物料成本。

3. 采购计划的编制过程

采购计划编制过程如图 2-4 所示。

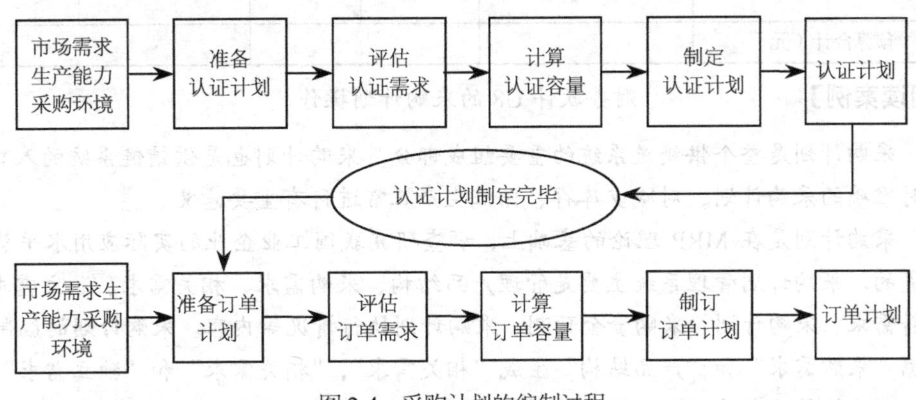

图 2-4　采购计划的编制过程

二、采购预算

1. 采购预算的概念及类别

采购预算是指采购部门为配合年度的销售预测或者生产数量，对所需的原料、物料、零件等的数量及成本做详实的计划，以利于整个企业目标的达成。

采购预算是指导和控制采购过程的“生命线”，是开启采购管理钥匙。预算的实质是一种协调过程。它要求来自企业各个部门、各个层次的知识和所从事具体活动的经验以及各自的职责得出一个综合的或总的预算。预算编制的方法多种多样，有固定预算、弹性预算、滚动预算、零和概率预算等。

2. 采购预算编制流程

采购预算编制流程如图 2-5 所示。

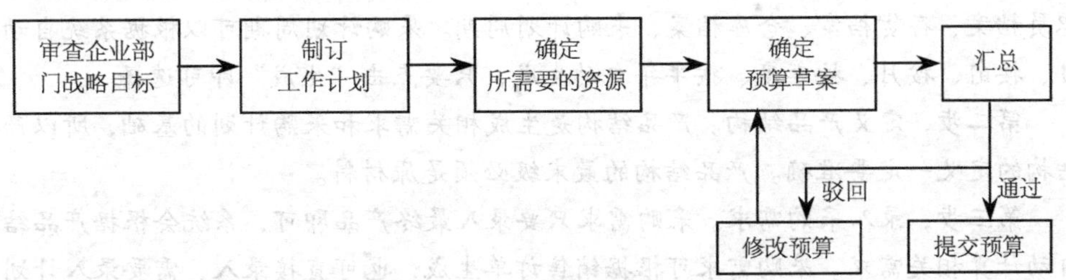

图 2-5　采购预算的编制流程

下表为某企业采购计划表样表。

表 2-9 采购计划表

申请部门		联系人		递交时间	
采购项目					
品名	参考型号规格配置	数量	单位	预算单价（元）	需求时间
预算合计（元）					

【阅读案例】 财务软件 U8 的采购计划操作

采购计划是整个供销链系统的重要组成部分。采购计划也是供销链系统的入口。及时准确的采购计划，对减少库存、保证生产正常进行有重要意义。

采购计划是在 MRP 理论的基础上，调查研究我国工业企业的实际应用水平总结而成的。采购计划管理系统主要是管理产品结构、采购需求、相关需求、独立需求、物料需求、采购计划、采购资金预测、采购计划执行情况等内容。采购计划的编制是根据“采购需求”和“产品结构”生成“相关需求”，“相关需求”和“独立需求”汇总生成“物料需求计划”，“物料需求计划”考虑现有库存和安全库存及经济批量等生成“采购计划”。这样，采购计划的编制就更加科学，既可以极大地减少编制采购计划的工作量，同时对帮助企业提高管理水平、减少库存货物、降低资金占用、保证生产正常进行具有非常重要的意义。

采购计划与入库单建立对应关系后，可以有效监控计划的执行情况。对保证采购计划的按时到货和准确到货有重要意义。

1. 系统基本功能

产品结构单级和终级展开；计算产品材料成本、根据采购需求生成相关需求；根据相关需求和独立需求汇总生成物料需求计划；根据物料需求计划，考虑现有库存、安全库存、经济批量等情况生成采购计划；采购计划资金预算；采购计划执行维护；查询采购计划的执行情况等。

2. 采购计划操作流程

第一步，进行基本设置。设置的主要内容有：编码原则、存货分类、部门档案、职员档案、存货档案、仓库档案、采购计划周期。采购计划周期可以根据系统自动按日、按旬、按月、按季度、按半年自动生成，只要点击“生成”即可选择。

第二步，定义产品结构。产品结构是生成相关需求和采购计划的基础，所以产品结构的定义一定要准确。产品结构的最末级必须是原材料。

第三步，录入采购需求。采购需求只要录入最终产品即可，系统会根据产品结构自动计算相关需求。采购需求可根据销售订单生成，也可直接录入，需要录入计划周期、需求编号，如果需要考虑存货的安全库存、经济批量、在途、占用等情况，需要先点击这些选项。采购需求需录入需求日期。

第四步，审核采购需求。只有审核过的采购需求才能生成相关需求。在“采购需求”中点击“维护”可调出采购需求进行审核，必须录入审核人及审核日期。

第五步，生成相关需求。根据采购需求，调用产品结构自动生成相关需求。

第六步，修改审核相关需求。一般情况下相关需求不需要修改，但是生产过程中有损耗或不合格产品而产品结构中又没有考虑时，可以在这里修改相关需求数量。相关需求必须审核后，才能汇总生成物料需求。

第七步，录入独立需求。不能直接从采购需求通过产品结构计算得出的物料需求，可以通过独立需求录入。一般情况下由各部门根据实际需要向采购部门提交。

第八步，审核独立需求。独立需求必须审核后，才能汇总生成物料需求。

第九步，按采购计划周期汇总物料需求。

第十步，审核物料需求计划。

第十一步，生成采购计划。点击“生成”，选择对应的采购计划周期。

第十二步，修改审核采购计划。对生成的采购计划用户可以修改其采购数量。一般情况下不用修改。对采购计划审核后，就不能修改删除。

第十三步，建立采购计划和入库单的关联关系。

第十四步，查询采购计划的执行情况。建立关联关系后就可以进行采购计划未到货物查询、采购计划拖期到货查询、采购计划执行情况查询。同时还可以不按关联关系查询采购计划的执行情况。

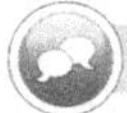

实训练习

请到学校周边超市或专业的零售类实训基地，进行实地调研，了解该企业的采购运作情况回答以下两个问题。

（1）企业的采购运作流程是怎样的？画出流程图并加以说明。

（2）该企业的采购组织采用了哪种组织模式？人员构成及职责是什么？

综合练习

1. 小组讨论：生产制造企业原材料的采购申请和连锁零售企业的销售品采购申请在哪里有区别？

2. 请购的审核过程应该注意些什么问题？

项目三

采购谈判与采购合同管理

【知识目标】

- 熟悉采购谈判、采购合同的基本概念
- 了解采购谈判和采购合同管理在企业中的作用的和地位
- 熟悉采购谈判和采购合同管理的内容
- 掌握采购谈判、采购合同管理的方法和技巧

【技能目标】

- 能编制采购合同
- 能根据具体企业情境，采用恰当方法进行采购谈判
- 能根据具体企业情境，采用恰当方法进行采购合同管理

任务一 采购谈判

任务引入

采购人员几乎每天都在面对谈判，主战场是与供应商之间就价格/成本、交期、质量、技术和其他的合同交易问题进行谈判。副战场是与内部客户之间的大量谈判。从

某种意义来说，拥有高超的谈判技巧是采购专家的最大技能和利器。但实际情况是，大多数采购员的谈判技巧非常欠缺，在供应商面前非常不自信，严重影响个人、部门和公司绩效。

1. 任务要求

根据模拟情景或者真实情景，运用恰当的采购谈判策略和技巧进行采购谈判。

2. 任务分析

首先要分析该次谈判的内容和需要达到的目的，填写采购计划表（如表 3-1 所示），在此基础上运用恰当的采购谈判策略和技巧进行采购谈判。

表 3-1　　采购计划表

谈判议程	谈判议题	参加人员	谈判目标			谈判策略	
			最优目标	预期目标	底线目标	实施策略	备选策略

3. 实施步骤

（1）准备工作：对学生进行分组，约 4～5 人一组，教师讲解注意事项、任务要求和报告撰写要求。

（2）布置采购项目：老师可推荐真实采购项目，或由学生自行确定采购项目。

（3）任务实施：根据采购项目，运用恰当的采购谈判策略和技巧进行采购谈判。

（4）编写报告。

4. 结果评价与交流

对学生实施过程及谈判过程（录像）进行评价。表现优秀的事迹和亮点给予表彰和推广，对于不足之处帮助其改进，提高以后项目实施的绩效。

相关知识

一、谈判在采购中的应用

谈判可以应用在各个领域，政治、军事、外交、经济、科技等领域。当今世界，以经济为内容的谈判最为广泛。一次商品交易过程就是一次谈判。报价、讨价、还价、成交。比如我们去商店买衣服，首先问一问多少钱……这就是一个简单的谈判过程。

1. 定义

采购谈判是指企业在采购时与供应商所进行的贸易谈判。采购方想以自己比较理想的价格、产品质量和供应商服务条件来获取供应商的产品，而供应商则想以自己希望的价格和服务条件向购买方提供自己的产品。当两者未统一以前，就需要通过谈判来解决，这就是采购谈判。

2. 采购谈判的目的

（1）希望获得供应商质量好、价格低的产品。

（2）希望获得供应商比较好的服务。

（3）希望在发生物资差错事故损失时获得合适的赔偿。

（4）当发生纠纷时能够妥善解决，不影响双方的关系。

3. 采购谈判的重要性

（1）争取降低采购成本：包括购买费用、进货费用。

（2）保证产品的质量。

（3）争取及时送货：可以降低库存。

（4）获得优惠的服务：技术咨询、售后安装、调试、使用指导、运行维护等。这些服务是需要花费供应商成本的。供应商希望越少越好。

（5）降低风险：途中可能发生事故，造成货损、货差、人身、车辆、货物的重大损失。通过谈判让供应商分担风险。

（6）妥善处理纠纷：买卖不成仁义在。

二、采购谈判的内容

采购谈判的内容主要有以下几个方面。

① 商品的品质条件。

② 商品的价格条件。

③ 商品的数量条件。

④ 商品的包装条件。

在国内货物买卖中，谈判双方主要就价格问题进行磋商。在国际贸易中，除了要明确货币的种类，还要明确以何种贸易术语成交。工厂交货、船上交货等。

⑤ 交货条件：运输方式，交货时间、地点。

⑥ 货款的支付条件：支付货币，支付方式。国际货物买卖中使用的支付方式——汇付。汇付，又称汇款，是付款人通过银行，使用各种结算工具将货款汇交收款人的一种结算方式。托收（Collecting）是出口人在货物装运后，开具以进口方为付款人的汇款人的汇票（随附或不随附货运单据），委托出口地银行通过它在进口地的分行或代理行代进口人收取货款一种结算方式。

信用证（letter of credit，L/C），是一种由银行依照客户的要求和指示开立的有条件的承诺付款的书面文件。

⑦ 货物保险条件。

⑧ 商品的检验与索赔条件。

⑨ 不可抗力条件。

⑩ 仲裁。

三、采购谈判的策略

采购谈判一般都误以为是“讨价还价”，实际上成功的谈判是一种买卖之间经过计划、检讨及分析的过程达成互相可接受的协议或折中方案。这些协议或折中方案里包含了所有交易的条件，而非只有价格。谈判通常是用在金额大的采购上，由于采购金额很大，因此谈判工作格外的重要。

与供应商的谈判策略和应对方法主要有以下几种。

1. 供应商哭穷并指责你的工作

供应商这样做是不愿意做出让步，或虽然做出了让步，却想得到有利条件进行补偿。

应对方法：作为采购方应认真听取其意见，认清他们指责是否合理；或你是否还解释得不够清楚。若是，寻找机会向其解释明白。但首先以诚恳态度听，同时坚持自己的利益。

2. 供应商在谈判中突然保持沉默

保持沉默是想使采购方感到不安，促使采购方不断地说话，以获得有用的信息。属于一种以守为攻的防御策略，也是在谈判中经常使用的手段，因为此时对方答应你不好，不答应也不好，想借此有一个转机。

应对方法：碰到这种情况，采购方要主动地设法让对方将这种意思表达出来，询问他的沉默是否意味着双方的沟通不够。

3. 供应商常会过分吹嘘自己的产品质量

供应商这样做是想给采购方造成一种错觉，让采购方相信他们的实力，相信他的资信等。于是让采购方草率地答应他们的某些要求，或做出更大的让步。

应对方法：不要轻信供应商的一面之词。在你不充分了解市场的情况下，委婉将此事缓一缓，建议将关键问题的细节集中，以后再谈。

4. 供应商拖延时间

供货商常会使用种种方法来拖延，从你这里套取更多的信息，如他们希望知道你的最终条件，而自己却以要先和老板商量等理由来拒绝做出决定。

应对方法：事先周密计划，坚守你的目标。除非双方都有决策权，否则不轻易透露自己的底牌。

5. 供应商使用最后通牒法

此时他们会说，我已尽力了，价钱不能再低，要么接受，要么算了。他们这样做是为了试探你们的反应，为使谈判进行下去，强逼你做出让步。

应对方法：不要做任何承诺，要知道对手正密切注视着你。此时也不必正面回答这个问题，宜寻找一个机会，转移到另一个新问题上。

6. 供应商会使用红脸/白脸策略

有时供货商会采用红脸与白脸的策略来争取更多的利益或更少的让步，通过两者的配合，扰乱你的心绪，使你答应他的要求。

应对方法：要明确双方的目标距离有多大，然后在谈判中少去注意“红脸人”，应努力转变“白脸人”（态度强硬者）的态度，设法阐述自己要求的合理性和充分性。

7. 供应商让价一半

很多人都有这样的经历，那就是在买衣服时，标价 1 000 元，你花费了九牛二虎之力将价格压至 500 元，此时你也许觉得自己很划算，但殊不知此衣服才值 100 元。因此不能以供货商让一半就觉得他们大出血，亏本了。要根据市场和自己的实际情况，评估这种退让是否对自己有利。

应对方法：当遇到供应商主动或轻易降价让步时，证明供货商有谈判的意向，想独占你的市场，这时我们要试着谈出更低的价格或更有利的条件。

8. 供应商：我的职权有限

有时供货商会先派业务员来谈判，然后是业务经理，再之后才是经理。每次谈判都要你完全地投入，使你的信息完全向对方曝光。他们自己却不轻易做出承诺，而是在他们认为有利时才会表决，导致你不得不接受一些对自己不利的谈判结果。

应对方法：我们必须清醒地认识形势，向对方提出谈判双方地位不平等，谈判毫无意义。你可以决策，而对方需层层请示，要求对方以与你地位相当的人员来谈。其中可向对方暗示不满意对方这种不尊重的谈判态度，施加无形心理压力，为以后的谈判埋下伏笔。

9. 供应商态度强硬

为达到目的不惜以威胁的方法，缺货时不送货是供货商经常使用的手段。

应对方法：我们必须分析威胁，此商品是否有替代品或竞争品，同时要向供货商暗示，威胁我们是要付出代价的，这代价有时可能就是失去此商家。但不要正面应战以免造成关系恶化。

四、采购谈判的技巧

谈判技巧是采购人员的利器。谈判高手通常都愿意花时间去研究这些技巧，以求事半功倍，下列谈判技巧值得采购人员研究。

（1）谈判前要有充分的准备：知己知彼，百战百胜。成功的谈判最重要的步骤就是要先有充分的准备。采购人员的商品知识，对市场及价格的了解，对供需状况了解，对本公司的了解，对供货商的了解，本公司所能出的价格底线、目标、上限，以及其他谈判的目标都必须先有所准备，并列出优先级，将重点简短列在纸上，在谈判时随时参考，以提醒自己。

（2）谈判时要避免谈判破裂：有经验的采购人员，不会让谈判完全破裂，否则根本不必谈判，他总会让对方留一点退路，以待下次谈判达成协议。没有达成协议总比勉强达成协议好。

（3）只与有权决定的人谈判：本公司的采购人员接触的对象可能有：业务代表、业务各级主管、经理、协理、副总经理、总经理或董事长，具体谈判对象要看供货商的规模大小而定。这些人的权限都不一样。采购人员应避免与没权决定事务的人谈判，以免浪费自己的时间，同时可避免事先将本公司的立场透露给对方。谈判之前，最好问清楚对方的权限。

（4）尽量在本公司办公室内谈判：在自己的公司内谈判除了有心理上的优势外，还可随时得到其他同事、部门或主管的必要支持，同时还可节省时间与旅行的开支。

（5）放长线钓大鱼：有经验的采购人员知道对手的需要，故尽量在小处着手满足对方，然后渐渐引导对方满足采购人员自己的需要。避免先让对手知道自己的需要，否则对手会利用此弱点要求采购人员先做出让步。

（6）采取主动，但避免让对方了解本公司的立场：攻击是最佳的防御，采购人员应尽量将自己预先准备的问题，以开放式的问话方式让对方尽量暴露出对方的立场，然后再采取主动，乘胜追击，给对方足够的压力，对方若难以招架，自然会做出让步。

（7）必要时转移话题：若买卖双方对某一细节争论不休、无法谈拢，有经验的采购人员会转移话题，或喝个茶暂停，以缓和紧张气氛。

（8）尽量以肯定的语气与对方谈话：否定的语气容易激怒对方，让对方没有面子，谈判因而难以进行。故采购人员应尽量肯定对方，称赞对方，给对方面子，因而对方也会愿意给面子。

（9）尽量成为一个好的倾听者：一般而言，业务人员总是认为自己是能言善道，比较喜欢讲话。采购人员应尽量让他们讲，从他们的言谈及肢体语言之中，采购人员可听出他们优势与劣势，也可了解他们的谈判立场。

（10）尽量为对手着想：全世界只有极少数的人认为谈判时，丝毫不能让步。事实证明，大部分成功的采购谈判都是要在彼此和谐的气氛下进行才可能达成。人都是爱面子的，任何人都不愿意在威胁的气氛下谈判，何况本公司与良好的供货商应有细水长流的合作关系，而不是对抗的关系。

（11）以退为进：有些事情可能超出采购人员的权限或知识范围，采购人员不应操之过急，装出自己有权了解某事，做出不应做的决定。此时不妨以退为进，与主管或同事研究或弄清事实情况后，再答复或决定也不迟，毕竟没有人是万事通的。草率仓促的决定大部分都不是好的决定，智者总是先深思熟虑，再做决定。

（12）不要误认为50/50最好：有些采购人员认为谈判的结果是50/50最好，彼此不伤和气。这是错误的想法。事实上，有经验的采购人员总会设法为自己的公司争取最好的条件，然后让对方也得到一点好处，能对他们的公司有个交待。

（13）谈判的十二戒：采购人员若能避免下列十二戒，谈判成功的机会大增。① 准备不周；② 缺乏警觉；③ 脾气暴躁；④ 自鸣得意；⑤ 过分谦虚；⑥ 不留情面；⑦ 轻诺寡信；⑧ 过分沉默；⑨ 无精打采；⑩ 仓促草率；⑪ 过分紧张；⑫ 贪得无厌。

【阅读案例】 通过采购案例看采购谈判的理、情、变

三级城市，新开的2800PM大卖场，开业后促销活动不间断连环跟进，不多久进入促销疲软期，店内大量促销积压库存需要解决，门店因此即时推出折上折促销活动。为此，“采购”与大库存商品供应商谈判DM（直接邮寄广告）海报促销商品，要求对于每支上海报的商品供应商除调整商品进价外，还必须承担DM海报普通版面费用50元。为此，采购小刘与供应商展开了一轮艰苦的激烈舌战。

“我们为什么还要承担50元额外的DM海报费用？这个不是归于开业促销费里一并算过了吗？”

“这些支持开业的促销商品，本来就是超低进价供给店里了，这时还要我们承担折上折的毛利损失，这个再怎么也说不过去。”

“你们的卖场不是KA卖场（营业面积、客流量和发展潜力等三方面的大终端），如果是KA，我们可以变通一下，争取到这样的促销支持。但是现在很明显的问题是，你们的卖场连这样大力度的开业促销都很难维持住销售局面，我们如何有信心再加大投入呢？”

“促销也连连做了好几档了吧？每档的结果如何？你们自己从来都没总结过吧？只是一味地下订单要我们按单送货。现在怎么样？又要我们来擦屁股吧？”

“DM还要收50元啊？有没有搞错？你们的DM有没有影响力啊？我发现没上DM的同类竞争品牌**的促销商品卖得不比我们的差啊。”

“上DM可以，不就是50元么？你们这里的DM商品都要上特殊陈列位吧？那你把某号堆头给我摆，某号端架也行，我回头跟公司按特殊陈列费报销。”

如此下来，新上手采购的小刘嘴皮儿磨破了，收了不到5家供应商的DM海报费，而且个个供应商条件蛮多的。老采购赵大拍拍小刘的肩膀：“多变通，多变通。”这

赵大也怪，不声不响的，非食品的DM商品一个上午就敲定了。小刘请赵大吃饭，想求个情。

赵大酒喝好了，饭吃饱了，就开始抖包袱了。他对小刘说了：“这采购的活，功夫在事外啊！”

“这第一，要讲个‘理’字；第二，要讲个‘情’字；第三就要讲个‘变’字。”

“话说这理字，有两个方面：一个方面我们为什么要这么干；另一个方面，供应商为什么要配合我们这么干。就拿这档促销来讲吧，店里这样做，是想清理开业一个多月来的促销商品存货。这些存货不清理掉，占仓库，占陈列位，又占周转资金，你看，这年节马上又要来了，这仓库不早点腾出来，陈列位不及时调整，年货进得来么？对于这点，其实对供应商来说也是同理。你看现在这节骨眼，谁不想在年节营销上多长几个心眼？但供应商不配合你主要有这么几个原因。第一，供应商是想就卖场目前这种情况，能省就省；第二，供应商就一件事说一件事，把你套进死胡同里去，让你在思维不融通的情况下，答应他们不出钱也上海报的目的；第三，个别供应商按你的思路去操作真的有困难。所以就这种情况，首先要转变思维，亮出双方共同的目标底牌：清存货，为年节促销铺路。这个不仅可以消除小方向上的矛盾，同时转移了供应商的注意力重点和思维方式，让他们的目光向前看了一着，这向前看的同时必然会认同现在的清货是必须配合门店到位的，那么至于DM海报50元的广告费，以及折上折都可以找到“理”的立足点了。你谈判时要重点放在年节促销的前瞻上，要弱化收费和折上折这个本来的谈判重点，最后再和盘托出来，相信效果会好得多的。”

小刘点点头，给赵大敬酒。

“这做采购的第二个重点：‘情’字。小刘你要好好修习啊。这可不是一朝一夕间就能得到的，供应商与采购的关系是你来我往的，这里面的人情味火候掌握得好，可以既省心又省事，事半而功倍啊。这就要求你要服务好自己的供应商。所谓服务好供应商，一是要为他们着想，在不危害公司利益的甚至双赢的前提下，多给供应商提供支持和方便。有时只是一个好的建议，有时是人脉的一个推荐，有时还有别的生活上的相互帮助，这些会让你在供应商圈子中形成自己的人气和口碑。做生意首先是做人，供应商虽然个个精明，但是人情上有时可以不买一点账，有时又一掷千金而不惜。这正、反两面在“情”字上的取舍就要看你平时的个人修为了。另一方面，“情”字讲究的还有一个关系的平衡，公司利益、供应商利益、你自己的利益，如何平衡在一个“情”字上就非常之有讲究，平衡得好，就是大家和和气气，生意兴隆；平衡得不好，就是多起争执，相互拆台。这“情”字诀啊，掌握起来比“理”字诀要难百倍千倍，但是能首先自己做到眼明、人正、心善，就基本可以过五关斩六将了。

小刘低头沉思良久。请教赵大讲最后一个“变”字诀。

“采购不懂变通，根本就做不下去。小刘，你自认为是个处世很有原则的人，做事也一板一眼，毫不含糊吧？但这在采购工作上是大忌。当然，这不是教你违反原则做一些苟且的事，而是让你审时度势，多方面、多渠道地思考和解决问题，不要在死胡同里一条道走到黑。比如这次DM商品，有些供应商的确没有50元的海报费用预算，但是可以提供赠品支持，这又何尝不可？你回头跟采购经理老余商量一下，有些条件完全可以相互转换的嘛。此不出彼出，羊毛总是长在羊身上，你管他长在耳朵上还是尾巴上啊。对了，对于一些对促销信心不足的供应商，你跟他谈促销毛利增长后的处理，即从他增长的部分中扣出这些费用就可以了。总觉得这个事可以谈的方向好多，关键是在"变"字上多下点功夫。财务上达到最后目标就可以了。"

小刘恍然大悟地感谢赵大，赵大憨憨地笑道："这些都是我自己做采购的一些心得罢了，重要的是平时多总结。对了，这'理'、'情'、'变'平时都不是单独使用的呢。综合运用，效果最佳。小刘，信我的没错。哈哈！"

小刘回家把老赵讲的东西好好消化了一下，针对不同供应商，总结出几个方案。第二天，和供应商谈的时候，灵活应对，不大功夫，50 元 DM 海报费都收到了。

实训练习

某县一饮料厂欲购买意大利固体橘汁饮料的生产技术与设备。派往意大利的谈判小组包括以下 4 名核心人员：该厂厂长、该县主管工业的副县长、县经委主任和县财办主任。请回答以下问题。

（1）如此安排谈判人员说明中国人的谈判带有何种色彩？

（2）如此安排谈判人员理论上会导致什么样的后果？

（3）如何调整谈判人员？

（4）做上述调整的主要理论依据是什么？

任务二　采购合同管理

任务引入

目前中国市场上缺乏诚信已是不争的事实，仅在 2010 年一年内，因采购合同诈骗造成的直接损失就超过 180 亿元人民币。防止采购合同诈骗是企业的重要工作。由此可见，采购合同管理非常重要。

1. 任务要求

根据真实的采购项目情景或者模拟情景，编制一份采购合同。

2. 任务分析

编制一份采购合同，具体任务的内容包括：查找资料了解编制采购合同要注意的事项；查找资料了解采购合同包括的内容；查找资料了解采购合同的格式；编制小组的采购合同。

3. 实施步骤

（1）准备工作：对学生进行分组，约 4～5 人一组；教师讲解注意事项、任务要求和报告撰写要求。

（2）布置采购项目：老师可推荐真实采购项目，或由学生自行确定采购项目。

（3）任务实施：根据采购项目，编制一份采购合同。

（4）编写报告。

4. 结果评价与交流

对学生实施过程及采购合同的质量进行评价。表现优秀的事迹和亮点给予表彰和推广，对于不足之处帮助其改进，提高以后项目实施的绩效。

一、采购合同签订的原则

采购合同签订的原则如下。

- 签订合同的供应商必须具备法人资格。
- 采购合同必须合法。
- 签订合同必须坚持平等互利：充分协商的原则。
- 签订合同必须坚持等价、有偿的原则。
- 采购合同应当采用书面形式。
- 采购合同应盖双方合同公章方才有效。

二、采购合同的内容

采购合同是企业（供方）与采购方，经过双方谈判协商一致同意而签订的“供需关系”的法律性文件。合同双方都应遵守和履行，并且是双方联系的共同语言基础。签订合同的双方都有各自的经济目的，采购合同是经济合同，双方受“经济合同法”保护和承担责任。一份完整的采购合同包括以下几个方面的内容。

（1）合同的标的：采购商品的品名，必须做到准确无误。

（2）商品的质量条款：包括商品的规格描述。一般的质量条款包含商品的内在和外在的形态优劣标志，包括各种性能指标和外观造型。该条款主要包括：技术规范、质量标准、规格、品牌名等。在采购作业中，须以最明确的方式去界定物料可接受的质量标准。一般有三种方式来表达物料的质量：第一种是用图纸或技术文件来界定物料的质量标准；第二种是用国际标准、国家标准或行业标准界定物料的质量标准，当用文字或图示难以表达时常用样品来表示。样品也可以作为物料的辅助规格，与图纸或技术文件结合使用。

一般的使用电脑系统的超市一定要求供应商的商品带有条形码（部分生鲜食品除

外），商品的品种应具体，避免使用综合品名；商品的规格应规定具体颜色、式样、尺码和牌号等。

（3）商品的数量条款：主要内容包括交料数量、单位、计量方式，必要时还应说明误差范围。

（4）采购价格条款：主要内容有价格术语的选用、结算币种、单价、总价等。具体如下：① 价格金额；② 货币类型；③ 交货地点；④ 国际贸易术语；⑤ 物料定价方式等。

（5）采购支付条款：指采用一定的手段，支付货款的方式。一般包括支付手段、付款方式、支付时间、支付地点等。其中支付手段有货币或汇票，一般是汇票。付款方式有银行提供信用方式（如信用证），银行不提供信用但可作为代理（如直接付款和托收）方式。支付时间分为预付款、即期付款、延期付款 3 种。

（6）商品包装条款：主要包括包装材料、包装方式、包装费用和运输标志等内容。合同中必须注明商品具体的包装条款内容。

（7）检验条款：在一般的买卖交易过程中，物品的检验是指按照合同条件对交货进行检查和验收，涉及数量、质量、包装等条款，主要包括检验时间、检验工具、检验标准及方法等。

（8）装运条款：主要内容有运输方式、装运时间、装运地与目的地、装运方式（分批、转运）、装运通知等。

（9）保险条款：企业向保险公司投保，并交纳保险费的条款。物料在运输过程中受到损失时，保险公司向企业提供经济上的补偿。条款的主要内容包括：确定保险类别及其保险金额，指明投保人并支付保险费。

（10）仲裁条款：指买卖双方自愿将其争议事项提交第三方进行裁决。仲裁协议的主要内容有仲裁机构、适用的仲裁程序、适用地点、裁决效力等。

（11）不可抗力条款：指在合同过程中发生的、不能预见的、人力难以控制的意外事故，如战争、洪水、风暴、台风、地震等，致使合同执行过程被迫中断。遭遇不可抗力的一方可因此免除合同责任。不可抗力条款的主要内容包括：① 不可抗力的含义；② 适用范围；③ 法律后果；④ 双方的权利义务。

（12）合同的变更和解除的条件：合同中应规定在什么情况下可变更或解除合同，什么情况下不可变更或解除合同；合同中应注明通过什么手续来变更或解除合同。

另外，合同中往往会对违约责任进行说明，一般要在采购合同中注明双方的违约行为，通常以下 3 种行为为违约行为：不按合同规定的商品数量、品种、规格供应商品；不按合同中规定的商品质量标准交货；逾期发送商品。

下面是一份材料采购合同的范例。

材料采购合同

合同编号：____________

签订合同时间：××××年××月××日

签订合同地点：________________________

甲方：××××房地产开发公司（需方）

乙方：××××有限公司（供方）

在参考国家《合同法》以及其他法律的基础上，经双方协商一致，特制定本合同，具体条款如下：

一、所购材料的名称、规格、数量、金额描述，如表 3-2 所示。

表 3-2　所购材料的具体情况

序号	产品名称	规格/型号	数量	单位	单价	总价（元）	备注
1							
2							
3							
4							
5							
合计							
合计人民币金额（大写）：							

二、质量技术要求及验收方法

1. 乙方提供《产品合格证》、《质量保证书》、《质量检验报告》及经设计师确认的材料封样样板。

2. 特殊材料还要提供当地政府部门允许使用该项材料的文件。

3. 验收标准及验收方法。按产品质量标准或封样样板验收。

三、供货方式

1. 交货时间：××××年××月××日

2. 交货地点：__________________________

3. 送货人：××××；电话：×××××××××；传真：××××××××

4. 收货人：××××；电话：×××××××××；传真：××××××××

5. 运输方式及费用：货到工地后由甲方组织人员卸货

6. 包装要求及费用：___________________________________

四、付款方式及时间：___________________________________

五、乙方要为甲方提供最优惠的价格，不得对甲方有关人员给予回扣或变相回扣，如违背本条，甲方将取消合同或不支付材料余款。

六、供货方必须取得收货方数量、质量双签字的有效单据（即《入库单》）。

七、双方责任

（一）甲方责任

1. 甲方按规定时间及方式向乙方付款。

2. 甲方按合同规定接受材料，组织卸货。

（二）乙方责任

1. 所供材料的品种、规格不符合本合同规定时，乙方应负责退换。由于上述原因延误交货时间，每延期一日，乙方应按延期交货部分货款总值的 5‰向甲方支付违约金。

2. 产品包装不符合合同规定时，乙方应负责返修或重新包装，并承担返修或重新包装费用。

3. 如果乙方不能按合同规定的产品数量交货，则乙方付给甲方不能交货部分货款总值的 5%的违约金。

4. 乙方不能按合同规定时间交货时，每延期一天，乙方应按延期交货部分货款总值的 5‰向甲方支付违约金。

八、纠纷解决方法

甲乙双方出现合同纠纷时，应首先通过充分协商解决，协商不成的，交乙方所在地的仲裁部门仲裁解决。

九、本合同一式两份，经双方法定代表人或法定代表人授权的委托代理人签章后生效。（若此合同为法定代表人授权的委托代理人，必须将授权书附后，方可签订合同。）

甲方：	乙方：
法定代表人：	法定代表人：
委托代理人：	委托代理人：
地址：	地址：
电话：	电话：
传真：	传真：

十、附件

1. 双方签认的材料样板。

2. 供应商营业执照复印件、法人委托书、供应商代理人身份证复印件。

3. 《入库单》

4. 《出库单》

5. 《材料验收单》

三、采购合同的签订程序

采购合同的签订程序如图 3-1 所示。

1. 采购合同的签订过程

以采购工程材料为例，说明采购合同的签订过程。

（1）要对所需工程材料进行需求确定和分析，相关人员将需求结合预算人员对所用材料的用量分析，编制出物料需用计划。

（2）选择供应商，这份计划提交到材料采购部门，相关负责人要对此种材料从质量、价格、服务等几个方面做市场调查，最后筛选出 4～5 家符合要求的供货商，作为备选。收集供货商资质，会同工程、质检、材料、预算部门对其进行资格预审，然后通过采购招标等方式确定供应商。

（3）采购合同的签订阶段，双方如何在平等、互利的基础上订立合同条款，是合同签订过程中的关键。

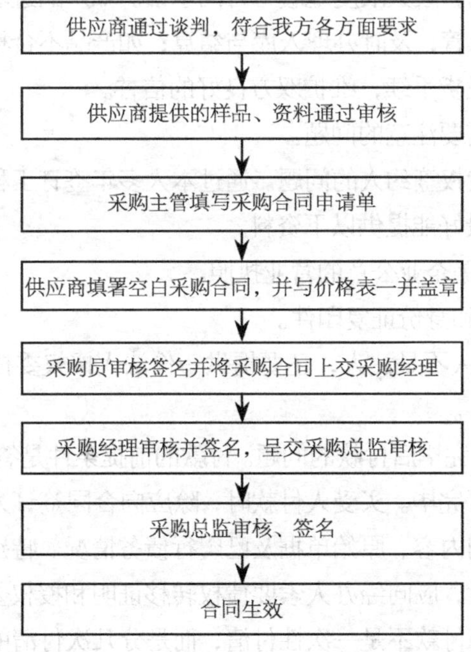

图 3-1　采购合同的签订程序

2. 签订采购合同时的注意事项

在签订采购合同时特别要指出的有如下 3 个方面。

（1）《合同法》第 145 条规定，“当事人没有约定交付地点或者约定不明确，标的物需要运输的，出卖人将标的物交付给第一承运人后，标的物的毁损、灭失的风险由买受人承担。”由此看来，在签订采购合同时，一定要注明具体的交付地点，避免不必要的风险承担。

（2）关于在途运输标的物的风险转移。《合同法》第 144 条规定，“出卖人出卖交由承运人运输的在途标的物，除当事人另有约定的以外，毁损、灭失的风险自合同成立时起由买受人承担。本着对采购方（即买受人）有利的角度出发，在签订合同时，应明确约定标的物在运输途中出现的毁损、灭失由出卖人负责，把可能出现的风险降到最低。

（3）违约金的问题。《合同法》第 114 条规定，违约金和违约行为造成的损失有密切联系，若违约金低于损失，可以请求法院予以增加；反之，可以要求法院予以减少。在实际签订合同中，应本着诚实信用、公平的原则，最好不约定违约金。如需约定，双方要制定合理的违约金范围，当发生违约事实时，不至于严重损害一方权益。

在合同的履行阶段，不只是静止地按条款履行合同，而是在动态和变化中履行合同。由于双方经济利益的不同，对合同条款的理解、履行的程度均会有所不同，不仅在由谁履行上会产生理解差异，还会在履行多少、履行后果以及不履行的责任上产生争端。因此，譬如材料在进场验收时，材料人员应结合质检、工程相关人员，双方应本着互利、双赢的原则，最大限度地履行合同承诺。如产品进场验收合格，要及时组织进场卸货、存放、保管，及时办理入库与结算；如产品不合格，应及时与供货商协调、退货、办理相关退货手续，维护双方良好的信誉。

此外，还有两个需要注意的问题。

（1）合同主体与授权签约人的问题。通过本人多年签订工程材料合同的经验，在签订合同之前，对方最好能提供以下资料。

① 年检合格并加盖企业公章的营业执照。

② 法人身份证明和身份证复印件。

③ 如果合同签订人不是法人，还要提供一份法人授权委托书和加盖企业公章的被委托人身份证复印件。

（2）关于合同履行完毕后付款的问题。付款的前提条件是签订的合同合法、有效，并已经按合同要求履行完毕。买受人付款时，除应向合同签订人索要上述提到的资质证件外，还要核实合同内容、原始单据及已履行债务情况。特别要注意的是，当经办人与合同主体不一致时，应向经办人索要债权转移证明和授权委托书，以上手续齐全后，才可办理付款。若付款不是一次性付清，而是分几次付清的，买受人在付最后一笔款项时，要与之签订合同终止协议书，作为原合同的附件存档。这样做是为了防止发生出卖人因合同付款不及时而要求赔偿的诉讼纠纷。

3. 采购合同审批时的注意事项

在采购合同审批过程中要注意以下几个方面的要求。

（1）采购部将拟订的合同初稿交相关部门审核并使之提出建议。

（2）公司财务部主要负责对合同价款的形成依据、款项收取或支付条件等条款进行审查并提出意见。

（3）公司法律顾问主要对合同内容条款的合法性进行审查并提出审查意见。

（4）公司副总负责对合同所涉内容进行全面审查并提出审查意见。

（5）公司总经理根据相关部门所提意见、办理程序的规范性以及其他认为需要审查的内容对合同进行审阅并签署意见。

（6）公司采购部根据公司总经理的审查意见修改合同文本，并将总经理审查意见、合同签署相关附件等文件再次报送审查后，由公司总经理或受总经理委托的合同签署代理人正式签署合同。

四、签订采购合同的要点

企业在与供应商签订采购合同时，应注意以下几点。

（1）项目相等物料名称、规格、数量、单价、总价、交货日期及地点，须与请购单及决策单所列相符。

（2）付款办法按照买卖双方约定的条件付款，一般付款的方式可以分为下列两种：

① 一次性付款。约定供应商将物料运抵企业，经企业人员验收合格后一次付清。

② 分期付款。依金额大小及供应期间的长短分为几期，例如：

第一期为预订期（订金），于签订合约并办理保证经认可后给付，其数额以不超过采购总价 30%为限。

第二期款，依供应进度至一半或物料运抵企业时付 40%。

第三期款（即尾款），物料运抵企业经验收合格后给付，但末期款应不少于工程部价的 10%为宜。

（3）延期罚款于合同书中约定，供应商须配合企业生产进度，物料最迟在几月几日以前，全部送达交验，除因天灾及不抗力的事故外。倘逾期，每天供应商应赔偿企业采购金额千分之几的违约金。

（4）解约办法于合同书中约定，是供应商不能保持进度或不能符合规格要求时的解约办法，以保障企业的权益。

（5）验收与保修于合同书中约定，供应商物料送交企业后，须另立保修书，自验收日起保修一年（或几年）。在保修期间内如有因劣质物料而致损坏者，供应商于 15 日内无偿修复；否则企业得另请修理，其所有费用概由供应商负责偿付。

（6）保证责任于合同书中的约定，供应商应找实力雄厚的企业担保供应商履行本合同所订明的一切规定，保证期间包含物料运抵企业经验收至保修期满为止。保证人应负责赔偿企业因供应商违约所蒙受的损失。

（7）其他附加条款视物料的性质与需要而增列。例如：订制马克、继电器及变压器等类的物料，须于合同中约定。出厂前供应商应会同企业技术人员实施各项性能试验，合格后方可交货。

五、公司采购合同的管理

采购合同的管理应当做好以下几方面的工作。

1. 加强对公司采购合同签订的管理

加强对采购合同签订的管理，一是要对签订合同的准备工作加强管理，在签订合同之前，应当认真研究市场需要和货源情况，掌握企业的经营情况、库存情况和合同对方单位的情况，依据企业的购销任务收集各方面的信息，为签订合同、确定合同条款提供信息依据。另一方面是要对签订合同过程加强管理，在签订合同时，要按照有关的合同法规规定的要求严格审查，使签订的合同合理合法。

2. 建立合同管理机构和管理制度

保证合同的履行企业应当设置专门机构或专职人员，建立合同登记、汇报检查制度，以统一保管合同、统一监督和检查合同的执行情况，及时发现问题，采取措施，处理违约，提出索赔，解决纠纷，保证合同的履行。同时，可以加强与合同对方的联系，密切双方的协作，以利于合同的实现。

3. 处理好合同纠纷

当企业的经济合同发生纠纷时，双方当事人可协商解决。协商不成时，企业可以向国家工商行政管理部门申请调解或仲裁，也可以直接向法院起诉。

4. 信守合同，树立企业良好形象

合同履行情况的好坏，不仅关系到企业经营活动的顺利进行，而且也关系到企业的声誉和形象。因此，加强合同管理，有利于树立良好的企业形象。

5. 采购合同的归档管理

按照商品种类分类归档；采购合同复印件与供应商档案归档；采购合同原件单独归档、统一管理。

6. 采购合同的跟进

以采购合同的条款检查供应商的表现；采购合同期限的预警；在采购合同期限前一个月对供应商的表现做综合评估以确定是否续约；可在电脑系统中设定合同期限预警程序。

六、采购合同履行、变更以及纠纷处理

1. 采购合同履行

（1）合同生效即具有法律约束力，公司必须按合同约定全面履行规定的义务，遵守诚实信用原则，根据合同性质、目的和交易习惯履行通知、协助、保密等义务。

（2）在合同履行过程中，合同承办单位应对合同的履行情况以履约管理台账形式做详细、全面的书面记录，并保留能够证明合同履行情况的相关原始凭证。如合同履行困难，必须及时向参与合同管理的相关部门通报和报告相关公司领导。

2. 采购合同变更或解除

严格按照合同约定维护公司权利和履行相关义务。在合同履行中出现下列情况之

一，执行机构应及时报告公司，并按照国家法律法规和公司有关规定及合同约定与对方当事人协商变更或解除合同。

（1）由于不可抗力致使合同不能履行的。

（2）由于对方在合同约定的期限内没有履行合同所规定的义务。

（3）因情况变更，致使我方无法按约定履行合同，或虽能履行但会导致我方重大损失的。

（4）其他合同约定的或法律规定的情形出现。

3. 处理采购合同纠纷

合同发生纠纷时，会同法律顾问与合同对方协商解决，协商不成需进行仲裁或诉讼的，协助法律顾问办理有关事宜。

【阅读案例 1】　缺乏谈判经验造成经济损失

A公司拟向B公司出口一批时装，双方经过一段时间的谈判，未能在价格上达成一致。后来，B公司表示同意接受A公司的价格，但同时却要求A公司同意在交货后半年收款。

由于A公司的谈判代表缺乏业务经验，急于签单，当场表示同意。

事后，经过核算，半年的利息损失早已超过原价所得的利益。

【阅读案例 2】　谈判前沟通不足造成无法索赔

C公司向D公司进口定做木质宾馆家具700套，合同规定买方发现单货不符时索赔期限为货到目的港的30天内，付款期为90天内。

由于C公司的客户E宾馆尚未建好，家具无法安装。两个月后，待宾馆完工，家具就位，C公司发现某些家具发生起壳，就向D公司提出拒付。但D公司依据合同规定的单货不符时，索赔期限为货到目的港的30天内，如今D公司发现单货不符（家具起壳），提出拒付的时间已是货到目的港的两个月（即60天）以后了，这早已超过了合同规定的单货不符的索赔期限。最终D公司理由充足地拒绝了索赔。

【阅读案例 3】　合同无效？解析黑龙江省政府采购争论案

2005年8月，牡丹江大学委托牡丹江市政府采购中心公开招标采购现代化办公设备及服务。哈尔滨成峰亿通经贸有限责任公司（以下简称成峰亿通）中标其中3个分包，中标总金额为260万元。

9月9日，成峰亿通就3个分包项目与牡丹江大学正式签订政府采购合同。合同生效后，公司积极组织货源，并与第三方签订了相关的供货合同。

9月16日，牡丹江市政府采购中心接到来人举报，称成峰亿通在参与此次投标中与牡丹江邮政电子网络工程处存在串标行为。

牡丹江市政府采购中心马上就串标问题的相关举报内容进行了深入调查。经有关专家审核和证据证实：成峰亿通与牡丹江邮政电子网络工程处的投标文件连续41页的内容、格式、排版完全相同，投标的产品也完全相同，彼此如同复制品，存在恶意串标行为。

9 月 29 日，牡丹江市财政局向成峰亿通下达《行政处罚告知书》，根据依法调查结果宣布成峰亿通"中标结果无效，撤销合同，处以招标采购金额 10%的罚款，列入不良记录名单，在三年内禁止参加政府采购活动"。

9 月 30 日，牡丹江市政府采购中心对牡丹江大学项目以竞争性谈判方式重新组织采购，于当天重新确定了成交供应商，签订了政府采购合同。

10 月 19 日，成峰亿通将牡丹江大学起诉至牡丹江市中级人民法院，称牡丹江大学在政府采购合同履行期限届满之前（接到解除合同的十五天内），将成峰亿通在合同中的权利义务转让给其他供应商，已构成违约，要求其赔偿因其违约行为造成的经济损失 108 万元。

法院判决思路：（1）如果串标行为存在，证据确凿，法院将确认牡丹江市政府采购中心提出的无效合同请求，原告同时承担缔约过失责任，处以采购金额 10%的罚款，列入不良记录名单，在 3 年内禁止参加政府采购活动。（2）如果串标不成立，被告则应承担违反合同约定的责任。

实训练习

学生根据自己的经济条件和采购项目的可行性，可以自拟采购项目，也可以采用老师推荐的模拟采购项目，进行一次采购谈判，并促成采购，签订采购合同。

综合练习

企业如何改变自己在采购谈判中的地位，又如何防止采购诈骗，请自己选择一个企业来分析这两个问题。

项目四

选择与管理供应商

【知识目标】

- 熟悉供应商管理的基本概念
- 了解供应商管理在企业中的作用的和地位
- 熟悉供应商调查的内容
- 掌握供应商考核和选择的方法和内容
- 掌握供应商的开发、激励与控制的方法和内容

【技能目标】

- 能设计供应商调查问卷
- 能采用恰当方法对供应商进行调查
- 能根据具体企业情境，采用恰当方法对供应商进行考核、选择
- 能够根据具体企业情境，采用恰当方法对供应商进行开发、激励与控制

任务一　供应商的调查

任务引入

某超市因为急需要一批产品进行销售，所以未对一家自己长久合作的供应商的产

品进行质量检查就直接放进卖场，结果出了质量问题，造成了经济损失。

大家说一说，这家超市有哪些工作没有做好，导致了损失的产生？怎样做能避免这样的损失？

（1）商场进物料时，先预备挑选几家供应商。

（2）现场到供应商生产场地进行考察，主要包括卫生、品质、交期、生产流程等方面，检查有没有一个完整的管理系统来保证产品是合格的。

（3）要求厂方出示相关卫生部门有效的经营许可证。

（4）以上都符合要求后，要求供应商送样品确认。

（5）样品确认合格后，需要建立供应商档案表（包括企业模式、发展方向、注册资金、研发人数、管理人数、员工数、企业组织结构图、营业执照、税务登记证、产品质量证书等）。

（6）正式供货前双方须签订一份供货质量协议书，当发生质量问题时有个依据，同时也可以监督供应商。

如果这家超市事先做好了这些工作，就不至于出现质量问题。

由这个案例可以看出，供应商的好坏，直接影响着一个企业的正常运行。因此，供应商管理显得十分重要。

供应商管理是对供应商的了解、选择、开发、使用和控制等综合性的管理工作的总称。供应商管理要抓好供应商调查、资源市场调查、供应商考核、供应商选择、供应商开发、供应商使用、供应商激励与控制等环节。

1. 任务要求

通过查阅资料（教材、期刊、网络等）、调研等形式设计两份供应商调查的问卷。一份为初步调研的问卷，另一份为深入调研的问题。

供应商初步调查问卷包括如下内容。

（1）调研的基本信息：调研名称、调研形式、调研地点、小组成员等。

（2）对供应商初步调查的内容。

供应商深入调查问卷的包括如下内容。

（1）调研的基本信息：调研名称、调研形式、调研地点、小组成员等。

（2）对供应商深入调查的内容。

2. 任务分析

初步调研和深入调研的目的不同，问卷内容不同，需要设计不同调查内容。

3. 实施步骤

（1）准备工作：对学生进行分组，约 4～5 人一组；教师讲解注意事项、任务要求和报告撰写要求。

（2）老师可推荐部分合作企业，或由学生自行确定调研企业的供应商。

（3）任务实施：收集要查阅的资料，联系企业采购部门设计供应商调查问卷，分工协作。

（4）编写报告。

4. 结果评价与交流

对学生实施过程及调查问卷的质量进行评价。为后续的点评交流准备翔实的基础资料。可将评价分为个人评价和小组评价两个层面。

选取典型问卷进行展示点评，对表现优秀的事迹和亮点给予表彰和推广，对于不足之处帮助其改进，提高以后项目实施的绩效。

一、供应商管理概述

1. 供应商管理的含义

供应商，是指可以为企业生产提供原材料、设备、工具及其他资源的企业。供应商可以是生产企业，也可以是流通企业。

所谓供应商管理，就是对供应商的了解、选择、开发、使用和控制等综合性的管理工作的总称。其中，了解是基础，选择、开发、控制是手段，使用是目的。

采购管理和供应商管理的关系：企业要维持正常生产，就必须要有一批可靠的供应商为其提供各种各样的物资。因此，供应商对企业的物资供应起着非常重要的作用，采购管理就是直接和供应商打交道而从供应商采购获得各种物资的。因此，采购管理的一个重要工作，就是要搞好供应商管理。

2. 供应商管理的目的

供应商管理的目的，就是要建立起一个稳定可靠的供应商队伍，为企业生产提供可靠的物资供应。

供应商是一个与购买者相独立的利益主体，而且是个追求利益最大化为目的的利益主体。按传统的观念，供应商和购买者是利益互相对立的矛盾对立体，供应商希望从购买者手中多得一点，购买者希望向供应商少付一点，为此常常斤斤计较。某些供应商往往在物资商品的质量、数量上做文章，以劣充优、降低质量标准、减少数量，甚至制造假冒伪劣产品坑害购买者。购买者为了防止伪劣质次产品入库，需要花费很多人力物力加强物资检验，大大增加了物资采购检验的成本。因此供应商和购买者之间，既互相依赖、又互相对立，彼此相处总是一种提心吊胆、精密设防的紧张关系。这种紧张关系，对双方都不利。对购买者来说，物资供应没有可靠的保证、产品质量没有保障、采购成本太高，这些都直接影响企业生产和成本效益。

相反，如果找到一个好的供应商，它的产品质量好、价格低，而且服务态度好、保证供应、按时交货，这样，采购时就可以非常放心，不但物资供应稳定可靠、质优价廉、准时供货，而且双方关系融洽、互相支持、共同协调。这样对企业采购管理、对企业的生产和成本效益都会有很多好处。

最重要的是，好的供应商可以提升企业的竞争力。

为了创造出这样一种供应商关系局面，克服传统的供应商关系观念，有必要注重供应商的管理工作。通过多方面的持续努力，去了解、选择、开发供应商，合理使用和控制供应商，建立起一支可靠的供应商队伍，为企业生产提供稳定可靠的物资供应保障。

3. 供应商管理的几个基本环节

（1）供应商调查：供应商调查的目的，就是要了解企业有哪些可能的供应商，各个供应商的基本情况如何，为企业了解资源市场以及选择正式供应商做准备。

（2）资源市场调查：资源市场调查的目的，就是在供应商调查的基础上，进一步了解掌握整个资源市场的基本情况和基本性质。是买方市场还是卖方市场？是竞争市场还是垄断市场？是成长的市场还是没落的市场？此外，还需了解资源生产能力、技术水平、管理水平以及价格水平等，为制定采购决策和选择供应商做准备。

（3）供应商开发：在供应商调查和资源市场调查的基础上，可能会发现比较好的供应商，但是还不一定能马上得到一个完全合乎企业要求的供应商，还需要在现有的基础上进一步加以开发，才能得到一个基本合乎企业需要的供应商。将一个现有的原型供应商转化成一个基本符合企业需要的供应商的过程，就是一个开发过程。具体包括供应商深入调查、供应商辅导、供应商改进、供应商考核等活动。

（4）供应商考核：供应商考核是一个很重要的工作，它分布在各个阶段。在供应商开发过程中需要考核、在供应商选择阶段需要考核、在供应商使用阶段也需要考核。不过每个阶段考核的内容和形式并不完全相同。

（5）供应商选择：在供应商考核的基础上，选定合适的供应商。

（6）供应商使用：与选定的供应商开展正常的业务活动。

（7）供应商激励与控制：这是指在使用供应商过程中的激励和控制。

二、供应商调查

供应商调查，在不同的阶段有不同的要求。供应商调查可以分成三种：第一种是资源市场调查；第二种是初步供应商调查；第三种是深入供应商调查。

1. 资源市场调查

（1）资源市场调查的内容。

① 资源市场的规模、容量、性质。例如资源市场究竟有多大范围？有多少资源

量？多少需求量？是卖方市场还是买方市场？是完全竞争市场、垄断竞争市场还是垄断市场？是一个新兴的成长的市场，还是一个陈旧的没落的市场？

② 资源市场的环境如何？例如市场的管理制度、法制建设、市场的规范化程度、市场的经济环境、政治环境等外部条件如何？市场的发展前景如何？

③ 资源市场中各个供应商的情况如何？也就是指前面进行的初步供应商调查所得到的情况如何。把众多的供应商的调查资料进行分析，就可以得出资源市场自身的基本情况。例如资源市场的生产能力、技术水平、管理水平、可供资源量、质量水平、价格水平、需求状况以及竞争性质等。

（2）资源市场分析。资源市场调查的目的，就是要进行资源市场分析。资源市场分析，对于企业制定采购策略以及产品策略、生产策略等都有很重要的指导意义。

① 要确定资源市场是紧缺型的市场还是富余型市场？是垄断性市场还是竞争性市场？对于垄断性市场，企业应当采用垄断性采购策略；对于竞争性市场，企业应当采用竞争性采购策略。例如采用招标投标制、一商多角制等。

② 要确定资源市场是成长型的市场还是没落型市场？如果是没落型市场，则要趁早准备替换产品，不要等到产品被淘汰了再去开发新产品。

③ 要确定资源市场总的水平，并根据整个市场水平来选择合适的供应商。通常要选择在资源市场中处于先进水平的供应商、选择产品质量优而价格低的供应商。

2. 初步供应商调查

（1）初步调查的目的与方法。所谓初步供应商调查，是对供应商基本情况的调查。主要是了解供应商的名称、地址、生产能力、能提供什么产品、能提供多少、价格如何、质量如何、市场份额有多大、运输进货条件如何。

初步供应商调查的目的，是了解供应商的一般情况。其目的一是为选择最佳供应商做准备；二是为了了解掌握整个资源市场的情况，因为资源市场是由每一个供应商共同形成的，那么许多供应商基本情况的汇总就是整个资源市场的基本情况。

初步供应商调查的基本方法，一般可以采用访问调查法，通过访问有关人员而获得信息。例如，可以访问供应商的市场部有关人士，或者访问有关用户、有关市场主管人员，或者其他的知情人士。通过访问建立起供应商卡片。

在开展计算机信息管理的企业中，供应商管理应当纳入计算机管理之中。把供应商卡片的内容输入到计算机中去，利用数据库进行操作、补充和利用。计算机管理有很多优越性，它不但可以很方便地储存、增添、修改、查询和删除，而且可以很方便地统计汇总和分析，可以实现不同子系统之间的数据共享。计算机有处理速度快、计算量大、储存量大、数据传递快等优点，利用计算机进行供应商管理具有很多的优越性。

（2）初步供应商分析。在初步供应商调查的基础上，要利用供应商初步调查的资料进行供应商初步分析。初步供应商分析的主要目的，是比较各个供应商的优势和劣势，初步选择可能适合于企业需要的供应商。

初步供应商分析的主要内容包括以下几个方面。

① 产品的品种、规格和质量水平是否符合企业需要？价格水平如何？只有产品的品种、规格、质量适合于本企业，才算得上企业的可能供应商，才有必要进行下面的分析。

② 企业的实力、规模如何？产品的生产能力如何？技术水平如何？管理水平如何？企业的信用度如何？

小词典

企业的信用度，是指企业对客户，对银行等的诚信程序，表现为供应商对自己的承诺和义务认真履行的程序，特别是像产品质量象征、按时交货、往来账目处理等方面责任和义务的履行程序。

对信用度的调查，在初步调查阶段可以采用访问制，从中得出一个大概的、定性的结论。分析供应商的信用程度，这是可以得到定量的结果的。

③ 产品是竞争性商品还是垄断性商品？如果是竞争性商品，则供应商的竞争态势如何？产品的销售情况如何？市场份额如何？产品的价格水平是否合适？

④ 供应商相对于本企业的地理交通情况如何？要进行运输方式、运输时间、运输费用分析，看运输成本是否合适。

在进行以上分析的基础上，为选定供应商提供决策支持。

3. 深入供应商调查

深入供应商调查，是指对经过初步调查后、准备发展为自己的供应商的企业进行的更加深入仔细的考察活动。这种考察，是深入到供应商企业的生产线、各个生产工艺、质量检验环节甚至管理部门，对现有的工艺设备、生产技术、管理技术等进行的考察，看看能不能满足本企业所采购的产品应当具备的生产工艺条件、质量保证体系和管理规范要求。有的甚至要根据生产所采购产品的生产要求，进行资源重组并进行样品试制，试制成功以后才算考察合格。只有通过深入的供应商调查，才能发现可靠的供应商，建立起比较稳定的物资采购供需关系。

进行深入的供应商调查，需要花费较多的时间和精力，调查的成本高。并不是所有的供应商都是需要的，它只在以下情况下才需要。

(1) 准备发展成紧密关系的供应商。例如在进行准时化（JIT）采购时，供应商的产品准时、免检、直接送上生产线进行装配。这时，供应商已经与企业结成了如同企业的一个生产车间一样的紧密关系。如果要选择这样紧密关系的供应商，就必须进行深入的供应商调查。

（2）寻找关键零部件产品的供应商。如果企业所采购的是一种关键零部件，特别是精密度高、加工难度大、质量要求高、在企业的产品中起核心功能作用的零部件产品，在选择供应商时，就需要特别小心，要进行反复认真的深入考察审核。只有经过深入调查证明确实能够达到要求时，才确定发展它为企业的供应商。

对于最高级的深入调查，在具体实施深入调查时，也可以分成3个阶段。

（1）通知供应商生产样品，最好生产一批样品，从其中随机抽样进行检验。如果抽检不合格，允许其改进一下再生产一批，再检一次。如果还是不合格，则这个供应商就落选，不再进入下面的第二阶段。只有抽检合格的才能进入第二阶段。

（2）对于生产样品合格的供应商，还要进入供应商生产过程、管理过程进行全面详细考察，检查其生产能力、技术水平、质量保障体系、装卸搬运体系、管理制度等，看看有没有达不到要求的地方。如果基本上符合要求，则深入调查可以到此结束。供应商符合要求，可以中选；如果检查结果不符合要求，则进入下面第三个阶段。

（3）对于生产工艺、质量保障体系、规章制度等不符合要求的供应商，要协商提出改进措施，限期改进。供应商愿意改进并且限期改进合格者，可以中选企业的供应商。如果供应商不愿意改进，或者愿意改进但限期改进不合格者则落选，深入调查也到此结束。

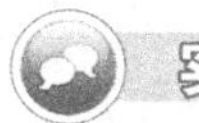

实训练习

1. 请将下列术语按照初步调查和深入调查的内容分别进行归类

供应商所占市场份额；企业生产工艺、生产技术；供应商所提供商品的品种和质量；企业信用度；企业管理水平；企业质量检验环节；企业的实力、规模如何；企业供应商所提供商品的价格；资源重组、样品试制。

2. 请根据自己的理解判断下列说法正确与否

（1）企业经济性质，注册资金大小是审核的重点。

（2）行业资质在不同的行业有不同的要求。

（3）明确提出或强行要求列出大宗业务对新企业或小企业是不利的。

（4）名目繁多的资质证明是政府对市场不易解决或关乎国家和公众生计的资源配置进行调控的手段。

（5）获准进入采购市场的企业定位与主营业务没有关系。

任务二　供应商的考核和选择

任务引入

供应商选择是供应商管理的目的，是供应商管理中最重要的工作。选择一批好的供应商，不但对于企业的正常生产起着决定作用，而且对企业的发展也非常重要。当然考核是选择的基础，所以供应商考核这些工作也很重要。

1. 任务要求

根据情景，通过查阅资料（教材、期刊、网络等）、调研等形式设计供应商的考核指标，然后利用供应商考核的结果选择供应商。

2. 任务分析

科学合理的供应商考核指标是保证考核结果有效性的重要依据，所以指标体系的设计非常重要。

3. 实施步骤

（1）准备工作：对学生进行分组，约 4～5 人一组，教师讲解注意事项、任务要求和报告撰写要求。

（2）企业情景：可以根据老师推荐的企业或由学生自行确定的企业做为该任务的分析情景。

（3）设置考核指标体系：收集要查阅的资料，联系企业采购部门设计供应商考核指标体系，分工协作。

（4）选择供应商：根据供应商考核的结果选择供应商。

（5）编写报告。

4. 结果评价与交流

对学生实施过程及考核指标体系的质量进行评价。为后续的点评交流准备翔实的基础资料。可将评价分为个人评价和小组评价两个层面。

选取典型考核指标进行展示点评，对表现优秀的事迹和亮点给予表彰和推广，对于不足之处帮助其改进，提高以后项目实施的绩效。

一、供应商考核

这里讲的供应商考核，主要是指同供应商签订正式合同以后正式运作期间，对供应商整个运作活动的全面考核，这种考核应当比试运作期间更全面。主要从以下几方面进行考核。

（1）产品质量。产品质量是最重要的因素，在开始运作的一段时间内，都要加强对产品质量的检查。检查可以分为两种：一种是全检，另一种是抽检。全检工作量太大，一般可以用抽检的方法。质量的好坏可以用质量合格率来描述。

（2）交货期。交货期也是一个很重要的考核指标参数。考察交货期主要是考察供应商的准时交货率。准时交货率可以用准时交货的次数与总交货次数之比来衡量。

（3）交货量。考察交货量主要是考核按时交货量，按时交货量可以用按时交货量率来评价。按时交货量率是指给定交货期内的实际交货量与期内应当完成交货量的比率。

（4）工作质量。考核工作质量，可以用交货差错率和交货破损率来描述。

（5）价格。考核供应商的价格水平，可以和市场同档次产品的平均价和最低价进行比较，分别用市场平均价格比率和市场最低价格比率来表示。

（6）进货费用水平。考核供应商的进货费用水平，可以用进货费用节约率来考核。

（7）信用度。信用度主要考核供应商履行自己的承诺、以诚待人、不故意拖账、欠账的程度。

（8）配合度。主要考核供应商的协调精神。在和供应商相处过程中，常常因为环境的变化或具体情况的变化，需要把工作任务进行调整变更。这种变更可能要导致供应商的工作方式的变更，甚至导致供应商要做出一点牺牲。这时可以考察供应商在这些方面积极配合的程度。另外，如工作出现了困难，或者发生了问题，可能有时也需要供应商配合才能解决。在这样的时候，都可以看出供应商的配合程度。

考核供应商的配合度，靠人们的主观评分来考核。主要找与供应商相处的有关人员，让他们根据这个方面的体验为供应商评分。特别典型的，可能会有上报或投诉的情况。这时可以把上报或投诉的情况也作为评分依据。

可以看出，前 7 项都是客观评价，第 8 项是主观评价。客观评价都是客观存在的，而且可以精确计量的，而主观评价主要靠人的主观感觉来评价。

二、供应商选择

1. 供应商选择概述

实际上，供应商选择融合在供应商开发的全过程中。供应商开发的过程包括了几次供应商的选择过程。在众多的供应商中，每个品种要选择 5～10 个供应商进入初步调查；初步调查以后，要选择 1～3 个供应商，进入深入调查；深入调查之后又要做一次选择，初步确定 1～2 个供应商；初步确定的供应商进入试运行，又要考核和选择，确定最后的供应商结果。

一个好的供应商的标准，一是产品好，二是服务好。所谓产品好，就是要求产品质量好、产品价格合适、产品先进、技术含量商、发展前景好、产品货源稳定、供应有保障；所谓服务好，就是要求供应商在供送货方面能够及时、有很好的技术支持和售后服务、守信用、愿意协调配合客户企业。因此一个好的供应商需要具备以下一些条件。

（1）企业生产能力强。表现在产量高，规模大，生产历史长，经验丰富，生产设备好。

（2）企业技术水平高。表现在生产技术先进，设计能力和开发能力强，生产设备先进，产品的技术含量高，达到国内先进水平。

（3）企业管理水平高。表现在有一个坚强有力的领导班子，尤其是要有一个有魄力、有能力、有管理水平的一把手、要有一个高水平的生产管理系统、还要有一个有力的、具体落实的质量管理保障体系，要在全企业中形成一种严肃认真、一丝不苟的工作作风。

（4）企业服务水平高。表现在能对顾客高度负责、主动热诚认真服务，并且售后服务制度完备、服务能力强，愿意协调配合客户企业。

2. 企业供应商分类

一个企业的供应商数量可能很多，如果不加区分，就很难实施科学的管理。企业需要对不同的供应商实施不同的关系策略，就必须对供应商进行细分。

（1）按供应商的重要程度分类——模块法。

① 分类。按供应商的重要程度分类，供应商可以分为：伙伴型供应商、重点型供应商、优先型供应商、商业型供应商。

② 案例解读之一：克莱斯勒与洛克维尔。克莱斯勒与洛克维尔达成一项协议，两个公司将在汽车的设计阶段进行紧密合作。根据协议，洛克维尔是为克莱斯勒的总装、焊接、电力设备等部门设计计算机控制的独家公司。洛克维尔的工程师设计开发相关计算机控制软件，以便能与克莱斯勒的工程师同时设计控制系统和整个汽车。计算机控制是汽车制造过程中的重要部分，合作双方都希望尽可能实现降低成本、缩短制造周期等目标，而且缩短进入市场的周期是克莱斯勒公司保持竞争优势的主要目标。以前的周期是26～28周，而合作后的目标是将它缩短至24周，克莱斯勒希望能通过与洛克维尔的合作实现这个目标。

③ 案例解读之二：本田美国公司的供应商管理。位于俄亥俄州的本田美国公司，强调与供应商之间的长期战略合作伙伴关系。本田公司总成本的80%都是用在向供应商的采购上，这在全球范围内都是最高的。因为它选择离制造厂近的供应源，所以与供应商能建立更紧密的合作关系，更好地保证 JIT（准时制）供货。制造厂库存的平均周转周期不到3小时。

1982年，有27个美国供应商为本田美国公司提供价值1 400万美元的零部件。而到了1990年，有175个美国供应商为它提供超过22亿美元的零部件。大多数供应商与它的总装厂距离不超过150英里。在俄亥俄州生产的汽车零部件本地率达到90%（1997年），只有少数的零部件来自日本。强有力的本地化供应商的支持是本田成功的原因之一。

在俄亥俄州生产的汽车是本田在美国销量最好、品牌忠诚度最高的汽车。事实上，它在美国生产的汽车已经部分返销日本。本田与供应商之间的合作关系无疑是它成功的关键因素之一。

（2）按采购物品的价值大小分类——80/20 规则。供应商 80/20 规则分类法的基础是物品采购的 80/20 规则，其基本思想是针对不同的采购物品应采取不同的策略，同时采购工作精力也应各有侧重，相应的，对于不同物品的供应商也应采取不同的策略。

通常数量 80%的采购物品（普通采购物品）占采购物品 20%的价值，而其余数量 20%的物品（重点采购物品），则占有采购物品 80%的价值。相应的，可以将供应商依据 80/20 规则进行分类，划分为重点供应商和普通供应商，即占 80%价值的 20%的供应商为重点供应商，而其余只占 20%采购金额的 80%的供应商为普通供应商。对于重点供应商应投入 80%的时间和精力进行管理与改进。这些供应商提供的物品为企业的战略物品或需集中采购的物品，如汽车厂需要采购的发动机和变速器，电视机厂需要采购的彩色显像管以及一些价值高、但供应不力的物品。而对于普通供应商则只需要投入 20%的时间和精力跟其交货。因为这类供应商所提供的物品的运作对企业的成本质量和生产的影响较小，例如办公用品、维修备件、标准件等物品。

（3）按供应商的规模和经营品种分类。按供应商的规模和经营品种进行供应商分类，常以供应商的规模作为纵坐标，经营品种数量作为横坐标进行矩阵分析。

（4）按与供应商的关系目标分类。

① 短期目标型。这种类型的最主要特征是双方之间的关系为交易关系。它们希望彼此能保持较长时期的买卖关系，获得稳定的供应。但是双方所做的努力只停留在短期的交易合同上，各自关注的是如何谈判，如何提高自己的谈判技巧，不使自己吃亏，而不是如何改善自己的工作，使双方都获利。供应一方能够提供标准化的产品或服务，保证每一笔交易的信誉。当买卖完成时，双方关系也终止了。对于双方而言，只与业务人员和采购人员有关系，其他部门人员一般不参与双方之间的业务活动。

② 长期目标型。与供应商保持长期的关系是有好处的，双方有可能为了共同利益而对改进各自的工作感兴趣，并在此基础上建立起超越买卖关系的合作。长期目标型的特征是从长远利益出发，相互配合，不断改进产品质量与服务水平，共同降低成本，提高供应链的竞争力。同时，合作的范围遍及公司内的多个部门。例如由于是长期合作，可以对供应商提出新的技术要求，而如果供应商目前还没有这种能力，采购方可以对供应商提供技术资金等方面的支持。供应商的技术创新和发展也会促进本企业产品改进，所以这样做有利于企业长远利益。比如飞机制造厂商可以对发动机生产厂商提供技术和资金以生产出技术含量更高的发动机，而发动机厂商的技术革新也会促进飞机厂商生产出新型的飞机。

③ 渗透型。这种关系形式是在长期目标型基础上发展起来的。其管理思想是把对方公司看成自己公司的延伸，是自己的一部分。因此，对对方的关心程度又大大提高了。为了能够参与对方的业务活动，有时会在产权关系上采取适当的措施，如互相投资、参股等，以保证双方利益的一致性。在组织上也采取相应的措施，保证双方派员参与对方的有关业务活动。这样做的优点是可以更好地了解对方的情况，供应商可以了解自己的产品在对方是怎样起作用的，所以容易发现改进的方向。而采购方也可以知道供应商是如何制造的，对此可以提出相应的改进要求。

④ 联盟型。联盟型是从供应链角度提出的。它的特点是从更长的纵向链条上管理成员之间的关系。在难度提高的前提下，要求也相应提高。另外，由于成员增加，往往需要一个处于供应链上核心地位的企业出面协调成员之间的关系，它常常被称为“盟主企业”。

⑤ 纵向集成型。这种形式被认为是最复杂的关系类型，即把供应链上的成员整合起来，像一个企业一样，但各成员是完全独立的企业，决策权属于自己。在这种关系中，要求每个企业在充分了解供应链的目标、要求，充分掌握信息的条件下，自觉做出有利于供应链整体利益的决策。

3. 供应商选择方法

（1）考核选择。所谓考核选择，就是在对供应商充分调查了解的基础上，再进行认真考核、分析和比较而选择供应商的方法。

首先应该调查了解供应商。供应商调查可以分为初步供应商调查和深入供应商调查。

初步供应商调查对象的选择非常简单，选择的基本依据就是其产品的品种规格、质量价格水平、生产能力、地理位置、运输条件等。在这些条件合适的供应商当中选择几个，就是初步供应商调查的对象。深入供应商调查分为3个阶段。

① 送样检查：通知供应商生产一批样品，随机抽样检查。检查合格进入第二阶段。检查不合格，允许再改进生产一批送检，抽检合格也可以进入第二阶段。抽检不合格，供应商落选，到此结束。

② 考察生产工艺、质量保障体系和管理体系等生产条件是否合格。合格者初步确定为供应商，到此结束。不合格者进入第三阶段。

③ 生产条件改进考察。愿意改进并限期达到了改进效果者中选，不愿意改进、或愿意改进但在限期内没有达到改进效果者落选。深入调查结束。可以采用评分等办法进行评定，考察考核合格，就被初步确定为企业的供应商。

初步确定的供应商还要进入试运行阶段进行考察考核，试运行阶段的考察考核更实际、更全面、更严格，因为这时直接面对实际的生产运作。在运作过程中，要进行所有各个评价指标的考核评估，包括产品质量合格率、按时交货率、按时交货量率、交货差错率、交货破损率、价格水平、进货费用水平、信用度、配合度等的考核和评估。在单项考核评估的基础上，还要进行综合评估。综合评估就是把以上各个指标进行加权平均计算而得的一个综合成绩。可以用下式计算：$S=\frac{\sum W_i P_i}{\sum W_i}\times 100\%$

通过试运作阶段，得出各个供应商的综合评估成绩，就可以基本上确定哪些供应商可以入选，哪些供应商被淘汰了。一般试运作阶段达到优秀级的应该入选，达到一般或较差级的供应商，应予以淘汰。

现在一些企业为了制造供应商之间的竞争机制，创造了一些做法，就是故意选 2 个或 3 个供应商，称作 A、B 角或 A、B、C 角。A 角作为主供应商，分配较大的供应量。B 角（或再加上 C 角）作为副供应商，分配较小的供应量。综合成绩为优的供应商担任 A 角，候补供应商担任 B 角。在运行一段时间以后，如果 A 角的表现有所退步而 B 角的表现有所进步的话，则可以把 B 角提升为 A 角，而把原来的 A 角降为 B 角。这样无形中就造成了 A 角和 B 角之间的竞争，促使他们竞相改进产品和服务，使得采购企业获得更大的好处（这种现象在生活中比较常见，比如两个处于试用期的员工相互竞争一个岗位，一方面可以提高员工的水平，另一方面是企业获得了更大的利益）。

从以上可以看出，考核选择供应商是一个较长时间的深入细致的工作。这个工作需要采购管理部门牵头负责、全厂各个部门的人共同协调才能完成。当供应商选定之后，应当终止试运作期，签订正式的供应商关系合同，进入正式运作期，开始了比较稳定的正常的物资供需关系运作。

（2）招标选择。选择供应商也可以通过招标的方式。招标选择是采购企业采用招标的方式，吸引多个有实力的供应商来投标竞争，然后经过评标小组分析评比而选择最优供应商的方法。

① 招标选择的主要工作。

- 要准备一份合适的招标书。包括目标任务，完成任务的要求。
- 要建立一个合适的评标小组和评标规则。
- 要组织好整个招标投标活动。

② 在招标活动中，广大供应商的主要工作。

- 起草自己的投标书参与投标竞争。
- 参加招标会，进行自己的投标说明和辩论。

最后评标小组根据各个供应商的标书以及投标陈述，进行质询、分析和评比，最后得出中标的供应商。这样就最后选定了供应商。

任务三 供应商的开发、激励与控制

任务引入

对供应商实施开发、激励与控制是现代物流管理理论的重要内容。实践证明，有效实施供应商开发、激励与控制，可以提高供应商的服务水平，降低公司的采购风险和采购成本，增强公司的市场竞争能力。但在实施供应商激励的过程中，要以系统化的观点来观察和处理问题，正确选择开发、激励与控制的时机、方式，综合考虑各种风险因素，避免各种不必要的麻烦。

1. 任务要求

根据情景，通过查阅资料（教材、期刊、网络等）、调研等形式设计一份供应商开发、激励与控制的方案。

2. 任务分析

企业在对供应商进行考评的基础上，结合不同供应商的需求特点和市场时机，为其提供正向的或负向的激励，有利于增强供应商之间的适度竞争，所以该任务中的激励机制设置显得非常重要。

3. 实施步骤

（1）准备工作：对学生进行分组，约 4～5 人一组，教师讲解注意事项、任务要求和报告撰写要求。

（2）企业情景：可以根据老师推荐的企业或由学生自行确定的企业作为该任务的分析情景。

（3）供应商开发方案：收集要查阅的资料，联系企业采购部门制作一份供应商开发方案。

（4）供应商激励和考核方案：收集要查阅的资料，联系企业采购部门制作一份供应商激励和考核方案。

（5）编写报告。

4. 结果评价与交流

对学生实施过程及撰写的“供应商开发、激励与考核方案”的质量进行评价。可将评价分为个人评价和小组评价两个层面。

选取典型方案进行展示点评，对表现优秀的事迹和亮点给予表彰和推广，对于不足之处帮助其改进。

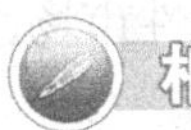

相关知识

一、供应商开发概述

所谓开发供应商就是要从无到有地寻找新的供应商，建立起适合于企业需要的供应商队伍。军队打仗需要粮草，企业生产需要物资，供应商就相当于企业的后勤队伍。供应商开发和管理实际上就是企业的后勤队伍的建设。

二、开发供应商的步骤

1. 需求分析、产品ABC分类

首先将采购物料分类，确定关键的重要的零部件、原材料及其资源市场。

（1）将主生产物料和辅助生产物料等按采购金额比重分为A、B、C 3类，求出关键物资、重点物资进行重点管理。根据物资重要程度决定供应商关系的紧密程度：对于关键物资、重点物资要建立起比较紧密的供应商关系；对于非重点物资，可以建立一般供应商关系，甚至不必建立固定的供应商关系。

（2）按材料成分或性能分类，如塑胶类、五金类、电子类、化工类、包装类等，确定资源市场的类型性质。

2. 供应商调查

搜集厂商资料，根据材料的分类搜集生产各类物料的厂家，每类产品在5~10家左右，填写在供应商调查表上。也可以编制供应商调查表，用传真或其他方式交供应商企业自己填写并反馈回来。

3. 资源市场调查

要走访供应商、客户、政府主管部门或经济统计部门，了解资源市场的基本情况。包括供应量、需求量、可供能力、政策、管理规章制度、发展趋势等。

4. 分析评估

（1）成立供应商评估小组，由副总经理任组长，与部门经理、主管、工程师组成评估小组。

（2）供应商分析：把反馈回来的供应商调查表进行整理核实，如实填写供应商资料卡。将合格厂商分类按顺序统计记录。然后由评估小组进行资料分析比较和综合评估，按ABC物料采购金额的大小，根据供应商规模、生产能力等基本指标进行分类，对每个关键物资、重点物资初步确定1~3家供应商，准备进行深入调查。

（3）资源市场分析：在供应商分析的基础上，结合资源市场调查的有关资料分析资源市场的基本情况，包括资源能力情况、供需平衡情况、竞争情况、管理水平、规范化程度、发展趋势等。并根据资源市场的性质，确定相应的采购策略、产品策略和供应商关系策略。例如对于垄断性市场，采用合作和据理谈判策略；对于竞争性市场，采用招标竞争策略等。

5. 深入调查供应商

对初步调查分析合格、被选定为被选供应商的 1～3 家供应商深入调查。深入调查可分成 3 个阶段。

（1）送样检查：通知供应商生产一批样品，随机抽样检查。检查合格进入第二阶段。检查不合格，允许再改进生产一批送检，抽检合格也可以进入第二阶段。抽检不合格，供应商落选。

（2）考察生产工艺、质量保障体系和管理体系等生产条件是否合格。合格者中选供应商，到此结束。不合格者进入第三阶段。

（3）生产条件改进考察。愿意改进并限期达到了改进效果者中选，不愿意改进，或愿意改进但在限期内没有达到改进效果者落选。深入调查阶段结束。

6. 价格谈判

进行价格谈判的指导思想，就是要合理，要“双赢”，自己不要吃亏，也不要让供应商很吃亏，要考虑长远合作。大家都不吃亏，才能得到共同发展，才会有共同的长远合作和长远利益。要实事求是地进行计算，求出一个合理的价格。

价格谈判成功以后，就可以签订试运作协议，进入物资采购供应试运作阶段，基本上以一种供需合作关系运行。试运行阶段根据情况可以是 3 个月至 1 年不等。

7. 供应商辅导

价格谈好以后的试运行供应商，将与企业建立起一种紧密关系参与试运作。这时企业要积极参与辅导、合作。企业应当根据企业生产的需要，也要根据供应商的可能，共同设计规范相互之间的作业协调关系，制定一定的作业手册和规章制度。并且为使供应商适应企业的需要，要在管理、技术、质量保障等方面进行辅导和协助。

8. 追踪考核

在试运作阶段，要对供应商的物资供应业务进行追踪考核。这种考核主要从以下几个方面进行。

（1）检查产品质量是否合格。可以采用全检或抽检的方式，求出质量合格率。质量合格率用质量合格的次数占总检查次数的比率描述。

（2）交货是否准时。检查供应商交货是否准时，用误时的交货次数占总交货次数的比率来描述。

（3）交货数量是否满足。用物资供应满足程度或缺货程度来描述。

（4）信用度的考核。主要考察在试运作期间，供应商是否认真履行自己承诺的义务，是否对合作事业高度认真负责，在往来账目中，是否不欠账、不拖账。

信誉度一般地可以用失信次数与总次数的比率来描述。失信可以包含多种含义，例如没有履行事先的承诺，没有按约定按时交款或还款等，都是失信。

9. 供应商选择

以上指标每个月考核1次，1个季度或半年综合考核评分1次，各个指标加权评分综合，按评分等级分成优秀、良好、一般、较差几个等级。优秀者可以通过试运作，结束考核期，签订正式供需关系合同，成为企业正式的供应商，建立一个比较稳定的供需关系。其他的则不能通过试运作，应当结束考核、终止供需关系。

10. 供应商使用

当供应商选定之后，应当终止试运作期，签订正式的供应商关系合同，开始正常的物资供应业务运作，建立起比较稳定的物资供需关系。在业务运作的开始阶段，要加强指导与配合，要对供应商的操作提出明确的要求，有些大的工作原则、守则、规章制度、作业要求等应当以书面条文的形式规定下来，有些甚至可以写到合作协议中去。起初还要加强评价与考核，不断改进工作和配合关系，直到比较成熟为止。在比较成熟以后，还要不定期地检查和协商，保持业务运行的健康、有序。

11. 供应商的激励和控制

在供应商的整个使用过程中，要加强激励和控制。既要充分鼓励供应商主动积极地搞好物资供应，又要采用各种措施，约束防范供应商的不当行为给企业造成损失。保证与供应商的合作关系和物资供应业务的健康正常进行，确保企业利益不受影响。

三、供应商激励与控制

1. 建立供应商激励标准

激励标准是对供应商实施激励的依据，制定对供应商的激励标准需要考虑如下因素。

（1）本企业采购物资的种类、数量、采购频率、采购政策、货款的结算政策等。

（2）供应商的供货能力、可以提供的物资种类、数量。

（3）供应商所属行业的进入壁垒。

（4）供应商的需求，重点是现阶段供应商最迫切的需求。

（5）竞争对手的采购政策、采购规模。

（6）是否有替代品。

考虑上述因素的主要目的是针对不同的供应商，为其提供量身定做的激励方案，以达到良好的激励效果，为企业采购工作创造更加有利的条件。

2. 激励的方式

按照实施激励的手段不同，可以把激励分为两大类：正激励和负激励。所谓正激励，就是根据供应商的业绩评价结果，为供应商提供的奖励性激励，目的是使供应商受到这样的激励后，能够“百尺竿头，再进一步”，精益求精。而负激励则是为那些业绩评价较差的供应商提供的惩罚性的激励，目的是通过这种激励措施，使供应商能够“痛定思痛”，迎头赶上，或者将该供应商清除出去。

（1）常见的正激励有如下 7 种表现形式。

① 延长合作期限：把公司与供应商的合作期限延长，可以增强供应商业务的稳定性，降低其经营风险。

② 增加合作份额：提高供应物资的数量，可以增加供应商的营业额，提高其获利能力。

③ 增加物资类别：把合作的物资种类增加，可以使供应商一次送货的成本降低。

④ 供应商级别提升：能够增强供应商的美誉度和市场影响力，增加其市场机会。

⑤ 书面表扬：能够增强供应商的美誉度和市场影响力。

⑥ 颁发证书或锦旗：为供应商颁发的优秀合作证书或者锦旗。有助于提升其美誉度。

⑦ 现金或实物奖励。

（2）常见的负激励也有 7 种表现形式。

① 缩短合作期限：单方面强行缩短合作期限。

② 减少合作份额：减少送货物资的数量。

③ 减少物资种类。

④ 业务扣款：在其货款总额中扣除部分或全部款项的处罚性行为。

⑤ 供应商级别降低。

⑥ 法律诉讼：依照法定程序对供应商提起诉讼，要求法律解决争议或提出赔偿。

⑦ 淘汰：即终止与供应商的合作。

3. 激励方式的选择

在供应商业绩评价的基础上，按照得分多少对供应商进行分级。对于同类供应商，按照供应商数量的多少，可以选择正数排名第一名至第三名的给予正激励，排名倒数第一名至倒数第三名的给予负激励（一般被激励的供应商不超过同类供应商总数的 30%）。各种激励方式适用于不同的供应商。

在正激励中，不同的激励方式适用的供应商有。

① 延长合作期限：适用于合作期限较短的供应商。

② 增加合作份额：适用于具备更大数量的物资供应能力的、急于扩大营业额的供应商。

③ 增加物资类别：适用于能够提供更多物资种类，且物资质量符合公司标准、增加物资类别有助于降低其成本的供应商。

④ 供应商级别提升：适用于尚未达到战略合作伙伴级别的供应商（供应商级别的提升要逐步进行，不可越级提升）。

⑤ 书面表扬：可以是对供应商个人的表扬，也可以是对供应商单位的表扬；可以是直接将书面表扬发至供应商单位/公司，也可以向当地媒体提出，向社会公开表扬。

⑥ 颁发证书或锦旗：适用于对荣誉较为看重的供应商。可每年进行一次。证书或锦旗最好由公司专程送达。

⑦ 现金或实物奖励：适用于对公司做出重大贡献或特殊贡献的供应商，一般由公司副总经理以上的领导提出。

由于负激励是一种惩罚性激励手段，一般用于业绩不佳的供应商。实施负激励的目标在于提高供应商的积极性，改进合作效果，维护公司利益不受损失。

4. 激励时机的确定

对供应商的激励一般在对供应商业绩进行一次或多次评价之后，以评价结论为实施依据。激励时机一般为以下几种。

① 市场上同类供应商的竞争较为激烈，而现有供应商的业绩不见提升时。

② 现有供应商之间缺乏竞争，物资供应相对稳定时。

③ 现有供应商缺乏危机感时。

④ 供应商对公司利益缺乏高度关注时。

⑤ 供应商业绩明显有很大提高，对公司效益增长贡献显著时。

⑥ 供应商的行为出现对公司利益损害时。

⑦ 按照协议或合同规定，公司利益将受到影响时。

⑧ 出现经济纠纷时。

⑨ 需要提升供应商级别时。

⑩ 其他需要对供应商实施激励时。

特别需要注意的是，在对供应商实施负激励之前，要查看该供应商是否有款项尚未结清，是否存在法律上的风险，是否会对公司的生产经营造成重大影响，是否会对大部分供应商产生负面影响，以避免因激励而给公司带来麻烦。

5. 激励的实施

激励由公司的供应商管理部门根据业绩评价结果提出，由部门经理审核，报分管副总经理批准（涉及法律程序和现金及实物奖罚、证书和锦旗的激励须报请公司总经理审批）后实施。

（1）逐渐建立起一种稳定可靠的关系。企业应当和供应商签订一个较长时间的业务合同关系，例如 1～3 年。时间不宜太短，太短了让供应商不完全放心，从而总是要留一手，不可能全心全意为搞好企业的物资供应工作而倾注全力。只有合同时期长，供应商才会感到放心，才会倾注全力与企业合作，搞好物资供应工作。特别是当业务量大时，供应商会把本企业看做是它生存发展的依靠和希望。这就会更加激励它努力与企业合作，企业发展它也得到发展，企业垮台它也跟着垮台，形成一种休戚与共的关系。但是合同时间也不能太长。这一方面是因为将来可能发生变化，例如市场变化导致产量变化、甚至产品变化、组织机构变化等；另一方面，也是为了防止供应商产生一劳永远、铁饭碗的思想而放松对业务的竞争进取精神。为了促使供应商加强竞争进取，就要使供应商有危机感。所以合同时间一般以一年比较合适，并说明如果第二年继续合适，可以再续签；第二年不合适，则合同终止。这样签合同，就是既要让供应商感到放心，可以有一段较长时间的稳定工作；又要让供应商感到有危机感，不要放松竞争进取精神，才能保住明年的工作。

（2）有意识地引入竞争机制。有意识地在供应商之间引入竞争机制，促使供应商之间在产品质量、服务质量和价格水平方面不断优化。例如，在几个供应量比较大的品种中，每个品种可以实行 A、B 角制或 ABC 角制。所谓 AB 角制，就是 1 个品种设两个供应商，1 个 A 角，作为主供应商，承担 50%～80%的供应量；1 个 B 角，为副供应商，承担 20%～50%的供应量。在运行过程中，对供应商的运作过程进行结构评分，1 个季度或半年 1 次评比。如果主供应商的月平均分数比副供应商的月平均分数低 10%以上，就可以把主供应商降级成副供应商，同时把副供应商升级成主供应商。与上面说的是同样的原因，我们主张变换的时间间隔不要太短，最少一个季度以上。太短了不利于稳定，也不利于一旦偶然出错的供应商有机会纠正错误。A、B、C 角制则实行 3 个角色的制度。原理与 A、B 角制一样，同样也是一种激励和控制的方式。

（3）与供应商建立相互信任的关系。疑人不用，用人不疑。当供应商经考核转为正式供应商之后，一个重要的措施，就是应当将验货收货逐渐转为免检收货。免检，这是对供应商的最高荣誉，也可以显示出企业对供应商的高度信任。免检，当然不是不负责任地随意给出，应当稳妥地进行。既要积极地推进免检考核的进程，又要确保产品质量。一般免检考核时间要经历 3 个月左右时间，在免检考核期间内，起初总要进行严格的全检或抽检。如果全检或抽检的结果，不合格品率很小，则可以降低抽检的频次，直到不合格率几乎降到零。这时，要组织供应商有关方面的人员，稳定生产工艺和管理条件，保持住零不合格率。如果真能保持住零不合格率一段时间，就可以实行免检了。当然，免检期间，也不是绝对地免检。还要不时地随机抽检一下，以防供应商的质量滑坡，影响本企业的产品质量。抽检的结果如果满意，则继续免检。一旦发现了问题，就要增大抽检频次，进一步加大抽检的强度，甚至取消免检。通过这种方式，也可以激励和控制供应商。

此外，建立信任关系，还包括很多方面。例如不定期地开一些企业负责人的碰头会，交换意见，研究问题，协调工作，甚至开展一些互助合作。特别对涉及企业之间的一些共同的业务、利益等有关问题，一定要开诚布公，把问题谈透、谈清楚。要搞好这些方面的工作，需要树立起一个指导思想，就是“双赢”。一定要尽可能让供应商有利可图。不要只顾自己，不顾供应商的利益，只有这样，双方才能真正建立起比较协调可靠的信任关系。这种关系实际上就是一种供应链关系。

（4）建立相应的监督控制措施。在建立起信任关系的基础上，也要建立起比较得力的、相应的监督控制措施。特别是一旦供应商出现了一些问题、或者一些可能发生问题的苗头之后，一定要建立起相应的监督控制措施。根据情况的不同，可以分别采用以下一些措施。

① 对一些非常重要的供应商，或是当问题比较严重时，可以向供应商单位派常驻代表。常驻代表的作用，就是沟通信息、技术指导、监督检查等。常驻代表应当深入到生产线各个工序、各个管理环节，帮助发现问题，提出改进措施，切实保证把有关问题彻底解决。对于那些不太重要的供应商、或者问题不那么严重的单位，则视情况分别采用定期或不定期到工厂进行监督检查、或者设监督点对关键工序或特殊工序进行监督检查，或者要求供应商自己报告生产条件情况、提供工序管制上的检验记录，让大家进行分析评议等办法实行监督控制。

② 加强成品检验和进货检验，做好检验记录，退还不合格品，甚至要求赔款或处以罚款，督促供应商改进。

③ 组织本企业管理技术人员对供应商进行辅导，提出产品技术规范要求，使其提高产品质量水平或企业服务水平。

【阅读案例】　　如何对潜在供应商进行资格审核？

对供应商进行资格审核，应该根据企业的具体情况采用恰当的方法，通常可以通过这些方法实现。

（1）营业执照：营业执照是企业生产、经营的许可证。营业执照中核定的经营范围是审核的重点，主营业务归属于哪类，获准进入采购市场的企业就应定位在哪类。

（2）税务登记证：任何一家正规注册的公司都要到相关部门办理税务登记，因此一个合法的企业法人应当拥有税务登记证。

（3）企业法人代码证：尽管企业法人代码证的作用当前并不十分显著，但随着社会网络化的推进，政府、企业、市场管理机关、行业主管部门以及社会公众通过条形码对企业的性质、经营范围、资信程度、是否有不良记录等相关情况的了解的要求将大大增强，法人代码证上的企业相关信息共享和交流将成为必需。

（4）企业简介：企业简介是企业基本情况的介绍和宣传，包括企业生产经营内容、企业员工构成、企业业绩等。

（5）行业资质：行业许可资历是指我国目前在许多行业推行的准入制度，不同行业有不同行业的要求。

（6）社会中介机构出具的驻资或审计报告：采购部门对企业的资信、财务状况等情况不可能全面、广泛地了解和掌握，无论从人力上还是从时间上，既做不到也不经济。因此，采购部门应借助社会中介机构的力量对潜在供应商的企业会计报表进行独立审查，客观全面地反映企业最新年度的经营状况。

实训练习

请到学校周边超市或专业的零售类实训基地，进行实地调研，了解该企业的供应商管理情况，并回答以下两个问题。

（1）供应商管理包括哪些内容？画出流程图并加以说明。

（2）该企业有哪些供应商，对于不同供应商类别，企业分别采用了什么管理方法？

综合练习

企业如何控制供应商？又如何防止供应商控制企业？请自己选择一个企业来分析这两个问题。

项目五

采购业务的监督与控制

【知识目标】

- 了解商品质量含义和质量描述
- 熟悉保证商品质量监控的方法
- 熟悉采购商品质量管理的原则
- 熟悉采购价格控制的方式
- 掌握采购信息流程监督和控制的方法
- 掌握采购财务的监督和审计的组织方法和过程

【技能目标】

- 能够通过验收方法进行商品质量检查
- 能够应用不同的质量管理方法完成质量监控
- 能够针对具体的采购项目指定控制价格的策略
- 能够描述采购信息流程控制的环节及主要业务操作
- 能够进行财务的监督和审计监督作业

任务一　采购商品质量控制

任务引入

企业采购的根本目的，就是要提供合适的质量的商品给企业不同的部门来使用，商品采购质量控制是不同企业的采购部门杜绝假冒伪劣产品和防止欺诈行为的必要措施。因此采购行为主体和采购人员应正确认识采购质量的地位，并采取有效措施，在采购的全过程加强采购质量管理和控制，促进采购质量的不断提升。

因此，进行良好的采购控制对于企业来讲意义重大。采购质量管理和监控工作，可以提高产品质量，提高核心竞争力，从而吸引更多的客户。同时，通过质量监控，还可以减少采购质量的风险，节省管理费用。

1．任务要求

某生产制造企业采购部门在采购某一批次原材料过程中，为了保障产品质量，特制定了一套针对不同的环节和岗位的工作人员的要求和建议书，主要目的就是要通过不同岗位和环节的人员的工作，以保证采购商品质量控制的目的。任务书内容包括。

（1）采购商品基本信息。

（2）保证商品质量的要求。① 收货组；② 物流部；③ 采购执行组。

2．任务分析

采购商品的质量监控对企业而言，意义重大。本项目的主要实施目的就是让学生通过对整体采购业务的把握，能够对与采购商品质量相关的各个作业环节进行把握并具备运营能力。学生可通过查阅资料、实地调研、走访以及复习前期关于采购的基本业务和运作流程的内容，在教师的指导下，分组完成上述作业任务。教师在任务执行前期，可对相关的流程和设计岗位进行提示和总结，让学生能够根据相关的作业岗位从不同的角度考虑如何提高采购商品的质量管理。

3．实施步骤

（1）准备工作：对学生进行分组，约4～5人一组。

（2）教师协助学生理清采购质量监控涉及的岗位和人员。

（3）教师对学生要完成的任务书的具体格式和要求进行指导，并确定学生的采购商品信息和要求背景。

（4）任务实施：收集要查阅的资料，联系企业采购部门进行访谈调研，以分组讨论等方式，完成上述任务。

（5）编写汇报材料。

4. 结果评价与交流

对学生实施过程及调研报告质量进行评价，激励学生积极认真地实施项目。为后续的点评交流准备翔实的基础资料。各小组的成果评价可由教师评价和小组互评来完成。个人评价在两者的基础上由教师和小组成员互评来完成。

选取典型报告进行展示点评，对表现优秀的事迹和亮点给予表彰和推广，对于不足之处帮助其改进，提高以后项目实施的绩效。

相关知识

一、采购商品的质量管理概述

1. 质量的概念

关于质量的定义可分为广义和狭义两种。狭义的质量定义是特定使用目的所要求的商品各种特性的总和，即商品的自然属性的综合。广义的质量是商品能适合一定用途要求，满足社会一定需要的各种属性的综合，即商品的符合性和社会适用性相结合。适用性是从用户出发的，但是适用性过了头，质量就无法控制。符合性是从厂家出发，但符合性不能不适应商品的革新和市场变化的需求，所以将适用性和符合性两者结合起来看待质量问题才是比较科学的。

过去相当长的时间里，人们对质量的研究多是狭义的。但是，随着社会的发展，商品的丰富，人们的消费需求呈现多样化趋势，商品的社会质量方面的因素越来越被重视。因此，研究广义的商品质量更具有现实意义。广义的商品质量概念应包括以下几个方面内容。

（1）质量的基础是商品具有能够满足规定或潜在需要的各种质量特性。

（2）质量是动态的。由于时代进步，科技、经济的发展，消费者的需求或规定也会相应变化和发展，这就必然对商品的质量特性提出更高的要求。商品质量也会发生相应的变化。

（3）商品质量是客观的。商品质量是受社会生产力和经济水平制约的。商品质量又是由客观存在的各种质量指标及属性决定的。

商品质量的评价具有主观性。它取决于人们选取的衡量质量优劣的水平基准。每个人都可以从自己的角度（不同的社会地位、不同的收入水平、不同的文化素质和不同的心理状况等），对商品质量做出不同的评价。

2. 商品质量的构成

（1）商品的内在质量（自然质量）。商品的内在质量是商品的各种物质属性的综合，包括商品的实用特性、寿命、可靠性、安全性与卫生性等，如保温瓶的材料、容水量、种类、耐温差性、耐水性及保温效能等。它可以分为静态的内在质量和动态的内在质量。静态的内在质量是商品在不使用情况下呈现出的质量性能，如商品的成分、形态、规格、结构、缺陷等性质的综合。动态的内在质量是指商品体形成后，在外界环境条件下会发生变化的性能，这由商品体的可变的理化、生物性因素所决定的，如商品的机械性能、热性能、食品的营养价值等表现为在使用或储存条件下的质量性能。

（2）商品的感观质量。商品的感观质量是人们利用感觉器官对商品的色彩、质地、音色、新鲜度所做出的直观测定。

（3）商品的社会性质量。商品的社会性质量是指商品从生产、流通直到消费及废弃阶段，满足全社会利益所必需的特性。它反映了商品使用价值对社会和社会环境的依赖与适应，如不污染自然环境、节约有限的能源及其他资源等。

3. 商品质量特性

商品的质量特性是满足人们某种需要所具备的客观要求、属性和特征的总和，能够反映消费者对商品的明确或潜在的要求。例如，方便、舒适、安全、卫生等用语言表达的意思，如果不能把它们转化为技术经济语言或衡量尺度，就无法实现对商品质量的有效管理和监督。因此，必须把质量用可定量的具体质量特性值体现出来。一般来说，表示每种商品的质量，常常要用很多质量特性来表示。每种质量特性对商品质量都有一定的贡献，但其重要程度却不尽相同，因此随用途不同也会发生变化。在商品质量评价和管理过程中，没有必要考察其质量所包含的一切特性并将各种特性同等看待，而应该依照其实际用途权衡轻重，尽量简化，选择少数（通常以3～5种为宜）对商品质量起决定作用的特性，按其重要程度分布赋予不同的权重，加权综合成消费者真正期望的质量。

4. 商品质量指标

根据不同的实体要求和实用目的，商品质量特性通常用各种数量指标来表示，这些数量指标成为质量指标。由于商品的复杂性和多样性，商品质量指标很多，在实践中主要有以下几方面：适用性指标（用途指标）、工艺性指标、结构合理性指标（包括商品的可修理性、零部件可换性及人体工程学等方面指标）、卫生安全性指标、可靠性指标、经济性指标、使用寿命指标、商品质量均一性指标、生态环境指标、美观指标等。这几方面的质量指标构成了对现代商品质量的基本要求。它们相互补充、相辅相成，不可或缺。

5. 质量管理介绍

质量管理是指确定质量方针、目标和职责，并在质量体系中通过诸如质量策划、质量控制、质量保证和质量改进使其实施的全部管理职能的所有活动。根据这个定义，其具体含义如下。

质量管理是组织全部管理的一个重要组成部分，它的职能是制定并实施质量方针、质量目标和质量职责。质量管理是以质量体系为依托，通过质量策划、质量控制、质量保证和质量改进等活动发挥其职能。这四项活动是质量管理工作的 4 大支柱。组织的最高管理者领导整个质量管理工作，并对其结果负全责。各级管理者都有相应的质量管理职责。质量管理过程涉及组织中的每一员工，因此质量管理是“全员性”的。在质量管理的全过程中，必须考虑其经济性。

商品质量管理的发展大体经历了检验质量管理、统计质量管理和全面质量管理 3 个发展阶段。

（1）检验质量管理阶段。1911 年，美国机械工程师（F. W. Taylor）提出了企业实行质量检验的管理方法，即将企业的活动分为计划和执行两个职能，设立专职检验人员以加强产品质量检查。这样，就把原来操作者本身同时承担的质量检验转到管理者身上，使产品检验从生产制造过程中分离出来，成为一道独立的工序。以后，随着生产规模不断扩大，质量检验职能又由管理者转给专职的检验人员来承担，从此专职的检验机构就出现了。专职检验的特点是“三权分立”，即有人专职制定标准；有人专职负责执行；有人负责按照标准检验。从 20 世纪初期到 40 年代，主要以这种质量管理思想进行产品质量控制，也就是按既定质量标准要求对产品进行检验；管理对象限于产品本身的质量；管理领域局限于生产制造过程。因此，其存在着许多缺点。

① 检验质量管理是一种消极防范性管理，依靠检验把关，杜绝不合格产品进入流通领域，无法在生产过程中起到预防、控制作用。

② 出现问题容易扯皮、推诿。

③ 要求全部检验，在经济上不合理。

（2）统计质量管理阶段。20 世纪 30 年代前后，由美国贝尔电话研究所工程师、统计学家休哈特（W. A. Shewhart）提出了“统计过程控制”（SPC）概念，并创作了质量控制图，统计质量管理方法开始推广。其基本思路是根据过去情况来预测它将来的变化，从而进行管理，使其处于统计管理状态。这种方法用于质量管理，主要是按照商品标准，运用数理统计原理在从设计到制造的生产工序间进行质量控制，预防产生不合格产品；管理对象包括产品质量和工序质量；管理领域从生产制造过程扩大到设计过程。统计质量管理是一种预防型（事先控制型）管理，依靠生产过程中的质量控制，把质量问题消灭在生产过程中，而且能定量地分析、研究和预测产品质量的变化。此阶段质量管理已从单纯地依靠检验把关，逐步转为检验把关和工序质量控制预防两者并重。但是，由于过分强调质量控制的统计方法，价值数理统计方法力量的深奥，在一定程度上限制了它的普及推广。

（3）全面质量管理阶段。第二次世界大战后，美国著名的质量专家戴明（W. Edwards Deming）运用被称为全面质量管理（TQM）的思想帮助日本重建经济。20 世纪 60 年代初，美国学者朱兰（J. Juran）和费根鲍姆（A. Feigenbaum）提出了全面质量控制（total quality control，TQC）的理论，并分别出版了《质量控制手册》和《全面质量控制》等著名质量管理著作，丰富了全面质量管理理论。世界各国积极推行全面质量管理。全面质量管理是一种全面、全过程、全员参与的积极进取型管理，其特点是。

① 全过程管理。它把满足消费者或用户需要放在第一位。运用以数理统计方法为主的现代综合管理手段和方法，对商品开发、设计、生产、流通、适用、售后服务及用后处置的全过程进行全面管理。防检结合，以防为主，重在分析各种因素对商品质量的影响。

② 全面质量的经济管理。它既管产品质量，又管工作质量和工序质量。不仅要保证产品质量，还有做到成本低廉、供货及时、服务周到。它要求追求价值和使用价值的统一，质量和效益的统一，用最经济的手段生产用户满意的产品。

③ 它强调依靠与商品使用价值形成和实现有关的所有部门和人员来参与质量管理，实行严格标准化。不仅贯彻成套技术标准，而且要求管理业务、管理技术、管理方法的标准化。

全面质量管理是一种全面、全过程、全员参与的积极进取型管理，强调调动人的一切积极因素，根据系统论的观点把管理对象看成一个整体，分析系统各要素相互联系、相互作用的相关性，采取相应对策，使商品的设计、开发、生产、流通和消费的全过程均处于监控状态，从而保证商品质量符合消费者或用户需要。

二、采购质量监控环节

1. 制定采购质量控制方案

采购品质方案，至少应包含下列几项内容。

（1）规格、图样与采购订单的要求。

（2）合格供应商的选择。

（3）品质保证的协定。

（4）验证方法的协定。

（5）解决品质纠纷的条款。

（6）接收检验计划与管制。

（7）接收品质记录。

2. 商品收货验收控制

所有采购商品到库后，必须在入库前进行验收，只有在验收合格后方算正式入库。这种必要性体现在：一方面，各种到库商品来源复杂，渠道繁多，从结束其生产过程到进入仓库前，经过一系列储运环节，受到储运质量和其他各种外界因素的影响，质量和数量可能发生某种程度的变化；另一方面，各类商品虽然在出厂前都经过了检验，但有时也会出现失误，造成错检或漏检，使一些不合格商品按合格商品交货。

商品验收的作用主要表现在：验收是做好商品保管保养的基础；验收记录是采购退货、换货和索赔的依据。

验收的基本原则包括以下几个方面：制定标准化的规格；招标书及合约条款应明订；设立健全的验收组织，以专责成；采购与验收工作要分工明确；讲求效率。

商品验收包括验收准备、核对凭证和实物检验 3 个作业环节。

验收准备工作：仓库接到到货通知后，应根据商品的性质和批量提前做好验收前的准备工作，大致包括以下内容。

（1）人员准备。安排好负责质量验收的技术人员或用料单位的专业技术人员，以及配合数量验收的装卸搬运人员。

（2）资料准备。收集并熟悉待验商品的有关文件，如技术标准、订货合同等。

（3）器具准备。准备好验收用的检验工具，如衡器、量具等，并校验准确。

（4）货位准备。确定验收入库时存放货位，计算和准备堆码苫垫材料。

（5）设备准备。大批量商品的数量验收，必须要有装卸搬运机械的配合，应做好设备的申请调用。

此外，对于有些特殊商品的验收，如毒害品、腐蚀品、放射品等，还要准备相应的防护用品。

（6）核对凭证。采购入库的商品必须具备相关的凭证，验收人员要将这些凭证加以整理、全面核对。入库通知单、采购合同要与供货单位提供的所有凭证逐一核对，相符后才可进行下一步的实物检验。

（7）实物验收。就是根据入库单和有关技术资料对实物进行数量和质量检验。

3. 采购部门派人到供应商处

此种方式类似于前一种，只不过将采购检验员派到供应商处，降低了供应商的品质成本，间接降低了本企业的采购成本。

4. 供应商的品质体系审查

供应商的品质体系审查是指企业为了供应商交货品质有保证，定期对供应商的整个管理体系作评审。一般新供应商要做一次到几次，以后每年做一次到两次。但如果出现品质问题，且又不好变更供应商时，也必须去供应商处做一次品质体系审查。目前这是绝大多数企业都做的一种方法。

5. 定期评比

定期对供应商进行评比，促进供应商之间形成良性有效的竞争机制。这种方法是定期对所有供应商进行评分，对保证供应商的供货品质有很多正面效果。

6. **供应商扶植**

对处于中低水平的供应商给予一定的扶持计划。该方法是指对某些中低水平的供应商通过专业人员对其品质进行指导，并促使其在品质上有一定的提高，是验收方法中最具有远见的一种。

7. **第三方机构的品质鉴定**

该方式是指企业可通过第三方的机构对商品质量进行评定。目前有 3 种情况：

（1）当今流行的 ISO9000、QS9000 等独立的体系认证机构，如国内的 CQC 等。

（2）通过第三方权威机构检验以确保品质。如美国企业要从中国购买商品，可委托一个中间机构，帮助验证该批产品品质，以避免产品到美国后再协商处理。目前国际上用的较多的是 SGS 和 TUV 等。

（3）产品单项认证。将产品送到指定的机构进行检验，同时获得相关证书，也可以说是“特种行业证”。

【阅读案例】 如何保证保健品采购的质量关

尽管媒体关于药店销售保健品引起纠纷的报道不胜枚举，但是保健品作为药店高毛利的主要来源之一，药店不可能因噎废食。因此，做好保健品进货时的把关工作就显得至关重要。那么，药店在采购保健品时主要应该注意哪些方面呢？

某保健品采购联盟理事长出差途中，乘坐出租车时，她问司机：“您吃维生素C吗？”司机回答：“不吃，我们这边报纸说很多维生素C都是淀粉。”这件事给她很大的触动：原来，保健品在消费者心目中竟然如此不堪。她说，之所以出现这样的情况，除了有些媒体对保健品的负面报道太多而误导了消费者之外，保健品市场也的确良莠不齐。她表示，把好保健品采购关，给消费者提供质量有保证的保健品，生产厂家和药店都责无旁贷。为了做到这一点，她认为采购人员首先应该改变采购理念，不要一味追求进口品牌以及高毛利；第二要提高对保健品的鉴别能力。她表示，目前很多药店的采购人员都是药学专业出身，药学知识丰富，但是保健品和药品的鉴别方法大相径庭。她建议，如果采购大批量的保健品，药店可将保健品送到相关部门进行检验。最后，她还建议采购人员应该考察保健品供应商的品德和信誉，看看该供应商是否有违规记录。

事实上，一些具有一定规模、经营比较规范的连锁药店，在保健品的进货问题上也都有各自的做法和质量控制标准，值得业界借鉴。例如，国内某知名连锁药店采购部的一名高级采购经理说，由于该连锁药店售卖保健品的比例不少，而国内保健品市场又鱼龙混杂，为了把好保健品进店这一关，该连锁公司的质量部有一套严格的把关制度。首先，和某个供应商达成协议前，质量部会派人到该保健品生产企业进行资质考察，了解该企业是否具有合格的生产条件和国家规定的资格证书，并了解该产品的原料以及购进渠道。其次，还要对成品进行检查。该采购经理举了一个例子：假如某产品宣称含有虫草成分，那我们会去看看他们的生产车间是否在用虫草作为生产原料，质量部的人员还会对产品进行品尝，判断其是否含有该成分。而且对虫草是天然的还是人工养殖的，也会进行调查和鉴别。此外，还会对产品的批文进行核实，看看是否有盗用其他产品批文的情况。最后，还会对产品的包装进行审查，如果包装上出现夸大产品功能的文字则不允许进店。"文字，就连标点符号我们都会很仔细地检查。"该采购经理如是说。

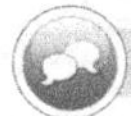

实训练习

请根据上述案例的内容，分析我国药品采购存在的问题是什么？哪些问题会对药品质量产生影响？我们该如何改进和提升我国药品的采购质量呢？

任务二　采购价格控制

任务引入

随着企业改革的不断深化，市场竞争的日趋激烈，企业在提高产品产量、保证产品质量的前提下，首先要面临的就是价格战。因此，企业除加强管理、优化组织结构、降低生产成本外，更应注重构成产品的生产资料的采购成本的降低。而企业中各相关部门购进的原、辅材料、设备、建筑材料、各类商品及其他物资，都在不同层面影响产品生产成本和产品质量。如何定位采购物资价格和质量等一系列问题也是企业采购价格控制所必须解决的。

只有了解了采购价格的影响因素之后，从这些因素入手来制定相关策略，才能达到更好的采购价格控制与管理。

1. 任务要求

某生产制造企业采购部门在采购某一批次原材料过程中，为了控制产品的价格，降低采购成本，请根据实际的采购项目要求，指定控制产品的行动策划书。内容应基本包含。

（1）采购过程中的各个环节中，采购执行层降低采购价格的做法。

（2）作为统筹规划的管理层，需要应用什么方法去控制采购价格。

2. 任务分析

采购商品的价格监控对企业而言，意义重大。本项目的实施过程中，建议教师可给出一个更具体的采购实例和企业的采购背景，帮助学生理清作为业务层和管理层人员来讲，各自应从什么角度出发，如何考虑降低采购价格。之后，让学生分组讨论，根据相关的作业岗位从不同的角度考虑，来完成采购价格控制管理的任务书。

3. 实施步骤

（1）准备工作：对学生进行分组，约4～5人一组。

（2）教师协助学生理清采购价格监控涉及的岗位和人员。

（3）教师协助完成采购作业层人员和管理层人员该从哪个角度来降低价格。

（3）教师对学生要完成的任务书的具体格式和要求进行布置，并确定学生的采购商品信息和要求背景。

（4）任务实施：收集要查阅的资料，以分组讨论等方式，完成上述任务。

（5）编写汇报材料。

4. 结果评价与交流

对学生实施过程及作品质量进行评价，激励学生积极认真地实施项目。为后续的点评交流准备翔实的基础资料。各小组的成果评价可由教师评价和小组互评来完成。个人评价在两者的基础上由教师和小组成员互评来完成。

选取典型报告进行展示点评，对表现优秀的事迹和亮点给予表彰和推广，对于不足之处帮助其改进，提高以后项目实施的绩效。

一、影响价格的因素分析

（1）供应商成本的高低。这是影响价格的最直接最根本的因素，采购价格一定高于供应商成本，两者之差便是供应商的利润。供应商的成本往往是他的价格底线。

（2）规格与品质。价格高低与采购商品的品质有很大关系。俗语说“便宜无好货”，在采购中也有一定的道理，往往对于一些质量低下、品质不高的商品，供应商会主动降低价格，以求销量。

（3）采购商品的供需关系。根据经济学的商品供需理论，我们知道，当供大于求时，供应商比较被动，会尽量压低价格销售；当供小于求时，供应商比较主动，会尽量提高价格来获得更高的利润。

（4）生产时节和采购时机。当企业处于生产的旺季时，对原料的需求紧急，因此不得不承受更高的价格。

（5）采购数量的影响。采购数量越大，往往会产生价格折扣，从而降低价格，因此，大批量、集中采购会降低价格成本。

（6）付款条件：现金折扣、期限折扣等手段都是供应商通过刺激供应商提前付款而制定的策略，以达到提前收取现金的目的。

（7）交货条件。交货条件包括运输方式、交货期的缓急等。如果货物由采购方来承运，则供应商就会降低价格，反之会提高价格。

二、确定采购价格的方法

（1）科学的计算方式。对构成价格的各种要素进行分析，必要时采取优化和改进的措施。这种方式以合理的材料成本、人工成本及作业方法为基础，计算出采购价格。

该方式适用于外包加工品。该方法得到的价格是依据科学的方法计算出来的，依据十分明显，因此与卖方的交涉过程具有充分的说服力。但是，若买方不接受，则应根据这个项目的资料，注意检查双方的差距，并互相修正错误，以达成协议。

（2）凭借经验的计算方式。有经验的采购员会凭借自己的经验来判断算出合理的价格，其实这就是一种直觉的计算方式。

（3）比较前例的计算方式。该方式是通过对比同类采购中曾被认为适当的同类产品采购价格，加以比较检讨并采取必要的修正措施，以决定价格的方式。应用这种方式，可依据过去积累的数值资料，使价格更准确，但也有可能会使得定价员深受以前价格的影响而报出过高的价格。该方式比较适合购买类似产品。

（4）估计的计算方式。依据图纸、设计书等，估价者可凭借经验以及现有的信息，估计材料费用及加工时间，并乘上单位时间的工资率，再加上费用率来决定价格。

（5）成本利润加成方法。采购成本=成本+合理的利润。

三、降低采购价格的策略

1. 降低采购价格的基本方法

（1）价格与成本分析。了解成本结构对采购员来讲十分重要，只有这样，才能够了解所购买商品价格是否公平合理，同时也会得到许多降低采购价格的机会。

（2）谈判。谈判是采购员必须具备的基本能力。谈判时买卖双方为了各自的利益目标，达成彼此认同的协议的过程。人们往往认为谈判只限于价格方面，其实，谈判所涉及的内容非常广泛，也适用于某些特定需求。谈判的过程是价格分析、价值分析与价值工程等手法的灵活运用。

（3）供应商参与。在产品设计初期，选择合适的供应商让其参与到产品初期的开发小组研发工作中。这样，一方面研发小组可以对供应商提出性能和规格要求；另一方面，可以借助供应商的专业知识来达到降低物料成本的目的。

（4）集中采购。集中采购可以避免企业内部各自采购。有时企业内部不同部门，向同一个供应商采购相同零件，造成价格不同、重复采购的现象出现。集中采购，可通过扩大采购量，降低采购价格，获得更多的优惠。

（5）自制与外购的策略。在产品设计阶段，利用供应商的标准与技术，以及使用工业标准零件，使物料取得更为便利，不仅减少了自制所需的技术支援，也降低了生产所需的成本。

（6）标准化。将产品规格、质量标准化、规模经济和降低定制项目数量，来达到降低成本的目的。

（7）实施共同订货策略。

2. 降低采购价格的策略

（1）供应商变动成本。利用变动成本采购策略，就是将供应商的固定成本部分除去，只计算变动成本即对方应得到的利润来订立合同。

以“变动成本+利润”的策略来签订采购合同，并不会对供应商形成太大的压力，还能影响他们按时、保质的交货。

注意：对于供应商而言，为了能应付一时的不景气，有时也不得不接受这种只计算变动成本的方式来进行交易。但是，这类采购会受到市场经济环境影响，一旦经济好转，他就会改变供货方式，所以只是一种临时性的采购策略。

（2）互买优惠采购。在采购过程中，双方都是采购方，也都是供货方。具有双重身份，这种互惠互利的互买关系，会使得双方都会寻求最优惠的合作。但是值得注意的是，采购员不能一味敷衍了事，而是要在相互购买的基础上进行认真、仔细的成本分析，以企业整体成本的降低为目的。

注意：该方法的运用中，要做好以下几点。一是选择好供应商和产品；二是把握控制总成本目标；三是把握好转换供应商或产品的有利时机；四是做好详细记录，随时对这些资料进行分析，再出现不利的情况前，就能够及时采取变动成本采购策略或要求对方降价等方法，以互买采购双赢为目标。

（3）改善采购路径。采购路径是指商品从制造商到采购商的物流通路。采购方在采购前，应该了解生产所需要的物料是什么样的工厂生产的，经过了什么样的路径才流通到自己手中。很多企业，可以直接与厂商进行交易，减少中间环节从而降低采购成本。但有时，也可以利用流通环节来降低采购成本。本策略可依照以下几点原则进行处理。一是标准件订购；二是偏远物料采购；三是特殊品订购；四是少量订购。

（4）了解对方意图。了解意图主要是设法了解供应商生产、销售、订单、存活等方面的信息，特别是要注意搜集供应商因订单减少、急于寻找新的采购商和新的订单的情况下，这是最佳的采购时机。

注意：了解供应商的意图应考虑多方面因素。

（5）价格核算。企业对价格的计算通常有概略计算和成本计算两种方式。不同结构的商品可能在重量和数量上会有所区别，要通过这种计算的方式，仔细计算和谨慎核算，以确定合适的价格。

（6）困境采购。就是在供应商不景气的时候，不失时机地加以巧妙利用，使采购的产品价格大幅度下降。这种策略可分为以下两种情况：一是企业生产必需品的采购；二是预测未来所需的采购。

（7）统一采购。统一订购策略，是指统一订购、统一购买的交易方式。采用统一购买的方式，供应商一般都有让利减价的惯例，因此采购员都应尽可能统一订购企业生产所需要的物料，随时追踪有利的采购品减价的信息。至于是采用一次订购还是分批订购，要看订购的经济性分析。

（8）共同订货。就是要把不同的企业联合起来，把若干不相同的零件统一起来，然后向专门制造此零件的厂商订货。由于是大批量订货，供应商可以批量生产，于是可以给联合采购商更多的价格优惠，加上设计的标准化，可以共同利用行业联合的优势。这样对买卖双方都十分有利，而且还能够建立起与外国同类产品竞争的优势地位。

【阅读案例】 一位采购经理的降价之道

某企业采购经理李某，上任后为了更有效地使成本降低，进行了一系列尝试。首先来看看这位经理的降价方法：他专挑那些用量最大的零件，重新进行询价，这样的方法当然会得到好的价钱。但是他忘了，原供应商还有很多其他的零件在该公司使用，用量很低但价钱还维持在高用量时的水平，毫无疑问供应商在亏本，只能靠那些大用量的零件来弥补。

调整的直接结果是供应商的整体盈利大幅下降，该公司成为他们不盈利或少盈利的客户，其经营重心转移到其他更盈利的客户，导致供应商对该公司的按时交货率、质量和服务水平大幅降低。比如在新经理上任之前，所有供应商的季度按时交货率都在96%以上；而上任后没几个月，有好几家供应商的按时交货率均已跌破90%。

其次，就是供应商对该公司失去信任。以前供应链经理在接手这一块业务时发现，几个主要供应商基本处于亏本的状态：一方面是因为整体经济低迷，另一方面由于多年来赤裸裸的压价。结果导致供应商既没经济能力、也没有动力负担工程技术力量，因为开发出的新零件很可能在下一轮询价中转入竞争对手，这样直接影响公司开发新产品。

更典型的一个例子是，有一家供应商的部件没法转移给其他供应商来做，因为这组零件对最终产品的性能影响很大，更换供应商的风险大，需要重新进行供应商资格认证，而产品设计部门不愿花费时间和承担风险。供应链经理李某采用了强势态度对待现有供应商：不管怎么样，降价15%，至于怎么降，那是供应商自己的事。

供应商没法在人工成本上省，那就只能在材料上下工夫。但是，主要原材料镍的价格在一年内翻了两倍，该供应商已经多次提出涨价要求。材料利用率上也没潜力可挖。于是，找便宜材料成了供应商生存的唯一出路。问题就出在这里。供应商为达到15%的降价目标，于是将原来用的原材料换用价钱较低的替代品，但技术性能差别较大。等零件装配到最终产品上，运给客户，客户反映性能不达标。这是大问题，影响到客户自己的生产线，耽误工时。这巨大的损失，即便是将这家供应商卖了也都不够赔偿。这个采购经理的做法合理吗？为什么？

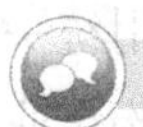

实训练习

请分组走访实训基地或其他企业的采购部门，调查从事采购的相关人员，了解他们关于控制价格的做法和手段。然后进行分类整理，形成10条优质建议。

任务三　采购信息流程控制

任务引入

商品采购环节往往是企业经营管理中最薄弱的一环。目前随着经济的不断进步和信息技术的发展，国内外买方市场已经形成，企业采购部门对采购业务的各环节的内部控制就显得尤为重要。尤其是近几年，随着网络技术的不断进步，在信息网络技术控制的信息流程控制越来越受到企业的重视。但是采购环节容易滋生暗箱操作、以权谋私、弄虚作假、舍贱求贵、以次充好、收受回扣等，而且容易“跑、冒、滴、漏”。那么，如何实施采购的一些控制制度，尽量杜绝或减少违纪违法和不遵守职业道德的行为呢？本任务就是基于这样的目的考虑，设置基于信息系统的采购实物和信息的流程控制任务。

1. 任务要求

教师可根据所在学校的实训条件和所购买的实训软件（建议其应用ERP系统或其他采购管理系统）根据软件系统的数据和基础设置，给学生布置一个具体的采购任务，让其通过系统完成操作。并且，写出每一步操作过程中的监控方式和操作要点。

2. 任务分析

本任务教师可依据自己专业自身的实训条件进行具体安排。在任务实施之前，可让学生进行相关软件的了解和学习，通过查阅资料、讨论、调研的形式，来搜集一些采购业务控制的方法。为接下来的任务操作打下基础。

3. 实施步骤

（1）学生分组。

（2）训练区域和工具的准备：电脑机房、计算机、多媒体网络。

（3）教师布置具体的实训背景和数据要求。

（4）实施操作。

（5）编写每一步操作过程中的监控方式和操作要点。

（6）总结和展示成果。

4. 结果评价与交流

对学生实施过程操作及最终结果的准确性进行评价（软件系统带有标准）。

激励学生积极认真地实施项目。为后续的点评交流准备翔实的基础资料。可将评价分为个人评价和小组评价两个层面。

选取典型报告进行展示点评，对表现优秀的事迹和亮点给予表彰和推广，对于不足之处帮助其改进，提高以后项目实施的绩效。

一、商品采购实物与信息流程控制

1. 商品采购控制内容与控制系统

商品采购控制要处理包括商品实际入库、根据入库商品内容做库存管理、根据商品需求向供应商下订单等一系列作业。具体而言，其工作内容包括入库作业处理、库存控制、采购管理系统处理、应付账款系统及信息流程处理等。在整个作业过程中，实物与信息是同步控制的。所谓实物就是企业所采购的原材料或设备等，信息就是有关账款和动态的库存数据等。如果实物和信息两者不同步控制，就会有暗箱操作，数量与需求不符合等问题发生。可以说，采购内部控制的关键是信息控制。

完善的采购控制系统要能够为采购人员提供快速而准确的信息，以使采购人员能向供应商适时、适量地开立采购单，使商品能在出货前准时入库，并且杜绝库存不足或积压过多等情况的发生。

采购控制系统包括 4 个子系统。采购预警系统、供应商管理系统、采购单据打印系统、采购稽催系统。

2. 采购控制操作

当库存控制系统建立采购时间文件后，仓管人员应检索供应商报价数据、以往交货记录、交货质量等信息作为采购参考。系统所提供的报表通常可以是商品供应商报价分析报表、供应商交货报表等。

根据上述报表，仓管人员可按采购需求向供应商下达采购单。

此时，仓管人员需要输入商品数据、供应商名称、采购数量、商品等级等数据，并由系统自动获取日期来建立采购数据库。系统可以打印出采购单以供配送中心对外采购时使用。

当配送中心与供应商通过电子订货系统采购商品时，系统还需具备计算机网络数据接收、转化与传送功能。

采购单发出后，仓管人员可使用稽催系统打印预订入库报表及已购未入库商品报表，执行商品入库稽催或商品入库日期核准等功能。系统不需要再输入特殊数据，只需要选择预打印报表的名称，而后由系统根据当日日期与采购数据库进行比较，打印未入库数据。采购系统最后具备材料结构数据，在组合产品采购时可据此计算各商品需求量。采购单可由单笔或多笔商品组成，且允许有不同进货日期。

采购物品抵达后，接着就是入库作业。入库作业处理系统包括预定入库数据处理和实际入库作业。预定入库数据处理为入库月台调度及为机器设备资源调配提供参考。其数据信息主要来自采购单上的预定入库日期、入库商品、入库数量、供应商预先通告的进货日期、商品及入库数量。实际入库作业则发生在厂商交货之时，输入数据包括采购单号、厂商名称、商品名称、商品数量等。我们可以输入采购单号来查询商品名称、内容及数量是否符合采购内容并用以确定入库月台（入库口停车的地方），然后由仓管人员指定卸货地点及摆放方式。仓管人员检验后将修正入库数据输入，然后修正采购单并转入库存入库数据。退货入库的商品也需检验，只有客用品方可入库。

商品入库后有两种处理方式：立即出库或上架出库。

在立即出库的情况下，系统需具备待出库数据查询并连接派车计划及出货配送功能。当入库数据输入后即访问订单数据库，取出该商品待出货数据，将此数据转入出货配送数据库，并修正库存可调用量。

如果采用上架入库再出库的方式，入库系统需具备货位指定功能或货位管理功能。货位指定功能是指当入库数据输入时即启动货位指定系统，由货位数据库、产品明细数据库来计算入库商品所需货位大小，根据商品特性及货位储存现状来指定最佳货位。货位的判断可根据最短搬运距离、最佳储运分类等原则来选用。货位管理系统则主要完成商品货位登记、商品跟踪并提供现行使用货位报表、空货位报表等作为货位分配的参考。也可以不使用货位批示系统，由人工先行将商品入库，然后将储存位置登入货位数据库，以便商品出库及商品跟踪。货位跟踪可根据编码或入库指示单、商品货位报表、可用货位报表、各时段入库一览表、入库统计数据等信息进行。货位指定系统还需具备人工操作的功能，以便仓管人员调整货位，还能根据多个特性查询入库数据。

采购商品入库后，采购数据即由采购数据库转入应付账款数据库。会计管理人员为供应商开立发票时即可使用此系统，按供应商做应付款数据登录，并更改应付账款文件内容。高层主管人员可由此系统制作应付账款一览表、应付账款已付款统计报表等。商品入库后系统可用随即过账的功能，使商品随入库变化而过入总账。

二、基于ERP环境下的采购流程控制

目前，很多企业都在应用 ERP 系统，下面结合 SAPR/3 的处理功能来介绍基于 ERP 环境下的采购业务流程控制。SAPR/3 利用其材料管理模块支持采购业务，为采购业务流程内所需文件信息的建立和交换提供了一种在线且完全集成的系统。这种集成系统减少了采购业务中的错误，加快了业务处理速度。SAPR/3 中的采购文件包括请购单、报价请求、报价单、购买订单、纲要性协议书、合同、进度协议、采购信息

记录等。

1. 确定需求

请购单是指企业内部建立的一种请求采购某种商品的文件记录，由 MRP（材料需求计划，SAPR/3 的内核）系统自动编制。请购单一旦编制完成，就自动传递给有关负责人进行审批，主要是确认采购申请书上所列示的商品是否的确为企业所需，价格是否在规定的成本限额内。

2. 选择货源

SAPR/3 系统能够在网上自动搜寻货源，并检查是否与供应商签订了供货合同。如果相关合同已经签订，R/3 系统将核实所需的数量；如果还没有签订合同，则编制一份报价请求文件。

3. 报价请求

在选择好若干个供应商后，R/3 系统会自动生成一份报价请求文件。报价请求一般用于采购成本较高的货物或服务。报价请求编完后传递给供应商，请其对所需货物或劳务的价格及付款条件予以确认。报价请求上还必须详细说明申请的截止日期以及投标的指导说明。

报价请求填写完毕时，R/3 系统会生成一系列的文件记录。各个供应商对商品价格和付款条件的答复都会记录在报价单文件中。

4. 选择供应商

选择供应商是采购业务中最为重要的一环。R/3 系统可以提供一种自动对供应商进行评估的方法，自动将企业采购要求与报价单中记录的供应商报价进行比较，挑选出最合适的供应商，然后向其他参与竞标，但竞标失败的供应商发出拒绝信。

5. 发出购买订单

除针对某一商品或者劳务签发标准的购买订单，R/3 系统还可以处理有转包合同性质的购买订单，用于供应商收到该企业提供的商品部件（即配件）后加工成成品再返还给本企业；可以处理有寄售性质的购买订单，用于商品寄售业务；还可以处理有第三方的购买订单，即要求供应商将采购的货物或者劳务直接交给指定的第三方。

6. 验收货物

供应商开始发货时，R/3 系统会编制一份收货文件（收货报告）。如果货物在运输途中损坏，企业可以将这批货物转入退货项目或者拒绝接收这批货物；如果供应商是分批供货，企业应当根据每次收货的情况编制若干份收货文件。在登记收货文件后，R/3 系统会编制一份存货文件，以反映实际可以使用的存货数量，同时形成相应的会计记录以反映总分类账的处理。

7. 确认发票

在支付货款以前，必须根据收货文件和原始的购买订单文件对发票进行检查。这个业务流程（发票确认）可以保证满足成本和数量的要求。R/3 系统有一个发票确认部分，对发票进行确认可以将材料管理和采购模块与 R/3 系统的其他模块衔接在一起。当发票完成过账后，R/3 系统还可以自动核对购买订单、收货文件与发票，确保不出现付款错误或所运货物的数量错误。

8. 付款

发票完成过账工作，就开始着手准备付款。付款按照购买订单或供应商控制记录（R/3 系统拥有一个中央数据库，可以为每个特定目标建立一个控制记录。R/3 中每一个模块均能进入所有的控制记录，但每个模块只能“看到”每个控制记录所在的不同区域。采购模块可以进入供应商控制记录和材料控制记录）中详细规定的方式和条件来执行，付款业务通过财务会计模块中的应收账款职能进行处理。

【阅读案例】 福特汽车公司采购应付账款部门的业务流程再造

1. 案例背景

著名的福特汽车公司是美国三大汽车巨头之一，上世纪 80 年代初，日本工业的发展延伸到美国，福特等美国大企业面临着越来越强劲的日本竞争对手的挑战，开始企图通过削减管理费用和行政开支来应对。福特公司设在北美的采购应付账款部门当时有 500 多名员工，过多的员工反而使得工作效率低下。为此，公司决定应用信息技术进行改革，裁员 20%，以提高效率。当他们在同行 Mazda 公司参观时惊讶地发现他们的应付账款部门仅有 5 名员工。考虑公司规模因素，福特公司应付账款部门的员工仍是 Mazda 的 6 倍。福特公司由此决定学习 Mazda 公司，重新设计应付账款部门的业务流程，对原流程做彻底的重组（BPR）。

从福特公司应付账款部门原来的业务流程（见图 5-1）可以看出从采购部门向供应商发出订单到最后的付款有许多环节，尤其是“订单”、“验收单”和“发票”三者一致时才能付款的条件引出了大量的单证核对，这不仅耗费了财务和仓库的大量人力、时间和资金，而且还常发生差错和延误付款的事件。

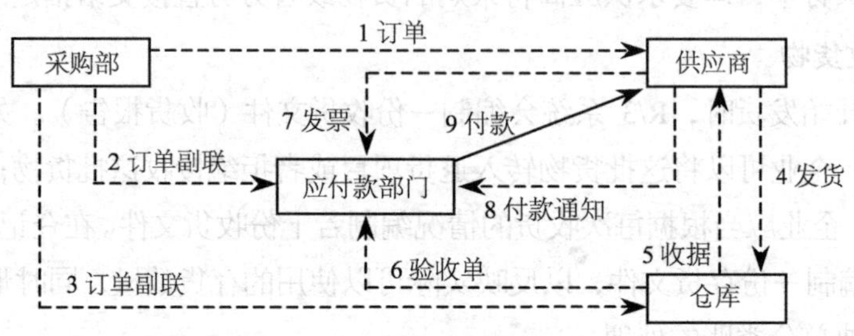

图 5-1 改造前的采购付款业务流程

依照企业业务流程再造的思想和方法，福特公司决定通过原有业务流程的分析、新业务流程的设计、支持业务流程再造的应付款管理信息系统的设计以及新业务流程的实施等几个步骤来完成应付账款部门的业务流程再造，以实现减少员工数和提高正确率的目的。

2. 应付账款部门的业务流程的分析

福特公司应付账款部门原有业务流程的处理共有9个环节，经过分析可以发现这些环节主要在两个方面耗去大量的人力。一是一式多份的单证的制作和传递，二是“订单”、“验收单”和“发票”等三者的核对。同时，得出以下流程再造意见。

（1）建立采购、采购付款和库存管理等部门的数据共享的采购业务管理系统。

（2）取消付款中必须要有“发票”的条件，取消“发票”与“订单”和“验收单”等3者的核对业务。

（3）采购部门的采购单不再向付款部门和库存管理部门传送采购订单，而直接将订单送入共享的数据库。

（4）库存管理部门在收到采购物品并根据数据库中的订单核对后，只需发出确认信息。

（5）采购付款部门则在数据库中订单与到货信息一致后即向供应商付款。

由此福特公司确定了采购付款部门的业务流程再造方案，结合应付款管理信息系统的构建予以正式实施。

三、应付账款部门的新业务流程

福特公司采购付款部门的新业务流程建立在以计算机网络信息系统的基础上，新流程通过采购付款业务管理系统的支持得以高效运行，见图 5-2。新的业务流程是一个无发票处理的流程，采购部向供应商发出订单的同时向数据库写入订单数据，仓库与数据库中的订单核对，正确就收货，然后无须供应商的发票，计算机就在线自动以电子方式或打印支票向供应商付款。这样的BPR使福特公司应付账款部门减少了75%的人员，并提高了正确率。

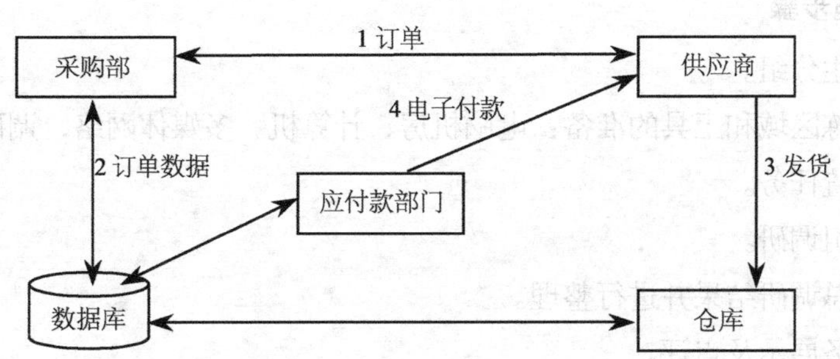

图 5-2 改造后的采购付款业务流程

实训练习

根据上述的福特公司应付账款业务流程再造案例，就以下问题进行分析和讨论。

（1）福特公司应付账款的 BPR 成功的主要支持基础是什么？

（2）福特公司应付账款部门的 BPR 为什么要包括采购和仓库等其他部门？

（3）除了图 2 中的数据库外，福特公司应付账款部门的 BPR 还至少包括哪些信息技术的应用，相应的应付账款业务流程管理系统包括那些功能？

（4）福特公司应付账款的 BPR，对你所在单位能得到什么启示？

任务四 采购的财务、审计监督

任务引入

商品采购是实物转移和价值转移的统一过程，因此容易产生作弊问题。商品采购控制要实现下列目标。保证采购业务合法有效；保证采购材料物美价廉；保证采购成本核算准确；保证采购记录真实完整。

1. 任务要求

为了了解采购中财务审计监督，请调研某公司采购部门的相关人员或公司财务部门的相关人员，完成以下两个任务。

一是了解采购的财务审计监督的监控点有哪些？监督措施有哪些？

二是进行调研，编制杜绝回扣的金点子，结束后进行展示。

2. 任务分析

采购财务审计监督是采购部门监控的主要环节，本任务可以以小组的形式，通过查阅资料、讨论、调研的形式，来搜集信息，完成任务。为进入工作岗位打下良好的实践操作基础。进行调研时，可由教师进行推荐，最好是学校的合作院校或者较熟悉的相关部门的人员，以保证能获得最真实、完善的任务成果。

3. 实施步骤

（1）学生分组。

（2）训练区域和工具的准备：电脑机房、计算机、多媒体网络、调研企业确认。

（3）布置任务。

（4）小组调研。

（5）汇总调研结果并进行整理。

（6）任务展示及点评。

4. 结果评价与交流

对学生实施过程、采购分工情况、小组最终成果进行评价。每个成员的个人成绩可通过教师评价和小组成员评价得到。小组成绩可由教师评价和企业兼职教师评价得到。要尽量激励学生积极认真地实施项目。为后续的点评交流准备翔实的基础资料。

选取典型报告进行展示点评，对表现优秀的事迹和亮点给予表彰和推广，对于不足之处帮助其改进，提高以后项目实施的绩效。

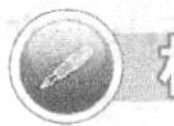
相关知识

一、商品采购的财务审计监督

1. 建立控制关键点

企业为了实现上述控制目标，应当建立以请购制度、经济合同、结算凭证和入库单价为载体的控制系统，并在该系统中设置下列控制点和关键控制点：①审批；②签约；③登记；④承付；⑤审核；⑥记账。其中，“承付”、“验收”和“审核”为关键控制点，见表5-1。

表5-1　采购控制系统流程图说明

控制点	控制目标	控制措施
审批	保证经济业务在授权基础上进行	供应部门提出采购计划，主管计划的负责人批准采购计划并签章
签约	保证供货在约定的条件下执行	采购人员根据授权按计划签订合同，大额、大宗材料采购的重要合同要经内部审计部门审核
登记	保证及时、正确地处理托收承付事项	财务部门收到供应商银行转来的托收凭证后，立即进行登记，并及时转送采购部门，以备承付时核实
承付	保证货款支付征求、适当	供应部门检查托收凭证及有关合同是否承付
验收	保证材料的品种、数量、质量等符合约定等要求	仓储部门检验收到材料的品种、数量；填写入库单；质监部门检查材料质量，并在入库单上签署意见
审核	保证材料采购的有效性、合理性和完整性	财务部门审核托收凭证、承付意见书及入库单等凭证，如果无误即可作为结算、记账的依据
记账	保证会计核算资料真实完整	会计人员根据原始凭证，编制记账凭证及等级有关账簿

2. 实行职务分离

各企业应当根据国家有关法律法规和《内部会计控制规范——采购与付款》规范的内部控制的规定。建立适合本单位业务特点和管理要求的采购与付款内部控制制度，单位负责人对本单位采购与付款内部控制的建立健全和有效实施，以及采购与付款业务的真实性、合法性负责。单位应当建立采购与付款业务的岗位责任制，明确相关部门和岗位的职责、权限，确保办理采购与付款业务的不相容岗位相互分离、制约和监督。

商品采购业务环节中所需处理的主要业务有确定需求、寻求能满足供应商的适宜价格、向供应商发出订单、检验收到的货物、确定是否接受货物、向供应商退回货物、储存或使用货物、会计记录、核准付款等。在这些业务中，需要进行职务分离的有以下几方面。

（1）需求与采购进行分离，即生产和销售部门对原材料和商品的需要必须由生产或销售部门提出，由采购部门负责采购。

（2）付款审批人和付款执行人不能同时办理供应商和询价业务。

（3）检验与采购进行分离，即货物的采购员不能同时担任货物的验收工作。

（4）记录和采购分离，即货物的采购、储存和使用人员不能担任账务的记录工作。

（5）接受各种劳务的部门或主管应适当地同账务记录人分离。

（6）审核与付款分离，即审核付款人应同付款人职务分离。

（7）记录应付账款的人不能同时办理付款业务。

3. 加强采购业务的内部审计

（1）主要凭证和会计记录。采购与付款业务通常要经过“请购、订货、验收、付款”这样的程序，典型的采购与付款循环所涉及的主要凭证和会计记录有以下几种。① 请购单；② 订购单；③ 验收单；④ 卖方发票；⑤ 付款凭单；⑥ 记账凭证；⑦ 应付账款明细账；⑧ 现金、银行存款日记账；⑨ 卖方对账单等。

（2）主要业务活动。在采购与付款循环业务中，主要的业务活动包括。

① 请购商品和劳务，请购单必须经主管预算的人员签字。

② 商品采购部门编制订购单。

③ 验收商品；验收单是支持资产或费用以及与采购有关的负债的“存在或发生”认定的重要凭证。

④ 储存已验收的商品存货。

⑤ 编制付款凭单。这项功能的控制包括以下几个方面：确定供应商发票的内容与相关的验收单、订购单的一致性；确定供应商发票的正确性；编制有预先编号的付款凭单，并附上支持性凭证（如订购单、验收单和供应商发票等），这些支持性凭证的种类因交易对象的不同而不同；独立检查付款凭单技术的正确性；在付款凭单上填入应借记的资产或费用账户名称；由被授权人员在凭单上签字，以示批准照此凭单要求付款。

⑥ 确认与记录负债。

⑦ 支付负债。编制和签署支票的有关控制包括以下几个方面：独立检查已签发支票的总额与所处理的那批付款凭单的总额的一致性；应由被授权的财务部门的人员

负责签署支票；被授权签署支票的人员应确定每张支票都附有一张已经经过批准的未付款凭单，还应确定支票收款人姓名和金额与凭单内容的一致性；支票一经签署就应在其凭单和支持性凭证上用加盖印戳或打洞等方式将其注销，以免重复付款；支票签署人不应签发无记名甚至空白的支票；支票应预先连续编号，保证支出支票存根的完整性和作废支票处理的恰当性；应确保只有被授权的人员才能接触未经使用的空白支票。

⑧ 记录现金、银行存款支出。

（3）商品采购与付款循环的内部控制。一个健全有效的采购与付款循环的内部控制应该包括以下内容。

① 采购、验收、储存、会计及财务部门在人员安排及职责分工等方面应相互独立，偿还债务应经上述部门进行相应确认或批准。

② 购货交易—填写订货单—签章批准—订货单副本，应及时提交会计、财务部门。

③ 编制按顺序编号的验收单—副本送交采购、会计等部门。

④ 采购部门将购物发票、订货单及验收单进行比较。

⑤ 采购部门填制应付凭单—批准—支付货款。

⑥ 采购部门应对所收各种单据、文件加盖收件日期、时刻等。

⑦ 应付账款总分类账和明细分类账应按月结账，并相互核对。

⑧ 供货方取得对账单与应付账款明细分类账和未付凭单明细表相互调节；

⑨ 采用总价法记录现金折扣，并制定严格的复核制度审查是否发生折扣损失。

二、常见的商品采购作弊方式及防范

在商品采购中，常见的作弊方式有虚列采购、押金抵物、有单无货、涂改发票单价等。

1. 虚列采购

虚列采购是指会计人员或采购人员利用材料采购业务管理及核算上的漏洞，伪造材料采购业务事项，从而达到支取货款、中饱私囊的目的。

（1）主要作弊手法有以下几方面。

① 伪造原始凭证，用其代替购物发票支取货款。

② 本单位人员与客户内外勾结，采用假发票、假进货等作弊方式。

③ 会计员、保管员、采购员相互勾结开具假发票及假入库单入账，共同获得好处。

④ 会计人员无证记账、虚支货款。

⑤ 涂改以前年份的采购支票，在本期支取贷款和入账。

（2）为防止类似事情的发生，企业审计部门在进行审计时应注意从以下几个方面进行审查。

① 审查商品采购业务原始凭证的真实性，以落实其是否采取伪造或涂改凭证的手法进行作弊。

② 审查商品采购业务原始凭证的合法性，以落实其是否用自制凭证或假发票进行作弊。

③ 审查商品采购业务原始凭证的完整性，以落实其是否采取无证记账的方法进行作弊。

④ 审查商品采购业务处理的正确性，以落实其是否利用财务处理技巧套取现金或转移资金等。

2. 押金抵物

押金抵物是指会计人员利用材料核算及管理上的可乘之机，把应向客户收回的保证金当做材料采购入账，并将其款项侵吞的一种作弊技巧。例如，某厂会计张某把采购设备时借用的设备备件保证金 2000 元作为包装物采购处理。

借：材料采购——包装物　　　　　　　　2 000

　　贷：银行存款　　　　　　　　　　　　2 000

而正确的会计处理是：

借：其他应收款——存出保证金　　　　　2 000

　　贷：银行存款　　　　　　　　　　　　2 000

由于该会计张某已将应收回的押金作为包装物采购支出报账，而在收回押金时，便采取收款不记账的办法直接侵吞现金。为了应对该作弊方法，我们可以采取以下的审计对策。

（1）审查材料采购的记账依据是否真实、合法，以落实其是否将押金收据作为采购成本入账依据；

（2）审查材料采购的价格是否合理，以落实其是否有应退的包装物价格一并计入的情况；

（3）审查押金核算的账务处理是否正确，以落实其是否不通过往来科目而直接做采购支出报账；

（4）向客户有关部门及人员进行询证，以落实押金是否被退回、是否直接侵吞等。

3. 有单无货

有单无货是指采购人员、会计人员或保管人员之间勾结，利用采购管理上的漏洞和可乘之机，以正式的采购单据操作，但却将实物据为己有的一种作弊技巧。

这种作弊方法大都发生在内部控制不完善、材料验收入库及报账制度（不附入库单）不严格的单位，在内部控制较为严密的单位则表现为合伙作弊，即采购员与验收员（保管员）或会计相互勾结，采取开假入库单等方法报账。

为了防止这种情况发生，企业审计部门在进行审计时应注意从下述几个方面进行审查。

（1）审查采购业务内部控制的严密性，以判断其是否存在薄弱环节和漏洞，进而分析是否有发生作弊的可能性。

（2）审查采购业务原始凭证的真实性及合法性，以落实其是否以伪造、涂改原始凭证的手法进行作弊。

（3）审查财务验收制度是否严密，以落实是否有有单无货的情况发生。

（4）审查采购业务记账依据的完整性以及账务处理的正确性，以落实是否有套取现金的现象。

4. 涂改发票单价

涂改发票单价是指商品采购员利用经营或经办购物业务的职务便利条件，擅自涂改供货方开具的发票单价及金额，采取虚报货款的手段骗取会计部门的信任，使会计部门多付款并将其差额侵吞的一种作弊技巧。应对这种作弊手法的审计对策有下列几种。

（1）鉴别发票的真实性，看其数字有无涂改痕迹。

（2）了解市场价格，看其商品价格是否合理。

（3）向供应商调查、询证商品价格。

三、杜绝采购回扣的方式

采购资金回扣一般有两种支付防护式。一是非现金的贿赂；二是现金贿赂。采购中的暗箱操作、回扣现象一直存在，很难杜绝，但是我们可以采取一些方式来减少这些现象。下面就有一些现在采购行业总结出来的经验。

1. 三统一分

“三统”是指所有外购材料要统一采购验收，统一审核结算，统一转账付款；“一分”则是指费用要分开控制。材料和备品配件的采购要实行“三统一分”的管理机制。统一采购，统一管理，既保证需要，又避免漏洞；既保证质量，又降低价格；既维护企业信誉，又不至于上当受骗。各部门和分厂要对费用的超支负责并有权享受节约所带来的收益，有权决定采购计划和采购项目。这样，物资采购管理部门和使用单位自然形成了一种以减少支出为基础的相互制约的机制。

2. 三分一统

“三分”是指三个分开，即市场采购权、价格控制权、质量验收权要做到三权分离，各自负责，互不越位。“一统”，即合同的签约特别是结算付款一律统一管理。

物料管理人员、化验人员和财务人员都不能够与客户见面，实行严格的封闭式管理。财务部依据合同规定的质量标准，对照化验单和数量测量结果，认真核算后付款。这样就可以形成一个以财务管理为核心，最终以降低成本为目的的制约机制。

3．三公开两必须

“三公开”是指采购品种、数量和质量指标公开，参与供货的客户和价格竞争程序公开，采购完成后的结果公开；“两必须”是指必须在货比三家后采购，必须按程序、按法规要求签订采购合同。

4．五到位、一到底

所谓“五到位”是指所采购的每一笔物资都必须由五方的签字，即只有采购人、验收人、证明人、批准人、财务审查人都在凭证上签字，才被视为手续齐全，才能报销入账。“一到底”就是负责到底，谁采购谁负责，并且要一包到底，包括价格、质量、使用效果等都要记录在案，什么时候发现问题什么时候处罚。

5．全过程、全方位的监督制度

全过程监督是指采购前、采购过程中和采购完成后都要有监督。从采购计划的制订开始，到采购物资使用的结束，共有 9 个需要进行监督的环节，它们是计划、审批、询价、招标、签合同、验收、核算、付款、领用。

虽然每一个环节都有监督，但重点在于制订计划、签订合同、质量验收和结账付款 4 个环节。

（1）计划监督主要是保证计划的合理性和准确性，使其按正常渠道进行。

（2）合同监督主要是保证其合法性和公平程度，保证合同的有效性。

（3）质量监督是保证验收过程不降低标准，不弄虚作假，每一个入库产品都符合买方要求。

（4）付款监督是确保资金安全，所有付款操作都按程序、按合同履行。

如果我们能够把监督贯穿于采购活动的全过程，就可以建立确保采购管理规范和保护企业利益的第二道防线。

所谓全方位的监督，是指行政监察、财务审计、制度考核三管齐下，方方面面没有遗漏，形成严密的监督网。

6．责任追究

监督机制的生命在于责任追究，这一点尤其值得我们谨记。拥有严格完备的监督机制而没有相应的惩罚措施，所有的努力都将化为泡影。因此监督的关键还在于及时进行的重罚。科学、规范的采购机制，严格完备的采购控制不仅可以降低企业的物资采购价格、提高物资采购质量，还可以保护采购人员不受外部利益的诱惑。

【阅读案例】　　某政府采购防止暗箱操作的六道关

2009年以来，某市财政局严把政府采购工作“六道”关口，有效防止了暗箱操作。

（1）严把公告宣传关。充分利用报刊、电视、政府采购网等媒介拓宽信息公告范围，吸引更多投标单位，丰富采购源，确保投标单位公平参与招投标活动。

（2）严把资质资格关。对投标单位的法人资格、职业信誉、技术管理等方面进行重点监督，杜绝投标单位假借他人资质问题、鱼目混珠现象。

（3）严把招标文件编制关。详细审查招标文件，杜绝招标文件出现漏洞和标底泄露问题。

（4）严把评审专家选取关。遵循“一库多用制”原则，通过新闻媒体多行业征集评审专家，充实专家库；并从中随机抽取评标专家，防止专家与投标单位进行私下交易。

（5）严把开、评标会议现场关。实行封闭式评标，安装专门设备屏蔽手机信号，利用摇号机抽选中标单位，确保政府采购工作公平、公正。

（6）严把中标单位跟踪监管关。建立健全中标监督长效机制，坚决杜绝中标单位不按要求施工及分包、转包等现象。

实训练习

请设计一个有效的采购预付款循环的内部控制方案。

综合练习

1. 小组讨论：如何控制农产品的采购质量。
2. 商品采购控制的目标是什么？
3. 商品采购产生回扣的原因是什么？

项目六

询价采购与招标采购

【知识目标】

- 熟悉询价采购的作业流程
- 掌握询价采购的一般特征
- 掌握招标采购的作业流程
- 熟悉招标采购的相关文件内容等

【技能目标】

- 会实施询价采购
- 能进行采购谈判
- 会实施招标采购
- 能拟定招投标采购相关的文书

任务一　询价采购

任务引入

1. 任务要求

2001 年 10 月中旬，××部门与公司采购中心联系，委托采购中心采购 20 台商用笔记本电脑，要求 15 天后交付使用。考虑到该项目所需产品的特性，并且具有一定批量，且该部门需求比较紧迫等原因，确定采用询价采购方式。请你根据询价采购的要求，对采购项目的价格构成和评定、成交标准等事项做出规定，并制定询价单。

2. 任务分析

询价采购是企业采购的主要方式之一，笔记本电脑具有通用性的特点，并且市场竞争充分，询价小组可事先确定笔记本电脑的基本配置等内容，然后对所选定的供应商分别发出询价单，询价单的内容除了价格以外，还应包括商品品质、数量、规格、交货时间、交货方式、售后服务等内容，供应商应就询价单的内容如实填报。询价小组要求被询价的供应商一次报出不得更改的价格。最后，可以采用符合性检查基础上的最低价中标法，由报价最低的供应商中标。

3. 实施步骤

（1）准备工作：对学生进行分组，约 4～5 人一组；教师讲解任务注意事项、询价采购特点和询价书撰写要求。

（2）任务实施：收集要查阅的资料，如：笔记本电脑的特点、询价采购一般工作程序、询价书的内容和注意事项等，还可联系企业采购部门进行访谈调研，深入探究询价采购在企业实际业务中的运作，分工协作。

（3）编写询价单。

（4）结果汇报及总结。

4. 结果评价与交流

对学生实施过程及询价书质量进行评价，激励学生积极认真地实施项目。为后续的点评交流准备翔实的基础资料。可将评价分为个人评价和小组评价两个层面。选取典型报告进行展示点评，对表现优秀的事迹和亮点给予表彰和推广，对于不足之处帮助其改进，提高以后项目实施的绩效。

一、询价采购概述

1. 询价采购的概念

询价采购，是指询价小组（由采购人的代表和有关专家共 3 人以上的单数组成，其中专家的人数不得少于成员总数的三分之二）根据采购需求，从符合相应资格条件的供应商名单中确定不少于 3 家的供应商向其发出询价单让其报价，由供应商一次报出不得更改的报价，然后询价小组在报价的基础上进行比较，并确定最优供应商的一种采购方式，也就是我们通常所说的货比三家，它是一种相对简单而又快速的采购方式。一般实行询价采购方式的，应符合采购的货物规格、标准统一、现货货源充足且价格变化幅度小的采购项目。

2. 询价采购的步骤

（1）成立询价小组。这是执行询价采购方式的重要环节，询价小组由采购人的代表和有关专家共 3 人以上的单数组成，其中专家的人数不得少于成员总数的 2／3。要选择专业水平较高、素质全面的人士参加，专家组成的询价小组应对采购项目的价格构成和评定、成交标准等事项做出规定。询价小组根据所要采购的内容选定从符合相应价格条件下的供应商名单中选定 3 家以上的供应商，并且为询价采购做好充分的事前准备，如确定采购的需求、预测采购的风险等。

（2）确定被询价的供应商名单。询价小组根据所采购商品的特点及对供应商、承包商或服务提供者的要求，特别是根据要采购的内容，从符合相应资格条件的供应商名单中，选定 3 者以上的供应商。选择时必须依据所要采购的内容，同时考察各供应商的供应能力和资格条件，做出慎重选择。

（3）询价。对所选定的供应商分别发出询价单，询价单的内容除了价格以外，还应包括商品品质、数量、规格、交货时间、交货方式、售后服务等内容，供应商应就询价单的内容如实填报。询价小组要求被询价的供应商一次报出不得更改的价格。

（4）确定成交供应商。采购人根据符合采购需求、质量和服务相等且报价最低的原则确定成交供应商，并将结果通知所有被询价的未成交的供应商。

3. 询价采购的特点

询价采购是介于公开招标与单一来源采购之间的一种采购方式。既具有公开发布采购信息的特点，又可以像单一来源那样确定货物规格和标准。也正是这些特征，询价采购正在被广泛使用。

（1）适用广。在实际操作中，询价多被用于数量不多、采购金额较少、价格弹性不大、产品标准化程度高、市场竞争充分且较为通用的货物。如汽车、电脑、网络设备、软件等。

（2）效率高。没有法定采购周期，不需像公开招标那样必须要公示 20 天，可在一周或 10 天左右完成采购。

（3）满足需求。询价采购一般规定由采购人代表参加的询价小组制定采购项目的价格构成和评定成交标准等事项，事实上往往是采购人确定规格、标准及服务，因此也最大限度地满足了采购人的需求。

（4）竞争较为充分。因为询价采购的货物都是标准统一的通用货物，市场竞争都较充分，人为制约或干预少。依法确定“不少于三家”进行报价，保证了充分竞争。

（5）节省资金。按法律要求以最低价法确定成交供应商，充分利用市场竞争节省财政资金。

4. 询价单介绍

（1）询价单的基本含义。询价单是买方就某项商品交易的条件向卖方进行咨询的商务文书。询价单对交易双方没有法律上的约束力，仅是为了交易的顺利进行。

（2）询价单撰写时注意事项。

① 要了解卖方的主要产品；

② 要了解产品价格状况；

③ 要有商品的样品。

（3）询价单格式范例。

尊敬的××先生：

我们对贵公司生产的光源产品有浓厚的兴趣，需订购 xx 节能灯管。品质：一级。规格：每箱 25 支。望尽快就下列条件报价。

① 单价；

② 交货期限；

③ 结算方式；

④ 质量保证方式。

如贵方价格合理，且能给予优惠，我公司将考虑大量进货。

×× × ×× 发展有限公司

×年××月××日

二、询价采购在实际运作中可能存在的问题

（1）询价信息公开面较狭窄，局限在有限少数供应商，满足于 3 家的最低要求，排外现象较严重。很多询价项目信息不公开，不但外地供应商无从知晓相关的采购信息，而且当地的供应商也会遭遇“信息失灵”，不少询价项目的金额还挺大，但是信息却处于“保密”状态，为采购人或代理机构实施“暗箱操作”提供了极大便利，一些实力雄厚的供应商只能靠边站，“望询兴叹”。

（2）询价采购出现超范围适用，询价采购一般适用通用、价格变化小、市场货源充足的采购项目，实际工作中则是以采购项目的概算大小来决定是否采用询价方式。询价并不是通用的“灵丹妙药”，而是有确切的适用条件。实际工作中一些代理机构和采购人将询价作为主要采购方式，错误地认为只要招标搞不了的，就采用询价方式，普遍存在滥用、错用、乱用询价方式问题。代理机构隔三差五搞询价，忙得“不亦乐乎”，被琐碎的事务缠身，采购效率和规模效应低下，还有些人借询价规避招标。

（3）询价过于倾向报价，忽视对供应商资格性审查和服务质量的考察。询价采购一般规定采购人根据符合采购需求、质量和服务相等且报价最低的原则确定成交供应商，这是询价采购成交。供应商确定的基本原则。但是不少人片面地认为既然是询价

嘛，那么谁价格低谁“中标”，供应商在恶性的“价格战”中获利无几，忽视产品的质量和售后服务。

（4）确定被询价的供应商主观性和随意性大。被询价对象应由询价小组确定，但是往往被采购人或代理机构“代劳”，在确定询价对象时会凭个人好恶取舍，主观性较大。询价采购一般规定从符合相应资格条件的供应商名单中确定不少于 3 家的供应商，一些采购人和代理机构怕麻烦不愿意邀请过多的供应商，只执行规定的“下限”。某代理机构的询价资料中被询价的供应商一律为 3 家，还有些询价项目，参与的供应商只有 2 家，甚至仅有 1 家。询价一般不设询价保证金。

（5）询价采购的文件过于单薄，往往就是一张报价表，基本的合同条款也会被省略。法律规定询价采购应制作询价通知书，在一些询价采购活动中，询价方一般不会制作询价通知书，多采取电话通知方式，即使制作询价通知书，内容也不够完整，且规范性较差，价格构成、评标成交标准、保证金、合同条款等关键性的内容表述不全，影响了询价的公正性，不少询价采购结束后采购双方不签合同，权利义务不明确，引发了不必要的纠纷。

（6）询价小组组成的专业化水准很低，更多的是专家人数根本无法达到 2/3。试想让“外行”来从事询价，确实让人不放心。

（7）采购活动的后续工作比较薄弱。不搞询价采购活动记录，不现场公布询价结果，询价方式随意性大。一些企业尝试采用电话询价、传真报价、网上竞价等方式搞询价采购，尽管这些有便利之处，但不宜过多地使用。询价采购一般规定在询价过程中供应商一次报出不得更改的价格，采用非现场方式搞询价存在舞弊漏洞，采购方有机会随意更改任何一家供应商的报价，或者给有关供应商“通风报信”。

【阅读案例】

某政府采购项目采用询价方式组织两台高速复印机采购，采购员按照以下程序组织了本次询价采购。

（1）成立了 3 人询价小组，其中采购人代表 1 人，为行政处处长；由财政部门组建的政府采购评审专家库中确定的评审专家 2 人。

（2）编制询价采购文件：为便于采购人选择，询价文件按照一般复印机标准提出了技术标准要求。

（3）确定 5 家询价供应商名单。

（4）为确定询价供应商发售询价文件。

（5）公开组织询价，按程序逐一唱出了报价人的报价，分别为 22 万元，16 万元，32 万元，36 万元和 31 万元。

（6）组织询价评审：5 家供应商提供复印机的质量、性能均满足询价文件关于一般复印机的要求，但普通复印机与高速复印机价格差异大，采购人决定按高速复印机统一技术参数，要求供应商再次报价。

（7）在规定的时间内，供应商进行了二次报价，分别为31万元，32万元，30万元，36万元和30.5万元。

（8）询价小组进行二次评审。

（9）采购人确定报价31万元的供应商为成交供应商。

（10）采购人与成交供应商签订合同，并在财政主管部门进行备案。

问题：（1）本次询价程序是否正确？为什么？

（2）询价过程中有哪些不妥之处？逐一指出，并说明理由。

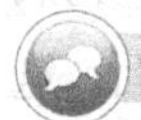

实训练习

请到校内外相关部门进行实地调研，了解询价采购的运作情况，并根据学校物流实训室所需要的某一类设施设备拟定相应的询价单，询价单的内容除了价格以外，还应包括商品品质、数量、规格、交货时间、交货方式、售后服务等内容。

任务二　招标采购

任务引入

在商业贸易中，特别是在国际贸易中，大宗商品的采购或大型建设项目承包等，通常采用招标的方法。企业采购通过招标活动，可以最大限度地吸引和扩大投标商参与竞争，从而使招标企业有可能以更低的价格采购到所需的物资或服务，更充分的获得市场利益，而且在招标采购过程中接受公众监督，能够有效防止暗箱操作、徇私舞弊和腐败等违法行为。

1. 任务要求

通过查阅资料（教材、期刊、网络等）、调研等形式，完成一份招标采购活动的调研报告。内容如下。

（1）基本信息：调研时间、调研形式、调研地点、小组成员等。

（2）招标采购企业状况：企业名称、招标采购商品种类、招标采购的时间和数量、招标采购的基本作业流程等基本情况。

（3）调研企业的感想与体会。

2. 任务分析

招标采购是企业采购的主要方式之一，通过查阅资料、实地调研、走访，学生可以了解招标采购的基本业务和运作流程，认识企业实施招标采购的原因、业务程序、优缺点，以及实施招标采购需具备的条件等，为深入学习招标采购运作及管理技能做好铺垫，同时激发学生的学习兴趣。

3. 实施步骤

（1）准备工作：对学生进行分组，约 4~5 人 1 组；教师讲解安全注意事项、参观要求和报告撰写要求；

（2）老师可推荐部分合作企业，或由学生自行确定调研企业；

（3）任务实施：收集要查阅的资料，联系企业采购部门进行访谈调研，分工协作；

（4）编写报告。

4. 结果评价与交流

对学生实施过程及调研报告质量进行评价，激励学生积极认真地实施项目。为后续的点评交流准备翔实的基础资料。可将评价分为个人评价和小组评价两个层面。选取典型报告进行展示点评，对表现优秀的事迹和亮点给予表彰和推广，对于不足之处帮助其改进，提高以后项目实施的绩效。

相关知识

一、招标采购概述

1. 招标采购的概念

所谓招标，是指由招标人发出公告或通知，邀请潜在的投标商进行投标，然后由招标人通过对投标人所提出的价格、质量、交货期限和该投标人的技术水平、财务状况等因素进行综合比较评价，确定其中最佳的投标人为中标人，并与其签订合同的过程。

招标采购，就是通过招标方式寻找最好的供应商进行采购的采购方法。

在商业贸易中，特别是在国际贸易中，大宗商品的采购或大型建设项目承包等，通常采用招标的方法。在招标交易中，对采购企业来说，他们进行的业务是招标；对供应商（或承包商）来说，他们进行的业务是投标。所谓的投标，是指投标人接到招标通知后，根据招标通知的要求填写投标文件（也称标书），并将其送交招标人的行为。

招标投标形式在我国发展历史不长，起源于 20 世纪 80 年代。从 20 世纪 80 年代初开始，我国先后在国家基本建设项目、机械成套设备、进口机电设备、科研课题、项目融资等领域推行招标投标制度。

我国国务院有关部委先后制定了一系列的招标投标的条例、规章、制度、法律等，规范招标投标制度。例如：1984 年国家计委与建设部发布了《建设工程招标投标暂行规定》；1997 年，国家计委制定并发布了《国家基本建设大中型项目实行招标投标的暂行规定》；1985 年以来，有关部门先后发布了《申请进口机电设备国内招标暂行办法》、《机电设备招标投标指南》和《机电设备招标投标管理办法》；1995 年，国内贸易部发布了《建设工程设备招标投标管理试行办法》；特别是 1999 年，国家计委受全国人大和国务院的委托，牵头起草了我国第一部综合性的《招标投标法》，统一指导我国包括企业采购在内的各个行业的招标投标活动，保证了我国招标投标活动的正常进行。

2. 招标采购的特点

（1）招标程序的公开性。有时也叫透明性，是指将整个采购程序全部公开，公开发布招标邀请，公开发布招标商资格审查标准和最佳投标商评选标准，公开开标，公布中标结果，公开采购法律，接受公众监督，防止暗箱操作，徇私舞弊和腐败违法行为。

（2）招标过程的竞争性。招标是一种引发竞争的采购程序，是竞争的一种具体方式。招标活动是若干投标商的一个公开竞标的过程，是一场实力的大比拼竞争。招标的竞争性体现现代竞争的平等、信誉、正当和合法等基本原则。招标也是一种规范的、有约束的竞争，有一套严格的程序和实施方法。企业采购通过招标活动，可以最大限度地吸引和扩大投标商参与竞争，从而使招标企业有可能以更低的价格采购到所需的物资或服务，更充分地获得市场利益。

（3）招标程序的公平性。所有对招标感兴趣的供应商、承包商和服务提供者都可以进行投标，并且地位一律平等，不允许对任何投标商进行歧视。评选中标商根据事先公布的标准进行，招标是一次性的并且不准同投标商进行谈判。所有这些措施既保证招标程序的完整，又可以吸引优秀的供应商来进行投标。

3. 招标采购的适用范围

招标采购是一项比较庞大的活动，涉及面广，耗费人力、物力、财力较多。因此，一般适宜于比较重大的项目，或者影响比较深远的项目。

（1）寻找长时期供应物资的供应商。例如，新成立的物流企业和工商企业，寻找未来长期物资供应伙伴时采用招标方式。

（2）寻找一次比较大批量的物资供应商。

（3）寻找一项比较大的建设工程的工程建设和物资采购的供应商。对于小批量物资采购和比较小的建设工程，则不宜采用招标方法。

4. 招标投标的方法

招标投标作为采购的基本方式，主要有以下方式。

（1）公开招标。公开招标，又叫竞争性招标，指由招标人在国家指定的报刊、信息网络或其他媒体上发布招标公告，邀请不特定的企业单位参加投标竞争，招标人从中选择中标单位的招标方式。按照竞争程度，公开招标又可分为国际竞争性招标和国内竞争性招标。国际竞争性招标，是指在世界范围内进行招标，国内外合格的投标商都可以投标。它要求制作完整的英文标书，在国际上通过各种宣传媒介刊登招标公告。

世界银行规定，对我国利用世界银行贷款的工业项目在100万美元以上，要采用国际竞争性招标来进行。国内竞争性招标，是指在国内进行招标。利用本国语言编写标书，在国内的媒体上登出广告，公开出售标书，公开开标。通常用于合同金额较小（世界银行规定一般 50 万美元以下）、采购品种比较分散、分批交货时间较长、劳动密集型、商品成本较低而运费较高、当地价格明显低于国际市场等类型的采购。

（2）邀请招标。邀请招标也称有限竞争性招标或选择性招标，指由招标单位选择一定数目的企业，向其发出投标邀请书。邀请他们参加投标竞争。一般选择 3～10 个企业参加较为适宜。由于被邀请参加投标的竞争者有限，可以节约招标费用，缩短招标有效期，提高每个投标者的中标机会。

5. 招标采购程序

招标采购是一个复杂的系统工程，它涉及各个方面和环节。一个完整的招标采购过程基本上可以分为 7 个阶段，如图 6-1 所示。

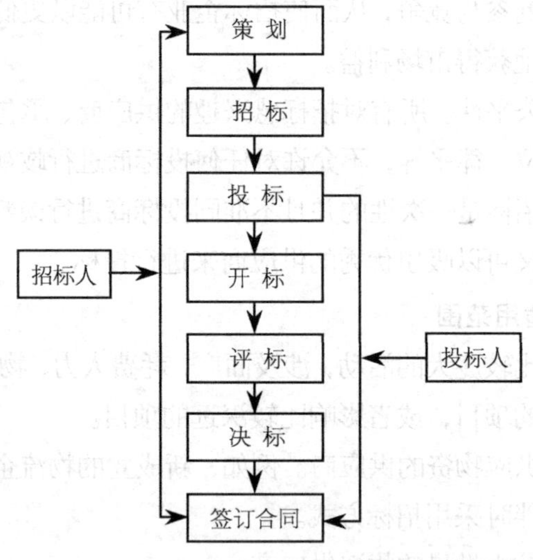

图 6-1　招标采购作业程序

（1）策划。开展招标活动，需要进行认真的周密策划，以确保招标的有序进行。招标策划主要有以下工作。

① 对招标采购的必要性和可行性进行充分的研究，明确招标的目标和内容。

② 对招标的标底、方案、操作步骤、时间安排等进行仔细研究，确定是采用公开招标还是邀请招标，是自立组织招标还是请人代理招标，每一步怎么进行等。

③ 研究确定评标指标体系、评标方法和评标小组。

④ 把上述研究策划形成的方案写成文件，交由企业领导层决定，取得企业领导层的同意和支持。

（2）招标。招标阶段是指采购方根据已经确定的采购需求，提出招标采购项目的条件，向潜在的供应商或承包商发出投标邀请的行为，是招标方单独作为的行为。在这一阶段，采购方所需要做的工作主要有确定采购机构和采购要求，编制招标文件，确定标底，发布采购公告或发出投标邀请，进行投标资格预审，通知投标商参加投标并向其出售标书，组织召开标前会议等。

（3）投标。投标是指投标人接到招标通知后，如果愿意投标，则根据要求填写投标文件，并将其送交采购单位的行为。在这一阶段，投标商所进行的工作主要有申请投标资格，购买标书，考察现场，办理投标保涵，算标，编制和投送标书等。

（4）开标。开标是采购机构在预先规定的时间和地点将投标人的投标文件正式启封揭晓的行为。开标由招标人组织，邀请所有投标人参加。开标时，由投标人或者其推选的代表检查投标文件密封情况，经确认无误后，由工作人员当众拆封，宣读投标人名称、投标价格和投标文件的其他主要内容。开标结束后，由开标组织者编写一份开标纪要，并存档备查。

（5）评标。评标是采购单位根据招标文件的要求，对所有的标书进行审查和评比的行为。评标是采购方的单独行为，由采购方组织进行。在这一阶段采购方要进行的工作主要有审查标书是否符合招标文件的要求和有关规定，组织评标委员会成员对所有的标书按照一定的方法进行比较和评审，就初评阶段被选出的几份标书中存在的某些问题要求投标人加以澄清，最后评定并写出评标报告等。

（6）决标。决标是采购方决定中标人的行为。决标是采购方的单独行为，但需要由使用机构或其他人一起进行裁决。在这一阶段采购方所要进行的工作主要有决定中标人，通知中标人其投标已经被接受，向中标人发出授权意向书，通知所有未中标的投标人，并向他们退还投标保函等。

（7）签订合同。签订合同指由招标人将合同授予中标人并由双方签署的行为。在这一阶段双方对标书中的内容进行确认，并依据标书签订正式合同。为保证合同履行，签订合同后，中标的供应商应向采购方提交一定形式的担保书或保证金。

二、商品招标采购文件

1. 招标文件概述

招标文件，是招标人向投标人提供的为进行投标工作所必需的文件。它的作用在于说明需要采购货物或工程的性质，通报招标依据的规则和程序，告知订立合同的条件。招标文件既是投标商准备投标文件和参加投标的依据，又是采购方与中标商签订合同的基础。因此，招标文件在整个招标投标活动中起着至关重要的作用。招标人应十分重视编制招标文件的工作，并本着公平互利的原则，务使招标文件严密、周到、细致、内容正确。编制招标文件是一项十分重要而又烦琐的工作，应组织有关专家参与拟定，必要时还要聘请咨询专家参加。

2. 招标文件包括的内容

（1）招标邀请书。招标邀请书，也称招标书，其主要内容是向未定的投标方说明招标的项目名称和简要内容、发出投标邀请，说明招标书编号、投标截止时间、投标地点、联系电话、传真、电子邮件地址等。招标书应当简短、明确，让读者一目了然，并得到基本信息。

（2）投标人须知和投标资料表。投标人须知是招标文件的重要组成部分，它是采购企业对投标人如何投标的指导性文件。其内容包括投标条件、有关要求及手续等。具体包括资金来源；对投标商的资格要求；货物产地要求；招标文件和投标文件的澄清程序；投标文件的内容要求；语言要求；投标价格和货币规定；修改和撤销投标的规定；标书格式和投标保证金的要求；评标的标准和程序；国内优惠的规定；投标程序；投标有效期；投标截止日期；开标的时间、地点等。

投标资料表是对关于拟采购货物的具体资料，是对投标人须知的具体补充和修改，如果有矛盾的话，应以投标资料表为准。投标人须知和投标资料都是指导投标商编制投标文件的重要文件，都不包含在采购企业与投标商签订的合同中。

（3）合同条款。合同条款包括一般合同条款和特殊合同条款，它们是采购企业与供应商签订合同的基础。一般合同条款适用于没有被本合同其他部分的条款所取代的范围，特殊合同条款是对一般合同条款的补充。一般合同条款内容包括买卖双方的权利和义务；运输、保险、验收程序；价格调整程序；付款条件程序以及支付货币规定；履约保证金的数量、货币及支付方式；不可抗拒因素；延误赔偿和处罚程序；合同中止程序；解决争端的程序和方法；合同适用法律的规定；有关税收的规定等。特殊合同条款内容包括交货条件；履约保证金的具体金额和提交方式；验收和测试的具体程序；保险的具体要求；零配件和售后服务的具体要求等。

（4）技术规格。技术规格是招标文件和合同文件的重要组成部分。它规定所要采购的设备和货物的性能、标准以及物理和化学特征；如果是特殊设备，还要附上图纸，规定设备的具体形状。货物采购技术规格一般采用国际或国内公认的标准。

（5）投标书的编制要求。投标书是投标供应商对其投标内容的书面声明，包括投标文件构成、投标保证金、总投标价和投标书的有效期等内容。投标书中的总投标价应分别以数字和文字表示。投标书的有效期是让投标商确认在此期限内受其投标书的约束，该期限应与投标须知中规定的期限一致。

（6）投标保证金。投标保证金是为防止投标商在投标有效期内任意撤回其投标，或中标后不签订合同或不缴纳履约保证金，使采购方蒙受损失。

投标保证金的金额不宜过高，可以确定为投标价的1%～5%，也可以定一个固定数额。由于按比例确定投标保证金的做法很容易导致报价泄露，因而，确定固定投标保证金的做法较好，它有利于保护各投标商的利益。国际性招标采购的投标保证金的有效期一般为投标有效期加上30天。

投标商有下列行为之一的，应没收其投标保证金。投标商在投标有效期内撤回投标；投标商在收到中标通知书后，不按规定签订合同或不缴纳履约保证金；投标商在投标有效期内有违规违纪行为等。

在下列情况下应及时把投标保证金退还给投标商：中标商已按规定签订合同并交纳履约保证金；没有违规违纪的未中标投标商。

（7）供应一览表、报价表和工程量清单。供应一览表应包括采购商品品名、数量、交货时间和地点等。在国境内提供的货物和在国境外提供的货物在报价时要分开填写。在报价表中，境内提供的货物要填写商品品名、商品简介、原产地、数量、出厂单价、出厂价境内增值部分占的比例、总价、中标后应缴纳的税费等。境外提供的货物要填写商品品名、商品简介、原产地、数量、离岸价单价及离岸港、到岸价单价及到岸港、到岸价总价等。

三、商品采购投标文件

投标与招标是一个过程的两个方面。他们的具体程序和步骤是相互衔接和对应的。投标一般包括以下主要阶段。申请投标资格、编制投标文件、递交投标文件。在招标企业实行资格预审时，投标商应及时向招标企业提出资格预审申请。如果通过申请，投标商应认真编写投标文件并及时递交投标书。投标书的递交是投标商参与投标程序的关键所在。采购企业应保证投标商有充足的时间来编写他们的投标书。

1. 投标资格申请

如果招标企业没有要求进行资格预审，投标商可以直接购买招标文件研究，并进行投标准备。但是现在大多数招标企业都要求进行资格预审，因此，投标商应及时向招标企业购买资格预审文件，经认真研究后填写资格预审申请书。资格预审申请书格式一般由招标企业拟定，并作为资格预审文件的组成部分提供给投标商。资格预审申请书的格式如下。

投标资格申请书

注册营业名称：

注册营业地址：

电话：　　　　　　　电传：　　　　　　　电报：

谨致（招标机构名称）

先生：

1. 我们兹向（招标机构名称）申请作为（项目及合同）的投标人。

2. 我们授权（招标机构名称）或其授权代表，为查证我们提交的报告书、文件及资料，并澄清本申请书提供的财务和技术情况而进行任何调查。为此目的，我们授权（任何官方官员、工程师、银行、托存人、制造商、分配人等）或任何其他人员或企业向（招标机构名称）提供他所需要并要求提供的有关材料，以查证本申请书所提出的报告书和资料或有关我方是否能胜任及所处的地位。

3. 如有需要，可向下列姓名及职务人员进一步了解情况。

① 技术方面（姓名及职务）；

② 财务方面（姓名及职务）；

③ 人事方面（姓名及职务）。

4. 我们声明，在慎重完成的本申请书中所提供的报告书和资料，其细节都完整、真实而正确。

（申请人授权代表）谨上

日期

招标企业将从技术、财务、人事等方面对投标商进行资格审查，审查合格的投标商准许投标。投标商便可以购买招标文件准备投标书。

2. 编制投标书

投标书也叫投标文件，是投标商投标的全部依据，也是招标企业招标所希望的成果，投标商应当集中集体的智慧，认真准备一份高水平的投标文件参加投标。

投标文件主要是根据招标文件要求提供的内容和格式进行准备。一般应包括以下基本内容。

（1）投标商按照招标文件填写投标函格式和投标报价表。投标函实际上就是投标人的正式报价信。它们说明投标商所提供的货物、货物简介、来源、数量及价格。投标商应在适当的投标报价表上注明，本合同拟提供货物的单价和总价。

（2）投标资格证明文件。这一部分要列出投标商的资格证明文件，包括投标商企业的全称，历史简介和现状说明，企业的组织机构，企业的营业执照副本复印件、企业组织机构代码证、技术交易许可证等，还要有开户银行名称以及开户银行出具的资格证明书。如果投标商是某些制造商的产品代理，还要出具制造商的代理协议复印件以及制造商的委托书。

（3）证明投标商提供的货物及其辅助服务是合格的货物和服务，且是符合招标文件规定的证明文件，包括投标报价表中对货物和服务来源地的说明，并由装运货物时出具的原产地证书，证明货物和服务与招标文件要求技术指标和性能的详细说明，并逐条对招标文件所要求的技术规格进行评议，说明所提供货物和服务已经对买方的技术规格做出实质性的响应，或说明与技术规格条文的偏差和例外。

（4）投标保证金。投标保证金是为了保护招标商免遭投标商的行为而蒙受损失。要求投标商在提交投标书时提交的一种资金担保。

（5）投标文件的封装。投标文件要整理好，封装成一份“正本”，还要根据招标文件的要求分别复印若干份，封装成若干份“副本”。每本封装好后，在封口处签名盖章，直接或通过邮寄给招标企业。

四、商品采购评标体系

1. 对投标书初步审查

投标书一经开标，即转送到评标委员会进行评标。

评标是招标企业的主权。招标企业要依法组建评标委员会，其成员由招标企业代表和有关技术、经济等方面的专家组成。成员人数为 5 人以上单数，其中技术、经济等方面专家不得少于成员总数的 2/3。评标委员会成员名单在中标结果确定前应当保密。

在正式开标前，招标企业要对所有的投标书进行初步审查。

（1）审查投标书是否完整，有无计算上的错误，是否提交投标保证金，文件签署是否合格，投标书的总体编排是否有序。

（2）审查是否有计算错误。如果单价与数量的乘积与总价不一致，以单价为准修改总价，投标商不接受对其错误的更正，可以拒绝其投标书，没收其投标保证金。如果用文字表示的数值与用数字表示的数值不一致，以文字表示的数值为准。

（3）审查每份投标书是否实质上响应招标文件要求的全部条款，条件和规格是否相符，是否存在重大偏差。如果有对关键条文的偏离、反对，例如关于投标保证金，关税等偏高，将被认为是实质上的偏离。如果投标书实质上没有响应招标文件的要求，招标企业将予以拒绝。

2. 评标内容

评标的目的是根据招标文件中确定的标准和方法，对每个投标商的标书进行评价和比较。以评出最佳的投标商。评标必须以招标文件为依据，不得采用招标文件规定以外的标准和方法进行评标，凡是评标中需要考虑的因素都必须写入招标文件之中。

评标分为商务评审和技术评审两个方面。

（1）技术评审内容。技术评审的目的在于确认备选的中标商完成本招标项目的技术能力以及其后提供方案的可靠性，投标商怎样实施本招标项目。

技术评审的主要内容如下。

① 标书是否包括了按招标文件的要求提交的各项技术文件，它们同招标文件中的技术说明和图纸是否一致。

② 实施进度计划是否符合招标商的时间要求，计划是否科学和严谨。

③ 投标商准备用哪些措施来保证实施进度。

④ 如何控制和保证质量，措施是否可行。

⑤ 如果投标商在正式投标时已列出拟与之合作或分包的公司名称，则这些合作伙伴或分包公司是否具有足够的能力和经验保证项目的实施和顺利完成。

⑥ 投标商对招标项目在技术上有何种保留或建议的可行性和技术经济价值如何。

（2）商务评审内容。商务评审的目的在于从成本、财务和经济分析等方面评定投标报价的合理性和可靠性，并估量授标给各投标商后的不同经济效果。

商务评审的主要内容如下。

① 将投标报价与标底进行对比分析，评价该报价是否可靠合理。

② 投标报价构成是否合理。

③ 分析投标文件中所附现金流量表的合理性及其所列数字的依据。

④ 审查所有保函是否被接受。

⑤ 评审投标商的财务能力和资信程度。

⑥ 投标商对支付条件有何要求或给招标商何种优惠条件。

⑦ 分析投标商提出财务和付款方面建议的合理性。

3. 评标方法

评标方法很多，具体评标方法取决于采购企业采购对象的要求，货物采购常用的评标方法分为如下几种。

（1）最低评标价法。在采购技术规格简单的商品原材料、半成品，以及其他性能质量相同容易进行比较的货物，可以把价格作为评标的唯一尺度。以价格为尺度时，不是指最低报价，而是指最低评标价。最低评标价的价格计算为成本和利润。其中，利润为合理利润，成本有其特定的计算口径：如果采购的货物是从国外进口的，报价包括货款、运费的到岸价为基础；如果采购的货物是国内生产的，报价应以出厂价为基础。

出厂价应包括生产、供应货物而从国内外购买的原材料和零配件所支付的费用以及各种税款，但不包括货物售出后所征收的销售性或其他类似税款。如果提供的货物是国内投标商早已从国外进口，现已在境内的，应报仓库交货价或展室价，该价应包括进口货物时所支付的进口关税，但不包括销售性税款。

（2）综合评标法。指以价格加其他因素评价，在采购耐用设备、车辆以及其他重要固定资产时，可采用这种评标方法。这种评标方法除考虑报价因素外，还考虑把其他因素加以量化，用货币折成价格，与报价一起计算，然后按照标价高低排列，除报价外，评标时应考虑的因素一般有内陆运输以及保险费、交货或竣工期、支付条件、购货人在国内获得零部件以及售后服务的可能性、价格调整因素、设备和工厂（生产线）运转和维护费用、质量和技术性能等。

（3）以寿命期的成本为依据评标。采购整座工厂、生产线或设备、车辆等，它们在采购后若干年运行期的各项后续费用（零件、油料、燃料、维修等）很大，有时甚至超过采购价。在这种情况下，评标时要考虑后续费用，以产品寿命期内的成本作为评标的依据。其做法是，将采购时的报价和因为其他因素需要调整的价格，加上一定运行期年限的各项费用，再减去一定年限后设备的残值等，然后进行比较，决定各种评标价。在计算以后运转期内的各项费用时，应按照一定的贴现率计算其净现值，再加入到评标价中。

（4）优点积分法。一般只适用于价值不高的采购。其基本做法是，使各项技术性能因素以及其他评标标准各按其重要性分占一定权重（百分比），由此算出每一份标书的积分，然后用每份标书所得总积分去除以标书的价格，得出“报价除积分”的商值。报价越低，积分越高，所得的商值越低。商值最低的标书就是评标最低的标书。

该方法另一种较简单的做法是，将报价也作为计算积分的评价因素之一，与其他因素一样，占多少权重，分别评定积分。这种方法适用于报价在全部评价因素中占主要份额的设备采购。一般报价所占权重在60%以上。

【阅读案例】 美国 Bechtel 公司的招标采购

美国 Bechtel（柏柯德）公司是一家有近百年历史的咨询公司，承担过许多世界银行贷款项目的咨询工作，现将该公司招标的做法和要求归纳如下。

1. 评标的原则

柏柯德公司认为，评标的目的是围绕技术、进度、质量、费用以及商务条款等有关条件评选出合适的投标商。在评标中必须本着公正、平等地对待所有投标商以及满足招标文件要求的原则。为此，评标工作必须做到始终按照招标规定的程序进行、注意保守机密、除了明显不符合招标要求的投标书外，对每份投标书都应该进行认真的审阅和评估、所有的评估决定都应该清楚地记录在案。

2. 评标过程

（1）进行预筛选。评标过程的第一个步骤是对所有投标书进行初步筛选，对一些有明显缺点的投标书，例如，内容不完整——投标商在投标书中没有提供对评标至关重要的有关价格或其他重要数据，应向投标者指出其漏洞并要求将报价补充齐全；内容不符——投标商的投标内容在技术上提出了影响使用的异议或者在商务上提出了影响报价可取性的异议；没有竞争力——投标商对同样的采购内容和服务提出了远高于其他投标者的报价。评标时，这些投标书可以暂且放置一边，而对其他合乎要求的投标书进行评估。但必要时，仍可以对这些不符合要求和内容不完备的投标书重新进行审查，不过应要求投标者对投标书的不足部分进行补充和修正。但对于那些已了解工程范围但报价没有竞争力的投标，则可以予以否定。

（2）对投标书进行评估分析。评标者对每份投标书都要进行认真仔细的评估分析。评估应围绕以下7个方面的内容。

① 技术评估。投标商的投标内容首先在技术上必须是可以接受的，包括以下内容。

性能——投标书所提供的设备应能满足项目的性能要求。

质量——投标书所提供的设备在预定寿命使用期内应能满足项目需要的质量标准。

材料选择——这和质量有关，投标书对于某些关系到项目寿命的特殊材料要求是否能给予满足。

特定的标准——投标是否按照规定的或允许参照的标准。

进行技术评估时，对于那些在投标书中没有加以说明的可供选择的方案要给予充分的重视，往往这种可供选择的变更中提出了一种更好的工作方法，尤其是工程设计部门对此更应进行审慎的评价。

② 进度。投标书是否能满足项目要求的工程进度，应该进行仔细审查，如果投标书不能满足保证项目工程建设所必需的进度要求，而且项目进度又不能改变，则该投标书应予以否定。

③ 费用分析。投标承诺的表格表示投标商要求支付的总金额，费用分析应包括下列内容：基本价——投标的材料或设备的价格；运费——运到工地的实际费用；上涨（风险）费用——由于设备价格和人工费用涨价所需增加的费用。用户应支出的总费用还须包括：现场服务费用、安装费用、运行试车费用。

④ 商务条款及条件。投标书中提出的商务条款和条件是否与招标文件规定的条款和条件相一致，尤其应该注意。

- 支付条款：投标商往往提出各种不同的支付条款。柏柯德公司一般愿意接受发货以后付款。对投标商提出的支付条款进行评估并核算出其在投标评估总成本中的费用。

- 责任：应该尽可能地将设备制造商对工程所负的责任表示为投标商的责任，投标商对这方面若有异议必须要得到法律部门和用户的确认。投标商所提出的异议和偏离均应按风险和有关费用条款来进行评估。对于那些与工程责任有重大关系的异议，用户可以和投标商通过协商来确定，但如果用户认为无法协商时，可以否定该投标书。

⑤ 与预算比较。应该对投标书的报价与项目的预算费用进行比较，目的是使用户了解项目总费用是否发生了大的变化，并找出产生差别的原因。

⑥ 财务能力。要检查投标商的报价与其年经营额是否有超常规的比值，投标商是否有足够的财力能不依靠预付款或抵押借款去完成其投标内容的工作。

⑦ 与安装施工有关的条款。对包括安装施工的投标，尚需增加分析劳动力来源；施工设备是否能满足工作范围、难度和进度的要求；项目关键岗位是否由有经验的人员负责；投标商选定的分包商是否有经验和特长。

（3）投标书的澄清。经过对投标书的详细分析，可能会发现投标书中的疏漏、含糊不清和不符合要求之处，应给予投标商以澄清修正的机会。澄清修正必须以书面方式提供。如果投标商不愿意根据要求加以修正或用户对所澄清的内容感到不能接受时，可视为不符合要求而否定其投标。

对于相比其他投标超乎寻常的低报价（例如低于 30%），则更应该给予仔细检查和清理。投标人可能有合理的经济优势；投标人可能对工作范围有误解；投标人可能寄希望于将来提出进一步的要求而力图先中标。

（4）风险程序决定的。复杂性、风险性较高的为重要项目投标书；复杂性、风险性较小的为次要项目投标书。

在评估重要项目时，要对投标书作全面详细的分析，因为重要项目风险也较大。

①“风险”一般分两类。

- 在评估过程中由于对投标商了解不够细致而造成的风险。
- 由于签订了一个“差”合同（或采购单）而造成的风险。

② 选错投标商造成的风险如下。

- 总的评估价（包括投标报价和其他因素费用的总和）比其他投标者高。
- 中标的设备达不到项目的技术要求。

③ 一个“差”合同（或采购单）造成的风险如下。

- 合同执行过程中将会出现扯皮，对有关条款及调价、通货兑换率等要进行过多的谈判。
- 今后需要过多的管理费用。
- 发生违约事件时，对项目费用和进度可能造成损失。
- 其他不可预见的损失。

当以上风险极小时，可以作为次要项目的投标书来对待。评估次要项目投标书时，只要简单、迅速地评估，以减少评估时间和文字工作。

次要项目的招标一般是指标准的设备，低于一定金额限度的非关键项目，批量较大而品种较少的设备，以及采购询价书。

3. 评标的组织形式

评估有较大风险的重要项目投标书，柏柯德公司认为有效的组织形式是组织专题评标组，这个组织由以下项目成员组成。

（1）负责技术及施工事项的工程技术部人员。

（2）负责分析条款及条件、价格、进度的采购部人员。

（3）负责协调评估计划和编制预算、比较费用或标底的财务及计划部人员。

（4）负责协调设计人员实施有关事项的施工人员。

这个组织一般由采购部人员担任领导，每个成员负责其专门部分的工作。次要项目投标书的评估一般不需由工程技术、财务和施工等部门参加组成评标小组，而由采购部门单独负责。评估方法是从最低报价的投标书开始，依次进行评估，直到找到可以接受的投标书为止。

4. 评标的批准

按照世界银行采购导则的规定，咨询公司的评标结果须报用户批准和经“世行”审查。根据项目的不同，按照事先与用户的协议，报批文件可以分如下两类。

① 建议书内容包括：哪些人参加了投标、较优的投标商、投标承诺的金额。

② 推荐书内容包括：哪些人参加投标、倾向于授予哪个投标商中标、推荐的理由（技术的、商务的、进度、估价）、请求批准的预定日期。

问题：1. 设想如何将对投标书进行评估分析的内容定量化以便进行评估和比较。

2. 评标应如何组织？

实训练习

请到学校相关部门进行实地调研，了解学校招标采购的运作情况，并根据学校所需要的某一类设备设施拟定相应的招标书，要求明确招标的流程、方式和评标的方法等。

综合练习

1. 小组讨论：如何在招标采购中严格控制采购商品的质量？
2. 结合查阅资料思考，我国企业招标采购与政府招标采购有何区别和联系？

项目七

电子采购

【知识目标】

- 熟悉电子采购的基本概念
- 熟悉电子采购的运行程序设计及执行步骤
- 理解电子采购的交易模式
- 了解电子采购软件平台的技术要求及功能

【技能目标】

- 能够根据企业采购要求，合理选择电子采购作业
- 能够熟练完成电子采购的执行方案设计
- 能够执行各种电子采购模式的操作
- 能够利用相关软件平台实现电子采购操作
- 能够熟练完成一次网络招投标采购

任务一　电子采购作业流程分析

任务引入

随着信息技术的快速发展、互联网的普及、对先进的电子化的依存度逐渐提升，

电子化的采购模式成为采购发展的必然趋势和采购市场上的强有力的竞争武器，并逐渐成为一种商业标准。目前，世界范围内的电子采购已经极为普遍，我国也有很多的大中型企业，如海尔集团、联华华商集团等，已经开始应用电子化采购，并从中得到了极高的利润和实惠。在 2010 年举行的首届中国招标采购电子化发展论坛上，有关部门的负责人就曾表示，国家有关部委将加强统筹规划，着手制定统一的电子招标办法以及关键的技术标准，打造优质的服务平台，同时完善政策规范，努力为电子招标采购发展创造良好的制度环境。由此可见，电子采购的普及，其优势显而易见。

1. 任务要求

必联采购网（http://www.ebnew.com/）是一个采购方驱动的 B to B 企业采购网站。请同学们以杭州市某进出口贸易有限公司的身份，进行注册并登录。作为采购商，完成以下产品的采购。

商品需求详细描述。商品名称：锌合金压铸零件（蝶型连接板）；采购量：600K；材料：ZAMAK 3 OR ZNAL4；价格：工厂依据市场行情及本企业生产技术条件自报合理价并报样；订单货期：210～240 天，派员跟单：每 30～45 天交一次货；出货地：工厂所在地就近外运港口，合作关系确立后可预付总额 20%～30%的定金，先款后货；生产厂地验收、结算；余款出货前付清。要求如下。

（1）列举寻找供应商的过程，并列出符合要求的供应商名单。

（2）完成电子采购业务的作业流程分析，形成分析报告。

（3）对比传统的采购方式，从成本和作业时间两个方面，分析电子采购的优劣势。

2. 任务分析

电子采购是基于电子商务的采购方式。随着网络技术的发展普及，学生对网络购物和第三方供需信息查询平台应该都比较熟悉，教师可建议学生在课前通过网络查阅相关电子采购网络交易的资料，让其了解网络平台的作用和网络采购的模式，激发学生的学习兴趣，同时也为本任务的课堂操作成果的顺利完成做准备。学生在进行任务操作的同时，教师可以对相关概念和术语进行解释，建议本任务以小组的形式进行。

3. 实施步骤

（1）准备工作：对学生进行分组，约 4～5 人一组，提前了解网络购物、采购网站功能等信息。

（2）教师进行任务讲解，小组成员根据要求登录网站并完成注册和登录。

（3）小组讨论：以下问题。

① 合格供应商应具备的条件（根据任务要求列举）；

② 小组讨论快速查找合格供应商的方法；

③ 采购网站的主要功能和业务。

（4）小组分工完成基于此网站的锌合金压铸零件（蝶型连接板）的采购业务的作

业流程分析。

（5）小组讨论应用传统采购方式的采购业务流程。

（6）完成电子采购和传统采购作业的优劣势对比分析，要求列出比较项目，并进行优劣势对比分析。

4. 结果评价与交流

对学生实施过程及调研报告质量进行评价，激励学生积极认真地实施项目。为后续的点评交流准备翔实的基础资料。可将评价分为个人评价和小组评价两个层面。

选取典型报告进行展示点评，对表现优秀的事迹和亮点给予表彰和推广，对于不足之处帮助其改进，提高以后项目实施的绩效。

一、电子商务概述

美国哈佛商业评论的一份研究报告指出："若一个企业能将采购支出节省 5%，其获利将可平均提高 30%"，因此如何在不景气及低获利时代节省成本，已成为当今各企业的首要任务。节省成本的措施贯彻到企业的方方面面，从文具的购买、差旅费的报销到市场推广费用的精打细算等。作为企业的一项重要业务活动，采购的成本控制和效率改善意义重大，因为在大多数企业，产品和服务的采购是最大的支出，占企业总收入的一半。然而，时至今日，很多中国企业的采购流程依然是零散的、本能反应式的，缺乏系统性和整体性，因而很难在企业整个流程中发挥出应有的效率。面对国际强手的竞争，中国企业在采购流程的策略和效率方面明显处于劣势地位，因而大大降低了中国企业在国际竞争环境中的竞争力。

1. 电子商务概念

人们对于电子商务的理解大体有 3 种。

（1）认为电子商务是在电脑网络上进行的商品交易活动、买卖商品，或者在计算机网络商店销售自己的商品，或者作为消费者到网络上去寻找网络商店购买商品。越是电子商务开发的初期，持这种认识的人越多。在国外早期出现的"电子商务"的叫法 EC（Electronic Commerce（商业，贸易）或 E-Commerce）大多来自这种理解。

（2）认为电子商务活动不仅包括在计算机网络上进行的商品交易活动，而且包括在计算机网络上进行的与商品交易活动有关的所有其他活动，例如电子广告、网上市场营销、电子金融保险、会计、审计、税收、公证、市场管理等活动。也就是说，这种意义上的电子商务活动，不仅仅是指在计算机网络上进行的商品买卖活动，它还应当包括在计算机网络上进行的与商品买卖活动有关的全部商业事务活动。较晚在国外出现的关于"电子商务"的叫法 E-Business 大多来自这种理解。

（3）认为电子商务不仅包括计算机网络上进行的商务活动，凡是所有通过电子手段进行的商务活动都是电子商务活动。例如，早期的电话购物、电视购物以及现在的自动售货机、自助银行、超级商场等，都属子电子商务活动。

2. 电子商务的分类

电子商务根据不同的分类标准有不同的形式，现将常见的几种分类进行介绍。

（1）按电子商务所使用的计算机网络的类型，主要有 4 种形式。

① 基于 EDI 的电子商务。EDI（电子数据交换）一种基于专用计算机通讯网络的电子商务活动，主要应用于企业与企业、企业与批发商、批发商与零售商之间的批发业务。相对于传统的订货和付款方式，传统贸易所使用的各种单据票证全部被计算机网络的数据交换所取代。

② 基于 Internet 和 Web 网的电子商务。20 世纪 90 年代初，因特网覆盖了全世界，可以连接世界上的任何国家和地区，为建立网上市场创造了条件。1993 年由欧洲原子能研究组织 CERN 在因特网上开发的基于超文本传输的万维网（www，Word Wide Web），为在因特网上进行丰富多彩的商务活动提供了可能性，为电子商务在世界范围内的开发、应用和普及创造了基础条件，从此世界意义上的电子商务产生和发展起来。

③ 基于 Intranet（企业内部网）的电子商务。这是一种基于企业内部网（Intranet）的电子商务形式。这种形式一般应用于企业内部，在企业内部各部门、各个人之间进行商务业务数据处理，并可以和因特网连接，与企业外部进行电子商务活动。这种形式的电子商务是电子商务的基础应用形式，没有这种形式的电子商务活动，基于企业之间的电子商务活动就很难真正开展起来。

④ 基于非计算机网络的电子商务。这是一种基于非计算机网络的电子商务形式，主要是指利用非计算机、非网络的电子商务活动，例如自动售货机、POS 机、电话、传真、电视购物等手段进行的商务活动。

（2）按照商务活动的内容分类。可分为直接电子商务和间接电子商务活动。前者是指供应商通过电子手段出售自己的商品，购买者通过电子手段购买自己需要的商品。后者则是指不直接进行电子交易，而是为电子交易进行辅助性服务的电子商务活动。例如为了进行电子交易而进行的市场调查、预测、广告宣传、商品管理、物流管理、财务管理、会计统计、市场管理、电子税务、电子支付、电子邮政等，都属于这种电子商务形式。这种电子商务形式是大量的，都是为直接电子商务活动服务的。

（3）按照电子商务商品的性质分类。无形商品和有形商品的电子商务。

（4）按照电子商务主体进行分类，可分为：个人（C）、企业（B）、政府（G）、事业单位采购。常见的形式有：B to B，如 www.Alibaba.com ；B to C，如 www.joyo.com；C to C，如 www.taobao.com。

（5）按电子商务活动范围可分为企业内部电子商务和企业外部电子商务。

3. 电子商务的优势

电子商务与传统的业务处理比较优势明显，主要体现在以下几个方面：处理速度快、存储容量大、工作效率高；费用低廉；覆盖面广；功能全面；使用更灵活；提高商务业务水平；提高了客户服务水平和服务质量。

4. 电子商务的功能

电子商务的主要作用不仅体现在买卖双方的交易过程中，根据对电子商务概念的理解，它所涉及的领域和功能也更加丰富。总结而言，主要体现在：① 能够进行广告宣传，提高企业经营额，从而提高收益；② 网上咨询洽谈；③ 网上订购；④ 网上支付；⑤ 电子账户；⑥ 服务传递功能；⑦ 意见征询功能；⑧ 交易管理与信息维护功能。

二、电子采购概述

1. 电子采购概念及特点

所谓电子采购，就是利用电子商务形式进行的采购活动。因为电子商务主要是在计算机网络上进行的，所以电子采购又称之为网上采购。电子商务是电子采购的基础和环境。

电子采购比一般的电子商务和一般性的采购在本质上有了更多的概念延伸，它不仅仅完成采购行为，而且利用信息和网络技术对采购全程的各个环节进行管理，有效整合企业资源，帮助供求双方降低成本，提高企业的核心竞争力。

从下面的几个实例我们可以理解到电子采购的含义。

实例 1：王晨是江西省新华书店联合有限公司下属的一家连锁书店的进货员，他每天的采购流程十分简单。登录江西新华的网站，输入连锁店用户名和密码，查看当日最新书目、本店和总店各类图书的销售和库存情况，填写网上订单并确认。总部在 24 小时内就能够完成配货。或者，王晨还可驱车 4 公里，来到南昌市京东开发区宽敞的连锁物流信息中心大厅挑选图书，把通过 PDA 掌上电脑无线订货系统传送的配货信息，上传到总部的计算机中心。同样地，24 小时内图书将准确配货到位。

实例 2：e 革命的第一件事，就是统一软件包、统一产品代码，并建立好几个数据库，使员工能通过网络交流信息。瑞士采购员森纳，找不到犹太教所要求的肉类，就在内部网上发布消息，立即得到一位美国同僚的回应，为他找到了一个乌拉圭供应商。当森纳看到意大利采购员急需芥末，就把自己手上一位巴塞尔供应商介绍给她。

实例 3：每年榛子收获季节，各地公司都要派人到意大利和土耳其去视察行情，但现在就不必了。森纳去了一趟土耳其，一个星期内就把考察报告挂到网上，其他 73 个地区得以坐享其成。同样，森纳在瑞士也可以看到某公司的同事关于阿塞拜疆供应商情况的报告。

可以说，企业采购电子化是企业运营信息化不可或缺的重要组成部分。电子采购使企业不再采用人工办法购买和销售他们的产品。在这一全新的商业模式下，随着买方和卖方通过电子网络而连接，商业交易开始变得具有无缝性，其自身的优势是十分显著的。

（1）与传统采购方式相比较，其优势主要体现在以下几个方面。

① 提高采购效率，缩短采购周期。

② 降低采购成本。

③ 优化采购流程。

④ 减少过量的安全库存，降低库存费用。

⑤ 信息共享。

⑥ 电子采购能帮助采购方改善客户服务和客户满意度，促进供应链绩效以及改善与供应商关系。

⑦ 电子采购不仅使采购企业大大获益，而且让供应商获益。对于供应商，电子采购可以更及时地掌握市场需求，降低销售成本，增进与采购商之间的关系，获得更多的贸易机会。

（2）电子采购虽然具有种种优点，但是并不意味着无懈可击。

① 并非所有的采购对象都适用。美国网络先驱的经验：只有 40%左右的产品或服务适于电子采购。比如工程类项目，其项目标书通常涉及复杂的规定和大量的文件，需要予以更复杂的考虑，因此不适于完全在网上进行招投标。

② 并非所有的采购方式都适用。这是由各种采购方式的特点所决定的，由于竞争性谈判需要与供应商不断就价格和产品要求谈判达成协议，必须进行面对面的接触，因此，采购应该选取适当的采购方式。目前，电子采购软件系统已能满足招投标采购、询价采购方式的要求，国外电子采购系统主要采取的采购方式也是竞争性招投标采购。

总之，采购是企业的一项重要活动，没有采购也就没有物流；没有网上采购，也就形不成真正的电子商务；没有采购环节，也就形不成供应链。中国所有的企业都要确立现代采购理念，改革采购模式，指定采购战略，优化采购流程，降低采购交易成本。采购不是企业的孤立行为，它已经成为企业管理系统工程中的重要一环，已经成为供应链的战略性环节。采购理念、采购流程、采购系统等都在发生着巨大变革，采购运作水平已经成为增强企业核心竞争力的决定性因素之一。从一定意义上来讲，电子采购可以说是企业的战略管理创新，充满着无限的活力，将成为企业创造利润的新源泉。高效率、低成本的电子采购模式将成为企业在电子商务环境下进行战略重组的一部制胜法宝。

2. 电子采购主要模式介绍

（1）买方集中模式（多对一模式）。买方模式是指采购方在互联网上发布所需采购产品的信息，供应商在采购方的网站上登录自己的产品信息，以供采购方评估，并通过采购网站双方进行进一步的信息沟通，完成采购业务的全过程。买方模式中采购方承担了建立、维护和更新产品目录的工作。买方模式适合大型企业的直接物料采购，因为大企业一般已经运行着成熟可靠的企业信息管理系统。因此与此相适应的电子采购系统应该与现有的信息系统有着很好的集成性、保持信息流的通畅；其次，大企业往往处于所在供应链的核心地位，核心供应商较为集中，并且大企业的采购量巨大，因此供需双方需要进行紧密合作；最后，一般来说只有大型企业才有能力承担建立、维护和更新产品目录的工作。

（2）卖方集中模式（一对多模式）。卖方模式是指供应商在互联网上发布其产品的在线目录，采购方则通过浏览来取得所需的商品信息以做出采购决策并下订单以确定付款和交付选择。在这个模式里，供应商必须要投入大量的人力、物力和财力用以建立、维护和更新产品目录。对于采购方来说则不必花费太多就能得到自己所需的产品，但对于拥有几百个供应商的买方，就要访问众多的网站才能采购到需要的产品。同时，卖方模式需要面临 B2B 电子采购与企业内部信息系统无法很好集成的问题，因为采购方与供应商是通过供应商的系统进行交流的。由于双方所用的标准不同，供应商系统向采购方传输的电子文档不一定能为采购方的信息系统所识别，延长了采购时间。

（3）市场模式（多对多模式）。市场模式是指供应商和采购方通过第三方设立的网站进行采购业务的过程。在这个模式里，无论是供应商还是采购方都需要在第三方网站上发布自己提供或需要的产品信息，第三方网站则负责产品信息的归纳和整理，以便于用户使用。市场模式又分为两类门户。① 垂直门户：是经营专门产品的市场，如钢材、化工、能源等，它通常由一个或多个本领域内的领导型企业发起或支持；② 水平门户：集中了种类繁多的产品，其主要经营领域包括维修和生产用的零配件、办公用品等。水平电子市场一般由电子采购软件集团或间接材料和服务供应领域的领导者发起资助。

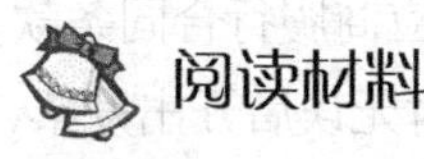

阅读材料

通用汽车公司的电子采购

通用汽车公司的网上反向拍卖。通用汽车公司每年在普通商品上的花销达 1 000 亿美元。因为购买数量巨大，所以采用招标方式和供应商议价方式。在过去，要手工完成该过程，其后果是在达成协议之前，要花费几周甚至几个月的时间。而且该过程高昂的成本也限制了供应商的参与面，可选供应商数量减少。为了改善此状况，通用汽车将竞标自动化，在 Trade X change 网站商开展反向拍卖。在反向拍卖中，所有合格供应商都通过网络对通用公司购买的每一种产品进行公开的投标，采购者可以接受多个竞标者同时给出的报价，根据预先确定的标准，最终确定合适供应商。这样运作之后，通用汽车的采购成本每笔平均下降了40%以上。

三、电子采购的一般作业程序

电子采购的基本作业程序与传统采购类似，只是在实际运作方式上有差别。下面是电子采购的基本作业程序。

（1）提交采购需求：最终用户通过网络填写在线表格提出采购产品的请求，对于经常采购的商品，可以建立一个特别的目录供用户选择，以方便最终用户提出采购申请。

（2）确定采购需求：根据企业预先规定的采购流程，采购申请被依次自动的传送给各个责任人请求批准。

（3）选择供应商：一旦采购申请最终得到认可，采购人员按不同的情况采取两种方式。若所需要采购的物品已有了合同供应商，则该申请转化成订单自动发送给供应商。若所需采购的物品没有固定的供应商，采购人员需要通过采购寻源流程去寻找合适的供应商。

（4）下订单：在确定了供应商后，订单会通过电子邮件等方式传送给供应商。

（5）订单跟踪：有些信息系统较为完善的供应商会反馈给采购方一个订单号，采购人员可以通过订单号追踪订单的执行情况直到发货。

（6）付款：如果连接了银行系统，则可以进行电子支付。但目前电子支付主要还是用于个人交易。对于企业可以在系统完成具体业务的支付规程，同时便于查找支付情况。

四、电子采购运行程序的设计及执行

供应商在电子采购网上注册，经审查通过后取得电子签名，在相关主管部门登记注册，并将基本信息录入电子数据库。各采购部门根据政府采购预算系统的预算和本部门的采购需求确定采购计划，对每次需求制定采购要求书并在网上公布，然后根据实际情况选择适合的采购方式。当时间到了之后，评标系统和专家根据评标的标准来确定中标人，再通过电子数据交换系统 EDI 与之签订电子合同。供应商履行合同条款，采购方监督货物是否收到、服务是否提供，是否与合同一致，核对无误后开出发票，在线付款，整个过程都在政府采购监督系统的监督下进行。一般情况下，采购系统主要由以下几个模块组成。

1. 登录认证系统

政府采购电子系统为所有参与者提供统一的登录浏览界面，同时出于安全性、可靠性和方便性的考虑，所有相关系统应以统一入口方式登录。首次登录的供应商、采购人或其他机构均需要注册，并提供公司名称、电话、国家地区等基本信息。供应商为了方便以后参与，还需在供应商资料库中完善资料，填列所提供产品和服务的名称、类别、详细规格资料等方面信息。注册是一个对注册者资格、真实性的检查过程，注册者需要提供证明其资格的相关书面材料，到特定地点确认后，注册的用户名及密码才能生效，赋予权限。登录系统为所有使用者提供共同的界面、系统资源，但会有不同的用户权限。登录系统是政府采购电子系统的入口，连接其他所有的分支系统，可以通过该系统了解到正在进行和已经完成的所有采购信息、厂商概况及产品资料，对《政府采购法》或电子采购系统有疑问的也可以在该子系统进行查询。通过登录认证系统可以进入其他所有系统。

2. 采购信息系统

采购信息系统是整个政府采购电子系统中最庞大的信息库，几乎包含了所有相关信息，并提供发布、索引、搜寻、统计等快捷信息检索功能。一般情况下包含信息公告模块、产品目录模块、厂商或专家资料库模块、数据统计信息模块、相关法规和使用说明模块。值得一提的是，电子系统应提供整个系统的操作使用说明，还应该列示所有的与采购相关的法律法规，如《政府采购法》、《招标投标法》、《合同法》和相关法规等，为参与人员依法办事提供支持。

3. 电子投标系统

采购活动在电子系统中将传统步骤以无纸化形式实现，系统自动给在选择领域中注册的所有公司发送电子邮件，尽可能地缩短响应时间。系统同时也在网上提供所有有关采购活动的信息，招标结束时，该电子系统提供如下信息：谁参与了投标、其经济和技术得分、最后谁赢得了中标或获得合同。

4. 共同供应系统

该子系统的目的是整合整个系统中一段时间内所有需求类似的采购项目，统一进行大规模采购。它建立在电子信息系统的基础上，采购主体在新建招标公告时，可以选择共同供应的采购方式，分出类似的采购项目，然后捆绑发布统一招标公告，并采取合适的采购方式进行。采用其他采购方式的，系统可通过自动匹配功能将相同类别的采购信息归集、整理，并由工作人员与采购主体进行磋商是否进行共同采购。虽然共同采购的达成需要一些繁琐的程序，但是成本节约的优势是值得肯定的。共同采购的达成不能完全依靠电子系统的自动匹配，也要求采购人员与采购主体及其他参与者的共同协调。讨论区模块对于共同采购的达成有巨大的促进作用。

5. 合同管理系统

合同签订及后续管理使得电子采购系统实现在线合同管理，将传统繁琐的合同管理放置于电子化合同管理系统中。并监督供应商价格违约、交货不及时、服务不到位或采购人拒签合同、拖延验收等违规行为发生。

合同管理系统应该对合同条款及付款日期有明确的规定和记录，电子监控系统对于即将到期的合同或执行中不符合合同条款标准的行为提出预警，并采取相应的处罚措施及时调整规范合同履行条款和付款时间，以更好地执行后续合同，而且合同管理的程序模板必须是标准化的。付款管理中，合同执行与过程管理密切相关，而且必须细化到每一项付款要求和日期。同时，系统必须时时更新在线付款时间表，并且与支付系统、会计账户保持一致。

合同执行评价中的难点是缺乏合适的评价标准和评价机制。因此，在合同执行前最重要的是设定适当的评价指数和标准。然后将不同供应商的表现进行信息化分类记录，记入供应商资料库中，既可以作为以后的评价参考，又可以规范供应商服务。

6. 资金拨付系统

电子采购解决方案中还应包含安全、简单、易用的电子支付方法。资金拨付系统对于采购系统安全性的要求更高，政府采购的大额交易，涉及多方利益。因此，后续的安全保障系统设计成为整个系统顺利运行的保证。目前，我国的电子采购多采用第三方支付的方式来完成，如支付宝等。

7. 安全保障系统

防火墙技术将 Intranet 与 Internet 分隔开来，Internet 的用户不能访问 Intranet，而 Intranet 可控制全部或部分用户访问 Internet。验证（主要是 CA 认证） Web 服务器安全性最基本的解决方案是验证合法的用户才可以访问 Web 资源。验证的方法有多种，如匿名验证、简要验证、Windows 集成验证等。Web 资源可以由管理员设置特定的权限来确保资源由特定的用户操作。通过 CA 认证（Certificate Authority）可以了解电子签名人的身份，消除顾虑；同时也可要求佐证签名人的信用状况，使交易者知道对方是否可靠；此外，客观上起到防止网络身份弄虚作假和未经授应商不断就价格和产品要求谈判达成协议，必须进行面对面的接触。因此，采购应该选取适当的采购方式。目前，电子采购软件系统已能满足招投标采购、询价采购方式的要求。

8. 讨论区的设置

主要是给所有的参与者提供一个交流服务的平台。可以提供在线的商务交流服务、以论坛的形式进行一些问题的探讨，厂商也可以发布产品技术信息方面的资料等等。

各个模块必须有系统间的接口，保证整个电子采购系统的顺畅运行。系统间接口问题也是最难解决的，而且需要耗费大量资金。目前，我国的电子政府采购大部分还是停留在半自动化半人工化的阶段，采购人员需要亲自查找采购信息然后进行后续的投标程序，所以还未实现真正意义上的“电子化采购”。

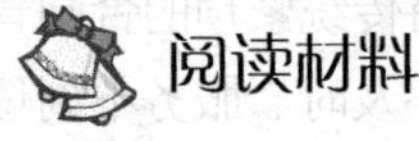

阅读材料

电子采购中的术语

EDI 电子数据交换（Electronic Data Interchange），它是一种在不同单位之间传递订单、发票等作业文件的电子化手段，是将商业或行政事务处理按照一个公认的标准，形成结构化的事务处理报文数据格式，从计算机到计算机的电子传输方式。其使用了一个压缩模糊的代码集，如果要保证正确性势必非常昂贵而且不易转化为代码。

XML 本身并不是一种语言，而是一种语言标准，提供了一个韧性大又不太昂贵的方法来开发普通数据格式。

作为标准化通用语言的一部分，通过简单易懂的叙述提供了描述数据格式和数据内容本身的“标记”，这些标记能够用来轻松确定日常商业数据（地址、价格或客户的名字）的关键部分，而且还可以把数据传送转换成其他应用程序符号，应用程序可以连续接受数据传送，而不必重新定义这些连接。因此，如果所有供应商使用公认的 XML 标准，一旦定义了相互作用的格式，内部系统就可以阅读来自使用 XML 数据标记集合的任一供应商的电子数据信息。

【阅读案例】　　彩虹集团：电子采购，首重规范采购业务过程

彩虹集团，是电视机核心部件——彩色显像管的制造商，彩虹集团更多地扮演幕后英雄的角色。彩虹集团是中国彩色显像管行业当之无愧龙头企业，其产品和我们日常生活是如此息息相关。

近几年，随着彩电行业的快速升级换代和企业之间竞争加剧，集团领导希望借助信息化手段，达到规范采购管理、降低采购成本的目的，从而为企业效益提高提供有力地支持。经过广泛的市场调研，彩虹集团最终选择北京网达信联科技发展有限公司的电子采购解决方案。目前，该系统已经在彩虹集团投入大规模使用，在降低采购成本和提供采购工作效率方面，取得了巨大的成功。

1. 选择合适方案

早在 2002 年，彩虹集团就开始尝试电子采购系统，堪称传统企业的先行者。但这次尝试效果并不理想，电子采购项目被搁置起来。2005 年初，公司决定重新启动电子采购项目。在长达 8 个月的项目评估中，彩虹集团电子采购项目小组认真研究了多家供应商的产品，最终选定北京网达信联科技发展有限公司为项目合作伙伴。

彩虹集团实施的电子采购系统包括竞价采购和询比价采购两种模式。竞价采购，又称反拍卖采购，是传统拍卖业务的反向功能，供应商依照采购方制定规则背靠背多次报价，最终采购方获得最优报价。询比价采购是基于互联网的比质比价系统，侧重于询价，可以有效征集市场潜在供应商。两种采购模式相辅相成，同时包括供应商管理、统计分析等模块，为采购部门提供新式武器，统称为“Wonder-Rat”系统。

2. 小试牛刀

北京网达信联公司的项目经理在项目实施初期，为企业灌输这样一个理念，“电子采购系统的首要目标是规范采购业务过程、提高工作效率，其次才是降低采购成本”。基于这一理念，项目小组的初期目标是尽早导入电子采购系统，让业务人员熟悉系统功能，乐于使用系统；让供应商了解电子采购的大势所趋，积极配合彩虹集团的工作。

首次电子采购系统应用，项目小组成员在采购物料和投标单位上进行了认真的论证。当时，有 5 家投标单位参与项目竞标，其中一家客户从日本东京登录电子采购系

统，发来了自己的产品报价。通过这次应用，业务人员初步掌握系统功能操作，对系统操作有了一个直观的认识。采购部的张经理说，“电子采购没啥神秘的，就像传真机一样，只是为买卖双方增加一个有效沟通的工具。”

接下来的日子里，项目小组组织了多次网上采购。随着对系统使用越来越熟练，采购部门的业务人员发现软件里提供了大量的配置开关，针对不同的采购物资和市场情况，采购部门需要做的就是讨论公司的采购策略，然后在系统中设置相应参数就可以。例如，对于某些需要供应商保证售后服务的物资，就可以设定评标竞价模式，综合服务质量与供应商报价来确定中标单位。

在实验阶段结束时，公司领导发现该系统确实为公司节约了成本，它能以比原来低 5%～15%的价格采购物料，与供应商的交流更加迅速有效。公司决定扩大竞标工具的应用范围，最大限度地消除与单个供应商协商、签订非竞标合同和长期合同的成本。

3. 大规模应用

项目小组首先对集团公司内部更多采购人员进行系统培训。培训之后，采购人员能够进行简单的竞价采购，在 10～20 分钟内确定中标单位名单；其次，对供应商进行培训。最初，供应商都有很强的抵触情绪，他们这样可能会吞噬他们的全部利润。但他们很快认识到，该流程比纸上流程简单得多，而且还能快速收到对其竞标的反馈，“技术是先进的，手段是文明的，竞争是残酷的。”某供应商形象地总结。

当一个采购人员启动一项业务时，他使用 Wonder-Rat 工具发布招标书，邀请供应商对一个项目进行投标，每个人都能在同一时间获得信息。招标书包括招标细则和期限等信息，在招标过程中没有人能获得特权。彩虹集团制定了相应的规章制度，要求采购人员必须掌握 Wonder-Rat 系统的功能操作，这使掌握这一系统成为采购人员的必备素质。对于符合竞价要求的物资，公司领导要求必须通过 Wonder-Rat 系统确定最终中标单位和中标价格，否则财务有权拒绝支付货款。

实训练习

（1）依据学校实习实训条件，在相关采购软件上联系并完成电子采购的业务操作。

（2）登录阿里巴巴网站，了解其网络采购操作，对阿里巴巴的网站的采购运作进行分析，形成分析报告。

任务二 电子招标采购

任务引入

采购与招标的电子化是一个世界性的发展趋势，也是中国采购与招标的主要发展方向。实行电子采购和招投标是推进传统招投标、政府采购、企业采购革新的根本出路。电子化招标采购不仅可以满足公开、透明的需要，而且更利于提高工作效率、降低采购成本、节约社会资源。因而必将成为我国招投标和采购领域未来一段时期的发展重点。

国家发改委、财政部、卫生部、工信部等部委的工作中，都将加快电子化招投标、电子化采购的进程作为一项重要的任务；国内大型企业自建的电子采购与招投标系统正方兴未艾；电子采购与招标第三方公共服务平台也呼之欲出。

1. 任务要求

为了满足某高校教学要求，学校资产管理处决定采购计算机一批，于 2010 年 11 月 7 日将需求清单下到采购中心，此次采购列为政府采购范围，且属于集中采购。采购中心集中采购的数量为 15 000 台，涉及该省 170 个学校。计算机配置要求较高，尤其是 1 200 台教师用计算机，采购机型要求是当前最先进配置，并且具有极高的性价比。

假设你是采购中心负责该项目采购的采购员，请应用电子招标采购的方式，完成电子采购任务。同时完成任务书，任务书内容涉及以下问题。

（1）招标准备工作有哪些？怎么做？

（2）电子招标采购的作业过程描述。

（3）电子招标采购的合同履行过程中，采购商该做些什么？怎么做？

2. 任务分析

电子招标采购方式相对与传统招标采购更加简单且节约成本。在学生进行任务的操作过程中，教师要注意提醒学生，电子招标采购合同签订后，采购工作并未结束。电子采购执行过程中的“公开、公平、公正”该如何保证？另外，要注意供货质量该如何保证。本任务可以小组的形式，通过查阅资料、讨论、调研的形式，来搜集信息，完成相关问题的解答以及最终的分析报告。

3. 实施步骤

（1）学生分组，建议 4～5 人一组。

（2）训练区域和工具的准备：电脑机房、计算机、多媒体网络。

（3）由教师进行任务背景材料解析，并对任务中涉及新知识进行适当解释。

（4）分析电子招标采购的使用范围，确定实施的准备工作。

（5）电子招标采购过程分析。

（6）总结汇报。

4. 结果评价与交流

对学生实施电子招标采购的过程及最终的成果进行评价，评价的主要标准是以电子招标采购的一般流程、采购商实际情况相适应程度作为评价标准。

激励学生积极认真地实施项目。为后续的点评交流准备翔实的基础资料。可将评价分为个人评价和小组评价两个层面。

选取典型报告进行展示点评，对表现优秀的事迹和亮点给予表彰和推广，对于不足之处帮助其改进，提高以后项目实施的绩效。

相关知识

一、电子招标采购概述

1. 电子招标采购的含义

电子招标采购，是在互联网上利用电子商务平台提供的安全通道进行的竞争性招投标的过程，从招标信息的公布、标书的下载与发放、投标结果的通知以及项目合同或协议的签订的整个过程。电子招标采购有时也称为电子拍卖 e-auctions 或者更准确地说是在线反向拍卖 on-line-reverse auctions。

2. 电子招标采购的特点

电子招标采购集合了电子采购和招标采购的优点，其主要特点可以体现在以下几个方面。

（1）公开性、透明性。网络投标系统和评标系统的构建和使用，在一定程度更加提高了采购的公开和透明性。不同的供应商和不同的采购商都能够在采购平台中完成招投标作业，并且由系统进行评价，这在一定程度上，增强了公开性和透明性。

（2）竞争性、公平性。电子招标采购的投标评标系统，更加提高了供应商之间的竞争，让竞争更加透明公开，从而使得供需双方的交易更加的公平、公正。

（3）广泛性。

（4）交互性。

（5）低成本。

3. 电子招标采购的作用

（1）节约社会成本（招投标及监督成本等）。未来高效、透明的电子招投标系统，将全面响应环保理念/实现无纸化办公、多媒介参与及电子监督，减少了出行、通信和会务开支，大大节约了社会成本。

对于招标方（采购商和招标机构）来讲，与传统项目招标操作模式相比，电子招标采购有效地降低了信息发布成本、投标商搜寻成本、考察成本以及相应的人工成本等，缩短了公告发布、专家抽取、审核和报批的时间，大大地提高了整个招标采购工作的效率。

对于投标方而言，在线投标平台能够为他们提供准确及时的项目信息，帮助他们方便地选择目标项目，及时地联系招标机构，购买标书，参与投标，在免去了很多不必要的麻烦的同时，也保证了整个投标工作流畅地运行。

对监督方而言，电子招标平台是对落实招投标政策法规的管理方法的创新与改进，可以大大减少人为执法的难度和监管的成本。电子招标平台为行政主管部门及招投标各方提供了多向沟通的便利渠道，简化了招投标项目的审批流程，缩短了审批的时间，从而使招标项目的整体运作周期得到有效缩减。

以国际招标项目管理平台（以下简称“ICB 平台”）为例，ICB 平台严格遵循商务部《机电产品国际招标投标实施办法》（13 号令）进行流程与功能的设计，不仅为各级行政主管部门提供了招投标流程中所需审批环节的在线操作功能，还实现了主管部门上下级审批环节的畅通流转，包括招标项目建档、招标文件备案、招标方式选择、质疑处理等多个环节的在线审批、备案或复函功能，大大提高了监督的效率。

（2）提高招投标效率。避免空间和地域限制，实现影音等多媒介的不间断联系。实现电子化后，招投标文件编制、发布都将更便于修改、传递和确认，使招投标效率大幅提高。

（3）建立统一的招标投标市场体系。招投标制度的出发点，就是通过充分竞争获得最佳经济效益，实现资源合理配置，客观上要求招投标活动不受地区、行业的限制，给所有投标人提供平等竞争环境，形成一个统一开放的竞争市场。通过电子招标平台公开招标信息、招标程序、评标办法和评标结果，充分体现公平、公开、公正的竞争原则。由于网络平台的开放性，不会因地域、隶属关系、所有制的不同而对投标人有所歧视，在一定程度上遏制了各地方、各部门施行地方保护主义、行业垄断和行政干预行为的发生。

（4）便于监督机构管理，有效地防止招标投标过程中的暗箱操作、腐败等行为的发生。利用系统记录和监管系统对整个招投标过程进行管理、备存和记录，严格的数据保护功能和超强的数据记忆（恢复）功能无疑有利于政府加强对招投标的监督威慑力和宏观调控力。

① 由于招标业务流程的各环节都在电子招标平台上统一运作，便于主管部门和有关单位对招标投标工作进行监督，对招标工作中的违法行为构成一定的约束。

② 启用电子招标投标平台，项目招标进程中的所有公告、公示、变更都要在网上发布，这样就避免了由于招投标双方信息的不对称性而产生腐败行为的可能。

③ 由于招投标双方都通过网络交易，减少了双方见面的机会，在一定程度上遏制了暗箱操作行为的发生。其四，电子招投标平台提供了完善的质疑与投诉处理流程，为政府部门对招投标工作进行有效监管、及时处理招投标活动中存在的问题，提供重要的处理通道。另外，网上质疑与网下资料报送确认相结合，有利于投诉行为的严谨性，有利于招标项目接受社会监督。

（5）降低招投标风险。微观上，电子格式标书规范了投标人行为，提高了投标质量和效率，大大降低废标的可能性；宏观上，根据建立一套严格的涉及工商、税务、行业等多维资格立体审查体系，对招投标双方实行多指标、多层面的动态管理、评价，可以保证参加招投标双方的资格和信用。

（6）建立起完整、共享的信息资源库，可有效提高主管部门宏观管理的能力。利用电子招标平台记录并积累的完善的基础数据库体系，可为政府部门深入开展招标工作提供重要的数据统计和查询基础，在线可导出的数据表单可随需自动生成各种统计表格供查阅，帮助政府部门全方位、多角度加强对招标业务的宏观监控和科学管理，为政府部门出台各项政策法规提供科学的依据。所有参与招投标的各级行政主管部门、招标机构、采购业主、供应商、评审专家均记录在库，每个具体招标项目运作的各个节点全部记录备案。

① 对政府部门开展各项管理工作，如招标机构资质审核、供应商资质审核、采购商年检、供应商信用体系建设、评审专家申报等日常管理工作提供必不可少的数据支撑，使各项管理工作更加规范化、制度化。

② 对于各项工作开展的成效，均有数据基础以供统计、分析、总结和检验。

③ 电子招标平台提供了可共享的信息资源库。如建立统一的招投标模板库，统一的电子文本模板既高效地满足了招投标各方的日常业务所需，也为在线招标活动的顺利实施提供了不可或缺的载体。

④ 电子招标平台通过国家、地方分级专家库的建设，有效解决了十几年来各地区、各部门评标专家信息不能共享的难题。

二、电子招标采购的作业流程

电子招标采购具体的操作步骤如下。

1. 报送电子投标文件

电子采购系统中，厂商通过网络系统报送有意竞标项目的电子投标文件。厂商应详尽地填写招标文件的具体条款，表述所能提供最质优价廉的产品和服务的能力。电子投标文件是决标的重要依据，也是最终厂商能否竞标成功的关键因素。电子投标文件的制作采用数字签章的方式办理，同样具有法律效力。

建议投标须知、契约条款以文本文件形式的标价单、分项价格明细表以文本文件或电子表格档案格式设计，设计图、施工规范以黑白扫描影像档案格式设计，其余文档根据上述原则进行设计。执行办理的政府机关应提供前项各款档案之电子目录文件，记载各文档之文件名、档案形态、档案大小等信息，以便于规范化管理。

2. 审核报送文档数据

相关人员应该严格根据政府采购要求的内容依序严格审查，审查所送电子文档是否齐全、是否符合格式规定等。符合者经确认进行下一步程序，不符合规定者，退回并要求补送、修正文件。

3. 评标

厂商投标后，报知评标部门，在线评标系统随后抽取专家进行评选。经过授权的评标专家经过身份认证，可以在线阅读标书、提交评标意见。评标意见自动汇总，并经过系统自动判断，按照预定的评标原则形成评标结果和授标意见。

4. 签订合同

开标可以通过两种方式进行，一是在规定的开标时间，由系统自动完成开标；二是人工开标，投标书都设了投标口令，开标时供应商输入各自口令进入系统后方可开标、查询中标结果。中标者将得到系统的自动通知，并通过合同管理系统在线签订合同。

投标系统是整个电子采购系统中难度最高的，网络投标的关键在投标厂商、电子签章以及系统设计。

电子投标系统中 XML 标准的应用。以往，电子数据交换 EDI 是买卖双方商业数据电子传输的唯一现实方法，其昂贵的租赁线路和繁琐的协议转化，使 EDI 对于除了最大购买者和他们的主要供应商之外的企业来说太复杂，也太昂贵。如果采取 EDI 技术来实现政府采购电子化，势必影响供应商的自由进入。1998 年，数据互换标准组织 DISA 承认，XML 作为以网络为基础的技术，将极有可能取代传统的 EDI 而成为 B2B 商业数据交换的标准。对于购买者来说，这意味着有了可能的直接电子化途径来保证没有能力加入 EDI 计划的厂商实现商业文档数据传递。因此，XML 技术标准成为最好选择。但目前为止，仍没有在产品标号和商业交易水平草约的交叉行业标准方面达成一致意见。

阅读材料

全流程的电子招投标是怎样的

真正的全流程电子招投标，直接从线上业务流程中提取相应的信息和数据，并可分别存储到业务平台的资源管理、财务管理、统计管理等管理模块中，数据关联紧密，联动效应强，方便数据的统计和导出利用，使业务和管理同步。

真正的全流程电子招投标，以网络为载体进行平台化的业务操作，活动中各角色以统一的招投标平台为业务入口，即可完成与招投标有关的所有业务和管理内容，强化了信息上的互通和业务上的互动。既满足了业务进程提速的要求，也可充分发挥网络的窗口作用，满足各交易主体的互动需求和公众的知情权益。真正的全流程电子招投标是基于模块化原理和标准化设计规则构建的，必须满足包括自行招标和代理招标在内的招标采购需求。

譬如，由深圳大学、北京工学院、陕西政法学院、西北工学院、深圳建设银行、粤电集团等单位的相关专业的人员合作研发的全流程电子招标系统具有一定的代表性。

它与现有的电子招投标的根本区别是所有的招标、投标、评标和监督监察工作都是按招投标的流程在一个体系内完成的，所有的数据资料都是体系内传输，招投标资料一经确认发布进入体系（发出招投标书），直到开标都不能再随便导入导出了，所以说是真正的全流程电子化操作。

三、电子招标采购与传统招标采购的对比

电子招标与传统招标采购相比，优势非常明显，不仅仅缩短了采购交易时间，节约大量运作成本。同时，通过电子招标采购的网络竞标，还减少了供应商数量，优化了供应商结构。图 7-1 是电子招标采购与传统采购的对比分析图。

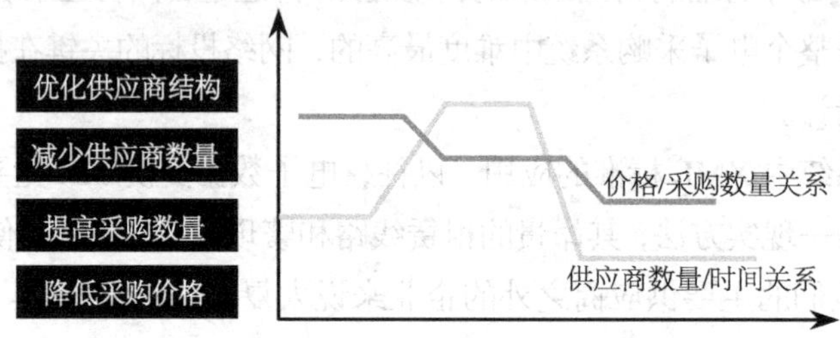

图 7-1　电子招标采购与传统招标采购的对比分析

通过对比可以发现，电子招标采购和传统的招标采购相比较，最大的变化主要有 3 点。

（1）从图 7-1 可以看出，产品成本下降 5%～15%；

（2）从表 7-1 可以看出，业务处理成本可减少 70%；

（3）从表 7-2 可以看出，业务周期缩短 50%～70%。

表 7-1　　电子招标采购与传统招标采购作业方式对比

业务内容	传统方式	现在方式
标书制作	大量的标书文件（纸）	电子文档
标书发放	邮寄/派人到招标办取	Internet+采购网站
投标	邮寄/派人送到招标办	Internet 采购网站
联系方式	电话/传真/信件	采购网站+Email
下采购订单	传真+电话确认	Internet+采购网站
供应商要获取相关信息（财务信息、质量信息、库存信息）	电话+传真	Internet+采购网站直接查寻
供应商提供资料	传真/信件+电话确认	通过 Internet+采购网站直接提交

表 7-2　　电子招标采购与传统招标采购操作时间对比

业务内容	传统方式	现在方式
标书制作	修改、打印、封装（1～2 周）	修改电子文档（1～2 天）
标书发放	等待供应商购买标书（1 个月）	发布即可看到（立即）
投标	等待收到所有标书（1 个月）	网上进行
开标/评标	要查阅大量的投标书，分析供应商的价格和相关信息（1～2 周）	可以现场开标和评标
下采购订单	传真+电话确认（几个小时）	几分钟
供应商要获取相关信息	很难保证	直接查询
供应商提供资料	传真/信件+电话确认 不好确定	通过 Internet+采购网站直接提交

四、我国电子招标采购存在的问题

目前，我国电子采购技术已经相对比较成熟，电子采购涉及领域也越来越大。但是与发达国家相比，在实际的运作中仍存在诸多不足，主要体现在以下几个方面。

1. 技术含量较低

目前我国的网上招投标系统的功能一般是在线信息发布、报名、公示等，其电子技术含量高的投、开、评标等环节的电子化程度还普遍偏低，采用专用的招投标系统、软件等更是比较少见，因而没有实现真正意义上的网上招投标。

2. 系统可靠性差

信息技术的发展迅猛，目前虽已有相对实现具有真正意义上的网上招投标功能的电子招投标系统（如必特，HD-B，Wonder，华微等），但也仅为单一服务器完成的电子招投标系统，存在诸多系统漏洞和结构性隐患，可靠性较差。

3. 网络安全落后

虽然国内建设网络的速度很快，但是网络安全技术研发和产品的更新应用却很慢。目前，对于我国大多数电子化招投标系统来讲，采用防火墙技术基本是唯一的防止外部非法入侵的手段，但它只是一种整体安全防范策略的一部分。

【阅读案例】　惠普的电子采购方法

位于美国加利福尼亚外的帕罗阿尔托惠普公司历来都是商务史上的革新者。他们有一种离经叛道的典型做法，就是成立许多完全独立的子公司，并让他们任意做他们想做的事情（只要其针对总公司的主导产品设计出来的附属产品能够在市场上卖得出去并赚到钱就行了）。这种做法使得惠普公司极迅速地发展，几十年来一直在他们所处的领域内独领风骚，将其他的竞争对手们远远抛在后面。不过近几年来，惠普的发展速度有所减缓，似乎开始在向人们暗示惠普公司“分而治之”的经营战略的确有其隐含的不利因素，其中较明显的一点就是由于各部门分头采购，使得他们进来的办公设备、文具用品以及各项服务都是惊人地昂贵，因此公司每年在这些项目上的开销都是一个天文数字。到1999年底，惠普花在这些项目上的总金额就高达20亿美元。

惠普对这个问题早有察觉，并于1998年进行过调查。调查发现，自己公司的集团购买行为过于分散，过于随便，缺乏统一的规划与控制。“许多雇员自己跑到附近的一家电脑与办公用品商店去随意采购东西拿回来报销，而不是到与公司有供应协议的供应商那去采购，这样做的结果当然是要多花很多冤枉钱。”公司前采购主任说。

因此惠普公司立即着手探讨建立一个基于网路的采购系统，旨在促使惠普总数为84 000多的员工队伍全都从指定的供应商那取得诸如铅笔、台历和电脑这样的办公用品，铲除“阔少爷买东西”陋习，全面实现采购的决策与实施过程无纸化。作为这个过程的一个副产品，惠普得以对他们庞大的供应商资料库中的十万个供货点进行筛选，只留下最可靠最高效的能够进行网上交易的少数大型供应商。

在各种各样的软体选择方案中，公司的电子采购组最终选定了 Ariba 采购系统，并于 1999 年 9 月正式启动。在 4 个多月的试运行时间，这套系统先后接待了 100 多个用户。运行的结果使惠普官员们确信：Ariba 网上采购方案将能够让公司每年在 MRO（维护、修理与运行）项目上的支出减少 6 000 万到 1 亿美元。

事实上，效果比原先估计的更好。

在惠普实行采购电子化的过程中，发生了一件很有意思的事情。尽管公司对试运行的结果十分满意，但他们实际上并不想亲自驾驭这只庞然大物。按照公司的惯常做法，进入新千年的第一个二月份，电子采购组便从总公司剥离出来，成立了一个完全独立的营利性的商业服务公司。商业服务领域正好是目前方兴未艾的一个全新的 BSP 概念，而专业化的电子采购又是这个领域中填补空白的一种服务专案。电子商务的业内分析家对此都极为关注，认为它将在未来几年内得到无比迅速的发展。

最早关于电子采购的想法是由买主来管理其采购网站，以吸引供应商到自己的站点上来。但真正实行起来却往往很难，因为许多供应商没有自己的网上产品目录，或者根本就不想参加买主的站点。因此，一个独立的公开对外服务的专业采购网站就更有可能把卖主与买主拉到一起。

现在惠普的员工需要买什么东西都上 Alliente 的网站去订购，而不是在公司自己的内部网寻找自己的采购部。网站对所有的交易都有详细的记录，以方便日后的维修与保养。总资产达四百七十亿美元的惠普公司从此能够与其一百个供应商进行更加快捷的交易与联系。

过去需要两个星期的采购过程，现在只需要不到两天就可以完成了。对于供应商来说，过去所有的开票、调货和信用卡问题需要占用 70%的工作时间，而现在这些时间仅仅占 30%左右。将来有一天，惠普的员工都不必为购买纸张或列印墨盒而操心，因为系统能够自动算出某台印表机需要换墨盒的时间并及时提醒他们。

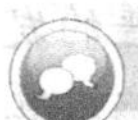

实训练习

请以学校个体的名义，以电子采购的形式完成一次物流教学软件的采购任务。要求如下。

（1）选择合理的电子采购方法。

（2）完成采购要求书的制作。

（3）写出你的采购作业流程。

综合练习

1. 小组讨论：电子采购中常用的信息技术有哪些？

2. 小组讨论：网上查询采购和电子招标采购区别有哪些？各自的特点是什么？

项目八

国际采购

【知识目标】

- 了解国际采购的含义和产生原因
- 掌握选择供应商的基本方法
- 熟悉国际采购的作业程序
- 掌握国际采购的价格支付方式
- 了解国际贸易术语
- 熟悉国际采购合同条款

【技能目标】

- 能够独立从事国际采购
- 能够完成国际采购付款
- 能够编制国际采购合同

任务一 国际采购流程分析

任务引入

随着社会经济的发展，世界市场的形成导致国际贸易的普遍性。各国经济关系日益密切。在这样的背景下面，企业不能从国内市场寻求合作伙伴，而是要在国际市场上寻求更优的业务交易机会。这时就要求进行国际采购。国际采购条件下，我们该如何寻找供应商，如何对国际合作伙伴进行管理和维护，是从事国际贸易的企业考虑的重要问题之一。

1. 任务要求

某大型电器生产企业（A 公司），因为生产任务的需要，须向日本采购电子产品，如鼠标、音响、U 盘、彩盒包装材料等，该公司位于浙江省宁波市。请通过分组讨论、查阅资料的方式，完成该公司采购流程的各个环节的作业计划和方案。该方案主要包含以下几个方面

（1）此次国际采购的作业流程图分析。

（2）供应商的调研和选择过程。

（3）感想和体会。

2. 任务分析

国际采购同国内采购的基本作业程序是类似的。但是国际采购由于受到众多国际贸易条件的制约，变得更加的复杂。本任务，就是通过对一个简单的国际采购背景的描述，让学生完成整个国际采购流程的运作分析，从而让学生从国际采购的整体上有一个清晰的认识和理解，能够大体把握国际采购的基本过程的操作。在任务实施之前，可先由教师对国际采购的相关制度和法规进行提示和解读，让学生了解国际采购的条件，之后再来完成整个任务的作业过程。

3. 实施步骤

（1）准备工作：对学生进行分组，约 4～5 人一组，电脑和网络准备。

（2）教师可提供解析任务要求。

（3）教师提供并解读国际采购涉及的部分法规制度等。

（4）任务实施：网络查阅资料、小组讨论，完成任务。

（5）编写报告或教师提供的任务书。

（6）制作汇报材料并总结。

4. 结果评价与交流

对学生实施过程及分析报告质量进行评价，激励学生积极认真地实施项目。为后续的点评交流准备翔实的基础资料。可将评价分为个人评价和小组评价两个层面。其中，小组评价可以由教师评价和小组互评得到，个人评价由教师评价和小组成员互评得到。

选取典型汇报材料进行展示点评，对表现优秀的事迹和亮点给予表彰和推广，对于不足之处帮助其改进，提高以后项目实施的绩效。

企业国际采购流程规划较之国内采购，国际采购受到国际贸易规则、惯例和海关监管措施等的约束，其操作过程比较规范化和程序化。由于国际贸易的复杂性和风险性，国际采购在企业内部的管理程序和政府监管的手续等方面要更严格。因此，其流程设计也就更复杂。

一、国际采购概述

1. 国际采购的概念

国际采购是指利用全球的资源，在全世界范围内去寻找供应商，寻找质量最好、价格合理的产品（货物与服务）。经济的全球化使企业在一个快速变化的新世界和新经济秩序中生存与发展，采购行为已成为企业的重大战略。从某种意义上讲，采购与供应链管理可以使一个企业成为利润的“摇篮”，同样也可以使一个企业成为利润的“坟墓”。

由于经济的全球化以及跨国集团的兴起，围绕一个核心企业（不管这个企业是生产企业还是商贸企业）的一种或多种产品，形成上游与下游企业的战略联盟已成必然。上游与下游企业涉及供应商、生产商与分销商。这些供应商、生产商与分销商可能在国内，也可能在国外。在这些企业之间的商流、物流、信息流、资金流形成一体化运作。而这种供应链的理念与运作模式使采购成了供应链在系统工程中不可分割的一部分，采购商、供应商不再是单纯的一种买卖关系，而成了一种战略伙伴关系。

目前，全球供应和全球采购已经成为许多企业、公司的主要战略。在全球范围的竞争环境下，产能过剩、企业并购、压缩费用等压力都使得全球采购成为企业生存的关键因素。通过利用更为廉价的劳动力、成本更低的物流网络和管制更少的市场环境，可以帮助企业获取更多的利润并获取在市场中的立足之地。与此同时全球物流容量的增长和通信能力的提高，将进一步有助于削减产品的单位成本，成为全球采购发展的动力之一。

不仅如此，全球采购成为无论是制造商还是零售商在制定商业策略时所考虑的重要因素之一，并成为企业创造客户价值的重要手段之一。在各种分析报告中经常可以见到对这种策略的描述。沃尔玛在其年度报告中这样写道：“我们在内部产品发展和全球采购这两个领域取得长足的进步。去年，我们通过第三方物流进行了全球范围的采购。这使得我们可以更好地协调我们在全球的供应链，更好地进行货物配送。全球采购还促使我们能够在全球范围内更好地利用我们的采购力量和商业网络。”

2. 国际采购的特点

（1）国际采购最大的特点就是追求更低的成本。这一点在亚洲地区体现得非常明显。较低的劳动力成本吸引了从服装到计算机，从消费品到工程设备的各种制造企业。

（2）国际采购的跨地域性，使得在订货、备货、制造和运输方面的时间都被延长。与国内采购相比，国际采购涉及更多的关节，如储运中心、港口、班轮、海关以及质量检验等等。有研究表明，国际物流在整个供应链中占货物总成本的 2%～5%，但其所花费的时间占到了 30%～50%。

（3）由于不同国家地区运输能力、社会条件、自然环境、运作模式等物流条件的不同，国际采购更加复杂，难度更大。例如受到经济条件制约，西方的企业在亚洲地区会发现，他们无法找到和使用在本国常见的多联运输，很多转运工作依然是手工操作，而且物流追踪很困难，因为承运人无法提供准确的信息。

（4）与传统“门到门”运输不同，国际采购包含了更多的内容：物料流动、资金管理、风险控制、战略合作。因此要求有更先进的技术和设施的支持。近些年发展起来的集装箱班轮运输、EDI 系统、代码管理是目前国际物流活动中比较重要的技术条件。

3. 国际采购的复杂性及其障碍

利用全球的资源，进行国际采购是件很复杂、具有挑战性的事情。主要是以下几个原因造成。

（1）语言和文化差异。国际采购过程中的交流、谈判都与语言有关，语言通常成为一个成功的国际商业关系的主要障碍，不同的文化、语言、方言或专有名词等都会造成共同问题。即使是使用同一种语言，也可能因为文化的差异造成对意思表达或合同条款的理解不同，有时会导致灾难性的后果。

（2）汇率波动的影响。国际采购中，要涉及使用外币进行结算、支付等，由于交易时间不是即时的，所以汇率的波动会给交易带来影响。

（3）价格水平不同的影响。国际采购中，商品价格是随着国际市场供求关系的波动而不断变化的。国际采购从合同磋商到履行往往时间间隔较长，使得国际采购比国内采购具有更大的价格风险。

（4）贸易手续复杂。国际采购较国内更加复杂，且很多政策处于动态调整中，这样便增加了采购的运作时间。

（5）运输成本问题。国际采购往往是长距离的运输过程，必须考虑由此带来的时间成本和费用成本。如果供应商不负责提供门到门运输的服务，采购商必须支付和安排商品的运输。

（6）商品采购前置时间太长。

4. 实施国际采购的原因

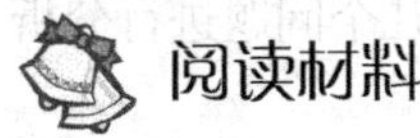

阅读材料

为什么实施国际采购

随着经济的全球化，中国经济已融入全球经济之中，中国在国外的采购规模与外国在中国的采购规模正在逐年提高。一些跨国公司如通用、西门子、家乐福、麦德龙纷纷在中国的上海、广州、深圳、青岛等城市设立采购中心，在上海目前就有大约200多家跨国公司的采购机构。英维思集团是世界上自动化及控制器领域最大的跨国公司。集团总部位于英国伦敦，其子公司分布于全世界60多个国家或地区。单在中国就已建成17家企业，总投资大约2亿美元。这样一个跨国公司就建立了完备的全球采购系统。

我国波音公司，就曾对大型民用客机波音777所需的132 500个零部件，向全世界545家供应商进行采购。其中向8家日本供应商采购飞机机身、门和机翼，向新加坡制造商采购机头起落架的舱门，向意大利供应商采购机翼阻力板等。国际化的采购使波音公司能够在全世界范围内寻求生产要素的最佳组合，以降低总成本。像这样的国际采购已广泛运用于企业中，无论是要使产品走向世界还是要成为国外公司在中国的供应商都在逐渐通过电子商务采购的模式进行运转和操作。

大多数采购人员愿意从本地供应商手中采购，因为他们语言相同、文化背景相同、工作标准相同，又处在同样的法律系统下，并且还没有货币兑换等一系列复杂的贸易程序。况且本地采购沟通更加直接和便捷，交货周期也短一些。那为什么企业要从国外进行采购呢？接下来进行分析。

国际采购的原因主要表现在以下几个方面。

（1）最大利润化、最强竞争力的驱使。国际采购商品的价格低、劳动力成本低等原因使得某些商品的国外采购比国内采购更便宜、经济，因此促使供应商寻求国际市场。

（2）国内没有采购者所需要的货物。某些商品由于国内没有储备，只能大量从国外进口，譬如，某些自然资源等。

（3）同类型国内产品达不到国外产品的性能、技术指标等。从事国际贸易的厂商通常具备较高的技术能力，对产品的技术要求往往是较高的，而国外某些供应商的质量的稳定性和技术的革新力量要强，这一点使某些供应商寻求国际市场。

（4）国内生产能力供应不足，必须借助国外市场来平衡所需。

（5）对销贸易促使公司从国外采购。

二、国际采购的作业程序

公司在进行国际采购时，通常遵循着一定的步骤。尽管各公司进行全球采购时，执行的流程顺序有可能会有所差异，但是要想成功地进行全球采购，这些步骤都是必须完成的。图 8-1 所示是全球采购流程的示意图，下面就流程中的几个问题进行分析。

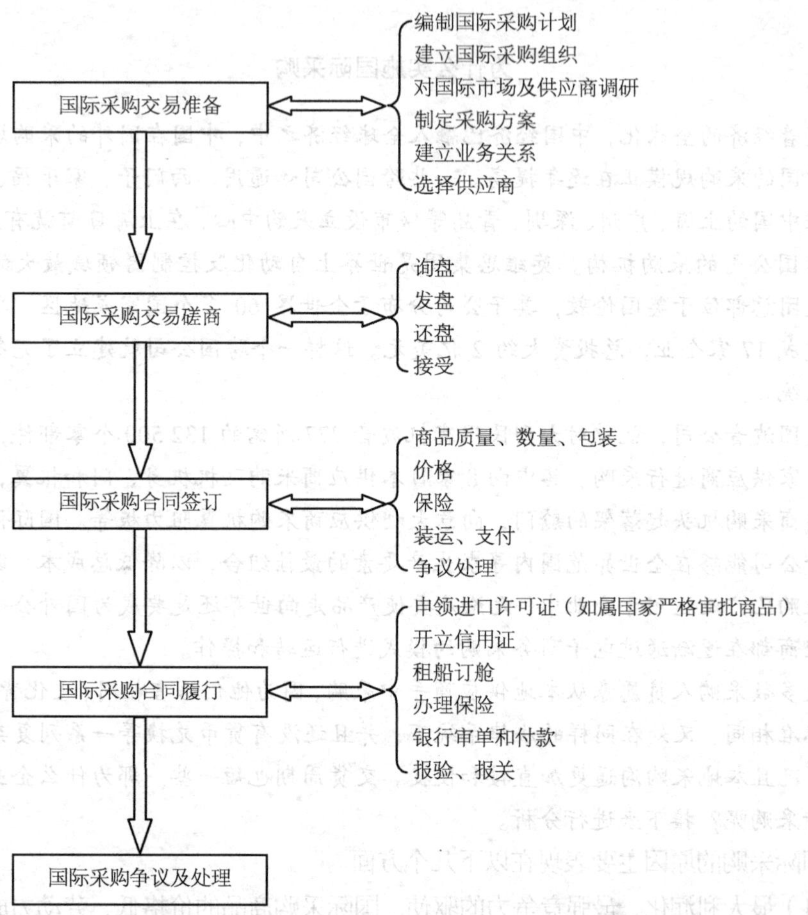

图 8-1　国际采购作业流程图

1. 选择进行全球采购的物品

对于那些不熟悉全球采购的企业来讲，第一次进行全球采购是一个学习的过程。国外购买的最初目标可以影响到整个全球采购过程的成功与否。几乎所有能在当地采购到的产品都能通过全球采购来获得，尤其是基本的日用品。公司应该选择质量好、成本低、便于装运且无风险的商品进行国外采购。首先选择一个或多个商品进行评价。以下是一些有关进行全球产品采购的参考方法。

（1）选择对现存操作并不重要的产品。如日用品或具有多种采购来源的产品。一旦采购这些产品积累了足够的经验，就可以进行其他种类产品的全球采购了。

（2）选择标准化产品或者说明书易懂的产品。

（3）选择购买量大的产品来检验全球采购的效果。

（4）选择能够使公司从长期采购中获得利益的产品。

（5）选择那些需要较为标准化的设备的产品。

（6）识别那些在成本或质量等主要绩效标准方面不具备竞争力的产品。

这些标准很重要，因为如果全球采购无法满足买方期望，那么就必须在国内采购。影响全球采购初始成功的另一个影响因素就是使其他部门知晓全球采购的产品是什么。同时，潜在供应商应该提前收到有关数量和交货要求的扩大计划。

2. 获取有关全球采购的信息

在确定需要进行全球采购的物品之后，接下来公司就要收集和评价潜在供应商的信息或者识别能够承担该任务的中介。如果公司缺乏全球采购的经验、与外界联系较为有限或获得的信息有限，那么获取有关全球采购的信息对于这些公司而言可能就比较困难。获取采购信息可以参考国际工业厂商名录作为公司在确定潜在供应商或中间商的最初途径。工业厂商名录随着互联网的发展而迅速增加，它是产业供应商或者区域供应商信息的一个主要来源。数以千计的企业名录可以帮助公司识别潜在的供应商。下面是几个例子。

（1）ABC 欧洲生产名录：设计了 13 万个从事出口业务的欧洲厂商。

（2）Marocni's 国际注册：详细说明了 45 000 个从事国际贸易的企业，并在 3 500 个产品标题下按地域分布列出产品名称。

（3）世界市场名录：该名录的内容主要包括公司名称和代码。

（4）主要国际企业：该名录由 D&B 出版，包括各个行业的 50 000 个主要企业，这些企业都有巨额销售量，并且从事国际贸易。

（5）中国香港企业目录：包括中国香港的生产、出口、进口、银行、建筑、运输和服务等行业的公司名录。

（6）日本黄页：提供了日本的生产、贸易、服务和其他行业的公司名称，并且按照行业和城市进行分类。

3. 国际采购交易磋商

在国际货物买卖交易磋商的过程中，一般包括询盘、发盘、还盘和接受 4 个环节，其中发盘和接受是达成交易、合同成立不可缺少的两个基本环节和必经的法律步骤。

（1）询盘。询盘是准备购买或出售商品的人向潜在的供货人或买主探询该商品的成交条件或交易的可能性的业务行为，它不具有法律上的约束力。询盘的内容可以设计某种商品的品质、规格、数量、包装、价格和装运等成交条件，也可以索取样品，其中多数是询问成交价格，因此在实际业务中，也有人把询盘称作询价。

询盘不是每笔交易必经的程序，如交易双方彼此都了解情况，不需要向对方探询成交条件或交易的可能性，则不必使用询盘，可直接向对方做出发盘。

（2）发盘。发盘又称发价或报价，在法律上称为要约。根据《联合国国际货物销售合同公约》第 14 条第一款的规定："凡向一个或一个以上的特定的人提出的订立合同的建议，如果其内容十分确定并且表明发盘人有在其发盘一旦得到接受就受其约束的意思，即构成发盘。"发盘既可由卖方提出，也可由买方提出。因此，有卖方发盘和买方发盘之分。后者习惯上称为递盘。

发盘应向一个或一个以上特定的人提出。

（3）还盘。还盘又称还价，在法律上称为反要约。受盘人的答复如果在实质上变更了发盘条件，就构成对发盘的拒绝，其法律后果是否定了原发盘，原发盘即告失效，原发盘人就不再受其约束。对发盘表示有条件的接受，也是还盘的一种形式。

（4）接受。接受在法律上称为承诺，它是指受盘人在发盘规定的时限内，以声明或行为表示同意发盘提出的各项条件。可见，接受的实质是对发盘表示同意。

4. 评价供应商

无论是买方公司还是外国代理机构进行全球采购，公司评价国外供应商的标准都应该与评价国内供应商的标准相同。

5. 签订合同

确定了合格的供应商之后，买方就要征求供应商的建议书。如果国外供应商并不具备竞争力（通过评价建议书来确定），那么采购员则会选择国内供应商。如果国外供应商能够满足买方的评价标准，那么买方就可以与供应商磋商合同条款了。无论与哪个供应商合作，买方都要在合同的整个有效期内对供应商进行持续的绩效考察。

6. 确定运输方案

在采购品和供应商都确定之后，就要安排货物的运输。由于国际运输的距离和复杂性，运输在采购中所占时间和费用都远高于国内采购。因此，必须选择合理的运输方式，制定经济有效的运输方案，将采购品运送到指定地点、满足生产和经营的需要。

【阅读案例 1】 海尔的国际采购

与大型国有企业相比，一些已经克服了体制问题，全面融入国际市场竞争的企业，较容易接受全新的采购理念。这类型的企业中，海尔走在最前沿。

海尔采取的采购策略是利用全球化网络，集中购买。以规模优势降低采购成本，同时精简供应商队伍。据统计，海尔的全球供应商数量由原先的 2 336 家降至 840 家，其中国际化供应商的比例达到了 71%，目前世界前 500 强中有 44 家是海尔的供应商。

对于供应商关系的管理方面，海尔采用的是 SBD 模式：共同发展供应业务。海尔有很多产品的设计方案直接交给厂商来做，很多零部件是由供应商提供。这样一来，供应商就真正成了海尔的设计部和工厂。许多供应商的厂房和海尔的仓库之间甚至不需要汽车运输，工厂的叉车可以直接开到海尔的仓库，大大节约运输成本。海尔本身则侧重于核心的买卖和结算业务。这与传统的企业与供应商关系的不同在于，它从供需双方简单的买卖关系，成功转型为战略合作伙伴关系，是一种共同发展的双赢策略。

1999 年海尔的采购成本为 5 个亿，由于业务的发展，到 2000 年，采购成本为 7 个亿。但通过对供应链管理优化整合，2002 年海尔的采购成本预计将控制在 4 个亿左右。可见，利益的获得是一切企业行为的原动力，成本降低、与供应商双赢关系的稳定发展带来了经济效益，促使众多企业以积极的态度引进和探索先进、合理的采购管理方式。

由于企业内部尤其是大集团企业内部采购权的集中，使海尔在进行采购环节的革新时，也遇到了涉及“人”的观念转变和既得利益调整的问题。然而与胜利油田不同的是，海尔在管理中已经建立起适应现代采购和物流需求的扁平化模式，在市场竞争的自我施压过程中，海尔已经有足够的能力去解决有关人的两个基本问题：一是企业首席执行官对现代采购观念的接受和推行力度；二是示范模式的层层贯彻与执行，彻底清除采购过程中的“暗箱”。

【阅读案例 2】　某烟草公司采购流程案例分析

1. 行业背景

烟草行业作为嗜好类消费品工业，有着明显的行业特殊性。中国烟草行业实行统一领导、垂直管理和专卖专营的管理体制。国家烟草专卖局（中国烟草总公司）根据《中华人民共和国烟草专卖法》和《中华人民共和国烟草专卖法实施条例》对全国的烟草专卖工作统一管理，对全国烟草行业的产供销、人财物、内外贸业务进行统一经营。国家烟草专卖局在各省、市、县设有各级烟草专卖局和烟草公司，全系统有 50 多万名员工。

2. 某省烟草公司简介

某省烟草公司暨烟草专卖局隶属于国家烟草公司暨烟草专卖局，是某省烟草行业的省级管理机构，具有烟草专卖市场的行政管理职能；同时，作为企业，依法承担烟草产品购进、生产、调拨、营销及行业管理工作，具有半行政（计划）半企业（市场）的特点。

3. 案例背景

某省烟草公司营销管理系统是由某省烟草公司立项，省公司销售处牵头，省公司信息中心配合实施的服务于各级烟草公司，尤其是省烟草公司的管理和决策，面向全省商业环节的营销管理信息系统。本案例主要讨论业务流程改进中的采购流程在此营销管理信息系统基础上的改进。

4. 目前采购业务流程及存在的问题

在各级烟草公司及各相应批发部调研报告的基础上，整理出某省烟草行业目前的基本采购流程如下所述。

（1）签订合同。某省公司业务部门根据市场变动情况，结合历史销售业绩和上级公司下达的购销指标作出销售预测，在每年的 5 月和 10 月和全国主要供应商洽谈业务，形成购销意向。然后，某公司在一年两次的全国订货会上和供应商签订合同。由于运输中存在专卖检查问题，一般需要按每次发货的实际运输能力签订数张合同，每张合同明确到品牌、数量、价格和运输方式等。

（2）供应商通知发货并开出发票。省外供应商在发货之前与业务部门协商，确定是否执行合同，一般是按合同执行。确定执行合同后，省外供应商根据合同安排发货，同时开出销售发票并递交到业务部门。

（3）验收入库。货到达仓库后，仓库保管员验收入库，填写入库验收单，一式四联，其中第一联存根、第二联交业务部门、第三联交财务部门、第四联作统计。

（4）申请付款。业务员收到供应商转来的发票，核实无误后填写付款申请单，经业务主管签字后将发票和付款申请单一并交财务部门。

（5）财务付款。财务部门收到业务部门转来的付款申请单、发票和仓库转来的入库验收单，审核无误后付款。

这个采购流程图涵盖了省公司、分公司和县公司。其中大部分公司按此流程开展采购流程业务，有些公司可能只是执行了大部分流程。流程中的供应商分为省内外烟厂、调拨站、烟草公司等。某省公司可以向省内外烟厂及调拨站采购卷烟，同时它也可以向省外烟草公司采购。

5. 省内卷烟的采购流程

省内卷烟的采购业务流程与省外的情况基本相同，只是在省内的两次订货会上签订计划衔接书而不是合同。在计划衔接书中没有细化到品牌，只明确购进数量。在总量不变的情况下，由省内供应商（中央直属烟厂）为主确定每月安排发货的卷烟品牌及数量。

实训练习

请根据上述案例的描述，分析以下两个问题。

（1）现有采购流程中存在的问题。

（2）如何对采购流程进行改进。

任务二　国际采购的货款支付与结算

任务引入

在国际采购过程中，货款的收付是买卖双方的基本权利和义务。货款的收付直接影响双方的资金周转和通融，以及各种金融风险和费用的负担，这是关系到买、卖双方利益的问题。因此，买卖双方磋商交易时，都力争约定对自已有利的支付条件。

同时，由于国际贸易的各种限制，采购货款的支付和结算比较复杂。在我国，对外贸易货款的收付一般是通过外汇来结算的，货款的结算主要涉及支付工具、付款时间、地点及支付方式等问题，买卖双方必须对此取得一致意见，并在合同中作出明确的规定。

1. 任务要求

杭州某电梯工业有限公司是一家大型的电梯制造厂，企业主营业务在生产制造方面。对于国外的采购业务，为达到最为方便的采购途径，目前一般还是采用通过进口代理来完成。经过一系列的市场调查、分析、比较和评估，杭州公司委托的代理申达贸易有限公司最后决定选择三菱公司作为供应商，向其进口一批电梯附件，该项目的基本情况如下。

外贸公司：申达贸易有限公司（简称申达公司）；国外供应商：日本三菱公司；客户：杭州公司。

该公司与三菱公司做交易的过程中，该选择什么支付方式？为什么？如何运作？请列出货款支付和结算的过程，并形成任务报告。

2. 任务分析

国际贸易货款的收付，采用现金结算的较少，大多使用非现金结算，偶尔也会用代替现金作为流通手段和支付手段的信贷工具来结算国际间的债权债务。票据是国际通行的结算和信贷工具，是可以流通转让的债权凭证。国际贸易中使用的票据主要有汇票、本票和支票，其中以使用汇票为主。因此在进行此任务的过程中，教师应对部分支付方式做简要的介绍。

本任务可以以小组的形式，在教师的指导下，通过查阅资料、讨论等形式，来搜集信息，完成任务。为进入工作岗位打下良好的实践操作基础。

3. 实施步骤

（1）学生分组。

（2）训练区域和工具的准备：计算机机房、计算机、多媒体网络。

（3）国际采购支付方式的确定。

（4）采购支付方式地实施。

（5）货款支付。

（6）结合材料和分析，完成货款支付和结算报告。

4. 结果评价与交流

对学生实施过程及分析报告质量进行评价，激励学生积极认真地实施项目。为后续的点评交流准备翔实的基础资料。可将评价分为个人评价和小组评价两个层面。其中，小组评价可以由教师评价和小组互评得到，个人评价由教师评价和小组成员互评得到。

选取典型汇报材料进行展示点评，对表现优秀的事迹和亮点给予表彰和推广，对于不足之处帮助其改进，提高以后项目实施的绩效。

相关知识

一、国际采购的支付工具

1. 汇票

汇票是一个人向另一个人签发的，要求见票时或在将来的固定时间，或可以确定的时间，对某人或其指定的人或持票人支付一定金额的无条件的书面支付命令。各国票据法对汇票内容的规定不同，一般认为应包括下列基本内容：① 应载明“汇票”字样；② 无条件支付命令；③ 一定金额；④ 付款期限；⑤ 付款地点；⑥ 受票人又称付款人，即接受支付命令付款的人；⑦ 收款人即受领汇票所规定金额的人；⑧ 出票日期；⑨ 出票地点；⑩ 出票人签字。

上述基本内容，一般为汇票的要项，但并不是汇票的全部内容。按照各国票据法的规定，汇票的要项必须齐全，否则受票人有权拒付。

2. 本票

本票是一个人向另一个人签发的，保证于见票时或定期或在可以确定的将来时间，对某人或其指定人或持票人支付一定金额的无条件的书面承诺。简言之，本票是出票人对受款人承诺无条件支付一定金额的票据。

本票可分为商业本票和银行本票。由工商企业或个人签发的称为商业本票或一般本票。由银行签发的称为银行本票。商业本票有即期和远期之分。银行本票则都是即期的。在国际贸易结算中使用的本票，大都是银行本票。有的银行发行见票即付、不记载收款人的本票或是来人抬头的本票，它的流通性与纸币相似。

3. 支票

支票是以银行为付款人的即期汇票，即存款人对银行签发的无条件支付一定金额的委托或命令。出票人在支票上签发一定的金额，要求受票的银行于见票时立即支付一定金额给特定人或持票人。出票人在签发支票后，应付票据上的责任和法律上的责任就同时发生。前者是指出票人对收款人担保支票的付款；后者是指出票人签发支票时，应在付款银行存有不低于票面金额的存款。如有存款不足，支票持有人在向付款银行提出要求支票付款时，就会遭到拒付。这种支票叫做空头支票。开出空头支票的出票人要负法律上的责任。

二、国际采购的支付方式

汇付和托收这两种支付方式都是由买卖双方根据贸易合同互相提供信用的，故属于商业信用。支付方式从资金的流向与支付工具的传递方向，可以分为顺汇和逆汇两种方法。顺汇是指资金的流动方向与支付工具的传递方向相同。汇付方式采用的是顺汇方法。逆汇是指资金的流动方向与支付工具的传递方向相反。托收方式收取货款采用的是逆汇方法。

1. 汇付

汇付又称汇款。指付款人主动通过银行或其他途径将款项汇交收款人，对外贸易的货款如采用汇付，一般是由买方按合同约定的条件和时间，将货款通过银行汇交给卖方。

（1）在汇付业务中，通常有 4 个关系人。

① 汇款人。即汇出款项的人，在进出口交易中，汇款人通常是进口人。

② 收款人。即收取款项的人，在进出口交易中，通常是出口人。

③ 汇出行。即受汇款人的委托，汇出款项的银行。通常是在进口地的银行。

④ 汇入行。即受汇出行委托解付汇款的银行。因此，又称解付行，在对外贸易中，通常是出口地的银行。

汇款人在委托汇出行办理汇款时，要出具汇款申请书。此项申请书在资本主义国家被称作是汇款人和汇出行之间的一种契约。汇出行一经接受申请就有义务按照汇款申请书的指示通知汇入行。汇出行与汇入行之间，事先订有代理合同，在代理合同规定的范围内，汇入行对汇出行承担解付汇款的义务。

（2）汇付方式可分为信汇、电汇和票汇 3 种。

① 信汇是汇出行应汇款人的申请，将信汇委托书寄给汇入行，授权解付一定金额给收款人的一种汇款方式。信汇方式的优点是费用较为低廉，但收款人收到汇款的时间较迟。

② 电汇是汇出行应汇款人的申请，拍发加压电报或电传给在另一个国家的分行或代理行指示解付一定金额给收款人的一种汇款方式。电汇方式的优点是收款人可迅速收到汇款，但费用较高。

③ 票汇是汇出行应汇款人的申请，代汇款人开立以其分行或代理行为解付行的银行即期汇票，支付一定金额给收款人的一种汇款方式。汇付流程图如图 8-2 所示。

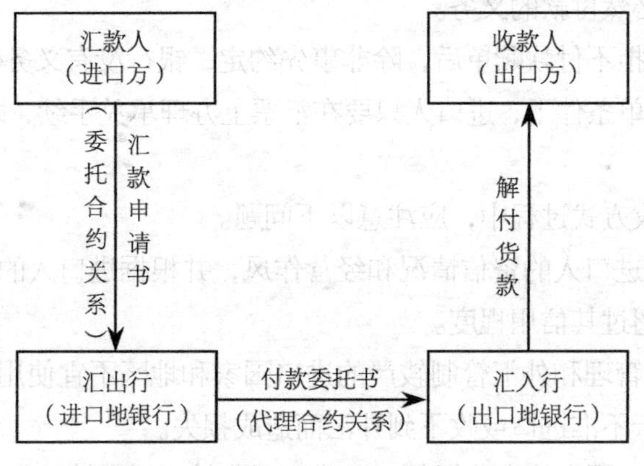

图 8-2 汇付流程图

2. 托收

托收是指债权人出具汇票委托银行向债务人收取货款的一种支付方式。托收方式一般都通过银行办理，所以，又叫银行托收。银行托收的基本做法如图 8-3 所示。

由出口人根据发票金额开出以进口人为付款人的汇票，向出口地银行提出托收申请，委托出口地银行通过它在进口地的代理行或往来银行代向进口人收取货款。

（1）因此托收方式的当事人有以下几种。

① 委托人是指委托银行办理托收业务的客户，通常是出口人。

② 托收银行是指接受委托人的委托，办理托收业务的银行。

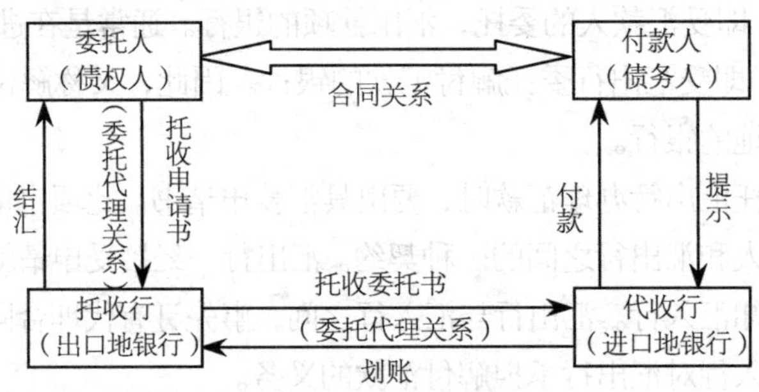

图 8-3 托收的业务流程图

③ 代收银行是指接受托收行的委托向付款人收取票款的进口地银行。代收银行通常是托收银行的国外分行或代理行。

④ 提示行是指向付款人作出提示汇票和单据的银行。提示银行可以是代收银行委托与付款人有往来账户关系的银行，也可以由代收银行自己兼任提示银行。

⑤ 除上述托收业务 4 个基本当事人外，还要涉及受票人即指根据托收指示，向其作出提示的人。如使用汇票，即为汇票的受票人，也就是付款人，通常为进口人。

（2）托收方式具有以下特点。

① 托收的性质为商业信用。银行办理托收业务时，只是按委托人的指示办事，并无承担付款人必然付款的义务。

② 在进口人拒不付款赎单后，除非事先约定，银行没有义务代为保管货物。

③ 在承兑交单条件下，进口人只要在汇票上办理承兑手续，即可取得货运单据，凭此提取货物。

（3）使用托收方式过程中，应注意以下问题。

① 认真考察进口人的资信情况和经营作风，并根据进口人的具体情况妥善掌握成交金额，不宜超过其信用程度。

② 对于贸易管理和外汇管制较严的进口国家和地区不宜使用托收方式，以免货到目的地后，由于不准进口或收不到外汇而造成损失。

③ 要了解进口国家的商业惯例，以免由于当地习惯做法，影响安全迅速收汇。

④ 出口合同应争取按 CIF 或 CIP 条件成交，由出口人办理货运保险；或也可投保出口信用保险，在不采用 CIF 或 CIP 条件时，应投保卖方利益险。

⑤ 采用托收方式收款时，要建立健全管理制度，定期检查。及时催收清理，发现问题应迅速采取措施，以避免或减少可能发生的损失。

3. 信用证支付

信用证支付方式是随着国际贸易的发展，在银行与金融机构参与国际贸易结算的过程中逐步形成的。信用证支付方式把由进口人履行付款责任，转为由银行履行付款，保证出口人安全迅速地收到货款，买方按时收到货运单据。因此，在一定程度上解决了进出口人之间互不信任的矛盾。自出现信用证以来，这种支付方式发展很快，并在国际贸易中被广泛应用。

当今，信用证付款已成为国际贸易中普遍采用的一种主要的支付方式。

（1）信用证含义。根据国际商会《跟单信用证统一惯例》的解释，信用证是指由银行依照客户的要求和指示或自己主动在符合信用证条款的条件下，凭规定单据向第三者或其指定的人进行付款或承兑和支付受益人开立的汇票；授权另一银行进行该项付款，或承兑和支付汇票；授权另一银行议付。信用证是进口商委托银行开立的一种有条件的承诺付款的书面文件。

信用证的特点。信用证付款是一种银行信用，是独立于合同之外的一种自足的文件，信用证项下付款是一种单据的买卖。信用证付款的流转程序如图 8-4 所示。

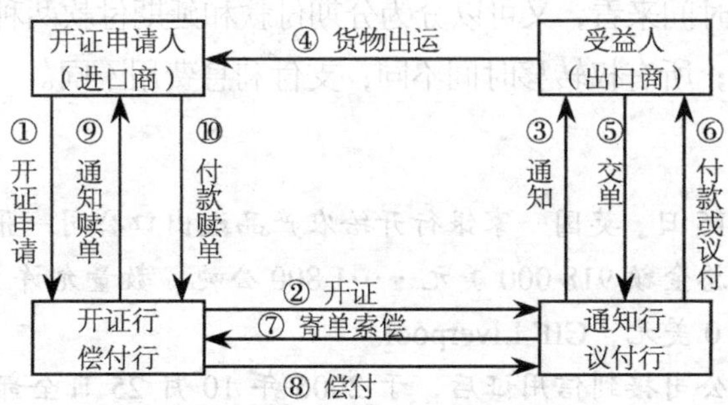

图 8-4　信用证付款的流转程序

（2）信用证作用。对于出口商而言，信用证是保证其凭单取得货款的凭证，也是使出口商得到外汇保证的单据，可以取得资金融通。而对于进口商而言，是取得货物的单据，能够保证按时、按质、按量收到货物，提供资金融通。

（3）信用证方式的当事人。

① 开证申请人：是指向银行申请开立信用证的人，即进口人或实际买主，在信用证中又称开证人。如银行自己主动开立信用证，此种信用证所涉及的当事人，则没有开证申请人。

② 开证银行：是指接受开证申请人的委托，开立信用证的银行，它承担保证付

款的责任。开证行一般是进口人所在地银行。

③ 通知行：是指受开证行的委托，将信用证转交出口人的银行。它只证明信用证的真实性，并不承担其他义务。通知银行是出口人所在地的银行。

④ 受益人：是指信用证上所指定的有权使用该证的人，即出口人或实际供货人。

⑤ 议付银行：是指愿意买入受益人交来跟单汇票的银行。议付银行可以是指定的银行，也可以是非指定的银行，由信用证的条款来规定。

⑥ 付款银行：是指信用证上指定的付款银行。它一般是开证行，也可以是它指定的另一家银行，根据信用证的规定来决定。

（4）银行保函。保函（L/G）又称保证书，是指银行、保险公司、担保公司或个人应申请人的请求，向第三方开立的一种书面信用担保凭证。通常可分为两种：见索即付保函和有条件保函。银行保函的当事人主要有以下两类：一是主要当事人包括申请人、受益人、担保人；二是其他当事人包括通知行、保兑行、转开行、反担保人等。

银行保函的主要内容主要有以下几个方面：① 有关当事人；② 开立保函的依据；③ 担保金额和金额递减条款；④ 要求付款的条件；⑤ 保函失效日期或失效事件；⑥ 保函所适用的法律与司法。

（5）各种支付方式的选用。国际采购支付方式可采取多种支付方式相结合的方法进行操作。譬如，信用证与汇付相结合、信用证与托收相结合、托收与备用信用证或银行保证书相结合、汇付/托收/信用证三者相结合等。

另外，从付款时间来看，又可以分为分期付款和延期付款两种。二者的区别在于货款清偿程度不同；所有权转移时间不同；支付利息费用不同。

【阅读案例】

2006 年 10 月 15 日，英国一家银行开给农产品进出口公司一张信用证，其中有关数量条款如下：“总金额 918 000 美元……1 800 公吨，数量允许 5%增减。圆粒白大米，每公吨净重 510 美元，CIF Liverpool。”

农产品进出口公司接到信用证后，于 2006 年 10 月 25 日全部装运完毕，并备妥单据向议付行交单议付。议付行经审单后不同意议付，理由为议付金额超出信用证总金额。发票和汇票金额为 945 540 美元，比信用证规定的 918 000 美元超出 27 540 美元。农产品进出口公司认为信用证规定货量 1 800 公吨，并允许 5%增减，也就是说 1 800 公吨加 5%，最高可以装 1 890 公吨。实际只装 1 854 公吨，相当于增装 3%，在信用证允许范围内，总金额自然就是 945 540 美元。

议付行仍不同意议付，因信用证虽然规定货量允许增减 5%，但信用证总金额并未允许增减。所以即使数量符合信用证规定，而议付的总金额超出信用证总金额限度也是绝对不允许的。议付行建议，既然货物已经装运，无法更改，只能凭担保议付（Documents negotiated against beneficiary’s indemnity）。所谓凭担保议付即农产品进出口公司出具担保文件，承担开证行或开证申请人提出拒付货款或拒收单据时所发生的一切后果及风险。在这种条件下，议付行向开证行寄单并在寄单面函中主动列明单证不符情况，由开证行决定是否接受单证不符的单据或付款。农产品进出口公司请有关人员研究，认为采取担保议付风险太大，其实质即放弃信用证的开证行保证付款的权力，等同于托收方式。

问题分析：

1. 是否应采取担保议付？
2. 作为业务员，你会如何处理以确保损失最小？
3. 对来证的审核存在哪些问题？
4. 本案应吸取哪些教训？

实训练习

（1）如果你是一名外贸业务员，在进行国际货款的收付时，你喜欢采取哪一种方式，为什么？

（2）请根据国际采购过程中托收方式的应用情况，分析利与弊。

任务三　编制国际采购合同

任务引入

国际采购合同是国际采购实务中的重要内容，国际采购能否顺利地进行，在很大程度上取决于国际采购合同的签订状况。合同是当事人相互约定的各自的行为标准，合同内容的严密性对于争议的防范和处理有重要意义。

1. 任务要求

（接任务二中的任务要求）杭州某电梯工业有限公司是一家大型的电梯制造厂，企业主营业务在生产制造方面。对于国外的采购业务，为达到最为方便的采购途径，目前一般还是采用通过进口代理来完成。经过一系列的市场调查、分析、比较和评估，杭州公司委托的代理申达贸易有限公司最后决定选择三菱公司作为供应商，向其进口一批电梯附件，该项目的基本情况如下：

外贸公司：申达贸易有限公司（简称申达公司）；国外供应商：日本三菱公司；国内客户：杭州某电梯工业有限公司（简称杭州公司）；开证行：中国银行江苏省分行；交易商品：三菱电梯附件；成交方式：FOB YOK（横滨）；付款方式：L/C AT SIGHT（即期信用证）；进口口岸：上海；货运代理公司：中国南京外轮代理公司（简称南京外代）；船公司：中国远洋运输总公司（简称中远集团）；保险公司：中国人民保险公司。备注如下。

（1）申达公司有自营进出口权，苏州公司在委托其向日本三菱公司进口电梯附件时，即告知需进口的规格型号和数量。

（2）电梯属机电产品，在向国外进行订货时，需事先填报进口许可证申请表，并连同有关证件向发证部门申请进口许可证。

请根据上述背景材料，完成一份简单的国际采购合同。要求合同格式要完整，条款可根据需要编写，条款的具体内容可简略描述。

2. 任务分析

国际采购合同的编写较为困难。在该任务的实施过程中，教师可引导学生去判断哪些是采购合同的必要条款货款，关键条款。在此基础上，通过小组讨论的方式完成国际采购合同的编写。如果个别小组或同学难以完成，可将任务降低为列出合同格式和各个条款的标题即可。

3. 实施步骤

（1）学生分组。

（2）训练区域和工具的准备：电脑机房、计算机、多媒体网络。

（3）教师协助确认必要条款和合同的一般格式。

（4）学生讨论合同的格式和内容。

（5）制作国际采购合同。

（6）展示和总结。

4. 结果评价与交流

对学生实施过程及分析报告质量进行评价，激励学生积极认真地实施项目。为后续的点评交流准备翔实的基础资料。可将评价分为个人评价和小组评价两个层面。其中，小组评价可以由教师评价和小组互评得到，个人评价由教师评价和小组成员互评得到。

选取典型汇报材料进行展示点评，对表现优秀的事迹和亮点给予表彰和推广，对于不足之处帮助其改进，提高以后项目实施的绩效。

一、国际采购合同

买卖双方就交易的货物明确各自要承担的义务是全球采购合同中最主要的内容。合同是判别当事人应该承担哪些义务的基本依据。一般来说，卖方的主要义务有：交付货物；移交一切有关货物的单据；把货物的所有权移转给买方。买方主要的义务有：支付货物款；受领货物。买卖双方的义务是通过交易磋商中各方对实现交易的各项条件而作出的要约和承诺来明确的，然后以成立的合同加以确定来约束承诺的兑现。因此，买卖双方的义务体现在一系列的交易条件中。某个交易条件对一方形成义务，对另一方则形成了权利。这些交易条件就形成了合同中最主要的内容，在合同中又被称作为合同条款。

1. 国际采购的主要条款

全球采购合同的内容比较完整、全面，一般包括3个部分。

（1）合同的首部。合同的首部包括开头和序言、合同名称、编号、缔约日期、缔约地点、当事人的名称和地址等。在规定这部分内容时应注意两点。第一，要把当事人双方的全称和法定详细地址列明，有些国家法律规定这些是合同正式成立的条件；第二，要认真规定好缔约地点，因为合同中若对合同适用的法律未作出规定时，根据有些国家的法律规定和贸易习惯的解释，可适用合同缔约地国的法律。

（2）合同的主体。这部分规定了双方的权利和义务，包括合同的各项条款，如货物名称、品质规格、数量、包装、单价和总值、交货期、装运港和目的港、支付方式、保险条款、检验条款、异议索赔条款、仲裁条款和不可抗力等，以及根据不同货物和不同交易情况加列的其他条款，如保值条款、溢短装条款、品质公差条款以及合同适用的法律等。

（3）合同的结尾。合同的结尾包括合同的份数、使用文字和效力，以及双方的签字。

此外，有的全球采购合同有附件部分，附在合同之后作为合同不可分割的一部分。

2. 国际采购合同中的交易条件

国际采购合同中的交易条件可分为5类。

（1）货物条件。包括货物的名称、质量规定、数量、包装、商品检验。

（2）价格条件。包括货物的单价、总价、价格术语，另外有时还包括佣金或折扣。

（3）交货条件。包括交货的时间、地点、运输方式、运输保险。

（4）支付条件。包括支付的工具、支付时间、地点及支付方式等。

（5）争议处理条件。包括索赔、不可抗力、仲裁。

3. 国际采购合同订立的时间和条件

国际采购合同也属于销售合同的一种，因此有关的国内法律和国际公约也同样适用于国际采购合同。世界各国对销售合同订立的时间和条件有不同的规定。资本主义国家法律一般都认为，接受生效的时间与合同成立的时间是一致的，接受一经生效，合同即告成立。《联合国国际货物销售合同公约》第23条规定“合同于按照本公约规定对发价的接受生效时订立”。从上面所述内容来看，对于合同订立的时间和条件，我国的规定与国际上的规定不完全一致。

但在进出口业务中，我们的一般做法是凡交易一经确认或接受，一般即认为合同已经成立，买卖双方均受约束；但在签订书面合同之时刻以书面合同为依据。我国政府在核准《联合国国际货物销售合同公约》时，认为合同的订立、修改和终止都须采用书面形式。对《联合国国际货物销售合同公约》所列有关部分作出了保留。因此，我们应遵循我国法律的有关规定。

二、国际采购合同签订中的注意事项

（1）必须贯彻我国的对外贸易方针政策，特别要体现平等互利的原则，既要反对对方把片面维护一方利益的条款订入合同，也决不把对方不愿意接受的某些条款强加于人。

（2）必须符合合同有效成立的要件，也就是说，双方当事人的意思表示必须一致和真实；当事人都有订约行为能力；合同标的、内容必须合法等。

（3）合同内容应与洽商达成的协议内容一致，同时在条款的规定上必须严密，要明确责任，权利义务对等。切记避免订立多种解释的任意性和不确定性的条文。特别是对可能引起合同性质改变的内容，尤应慎重。如果有些条款事先未商妥，要进一步协商达成协议才可订立书面合同。

（4）合同各条款间必须协调一致，不能相互矛盾。如，贸易术语为 CFR 或 FOB 成交，在保险条款里就应订明“保险由买方自理”。关于签约后发生的额外费用负担，如运费上涨、港封冻的绕航费等，也可在合同中明确规定由何方负担。

【阅读案例】 品质不符纠纷案

某公司与德商签订采购合同，数量为 100 公吨，CIF Bremen GBP 80 per MT，水分最高 15%、杂质不超过 3%，交货品质以中国进出口商品检验检疫局品质检验为最后依据。在成交前我方曾向对方寄送样品，合同签订后又电告对方，确认成交货物与样品相似。货物装运前由中国进出口商品检验检疫局签发品质规格合格证书。货物运抵德国后，对方提出虽有商检局出具的品质合格证书，但货物的品质却比样品差，卖方应有责任交付与样品一致的货物，因此要求每公吨减价 6 英镑。我方以合同中并未规定凭样交货，而仅规定了凭规格交货，并以此为由拒绝减价。于是德国公司请该国某检验公司进行检验，出具了所交货物平均品质比样品低 7%的检验证明，并据此向我方提出索赔 600 英镑的请求。我方则仍坚持原来理由而拒赔。德国公司遂请求中国国际贸易促进委员会对外贸易仲裁委员会协助解决此案。此时，我方进一步陈述说，这笔交易在交货时商品是经过挑选的，因该商品系农产品，不可能做到与样品完全相符，但不至于比样品低 7%。由于我方已将留存的复样遗失，对自己的陈述无法加以说明，仲裁机构也难以处理，最终只好赔付一笔品质差价而结案。

实训练习

请根据国际采购合同和国内采购合同的签订条款和交易条件的不同，对两者进行分析，列出其差异。

综合练习

1. 小组讨论：国际采购中如何对供应商进行选择？
2. 结合查阅资料思考，实施国际招标采购该如何进行？

项目九

政府采购

【知识目标】

- 熟悉政府采购的含义和原则
- 掌握政府采购的作业流程
- 熟悉政府采购的方式的作业特点

【技能目标】

- 能够选择正确的政府采购模式
- 能够准确描述完成不同政府采购方式的优劣势
- 能够描述不同政府采购方式的运作程序

任务　制定政府采购方式和采购方案

任务引入

政府采购的主体是政府，是一个国家内最大的单一消费者，购买力非常大。据统计，欧共体各国政府采购的金额占其国内生产总值的 14%左右（不包括公用事业部门的采购）；美国政府在 20 世纪 90 年代初每年用于货物和服务的采购就占其国内生产总值的 26%~27%，每年有 2 000 多亿美元的政府预算用于政府采购。正因为如此，政府采购对社会经济有着非常大的影响，采购规模的扩大或缩小，采购结构的变化对社会经济发展状况、产业结构以及公众生活环境都有着十分明显的影响。正是由于政府采购对社会经济有着其他采购主体不可替代的影响，它已成为各国政府经常使用的一种宏观经济调控手段。政府采购不仅是指具体的采购过程，而且是采购政策、采购程序、采购过程及采购管理的总称，是一种对公共采购管理的制度。

因此，完善、合理的政府采购对社会资源的有效利用，提高财政资金的利用效果起到很大的作用，因而是财政支出管理的一个重要环节。

1. 任务要求

某省属公立学校，由于专业实训室建设的需要，需采购一批电脑，数量 2 000 台，扫描仪，数量 20 台。请完成下列实训任务。

（1）确定采购方式，是不是属于政府采购，为什么？

（2）如果是政府采购的话，请分别列出作为需求方的学校和作为采购方的政府采购中心的工作内容。

（3）政府采购中心可以选择何种采购手段，为什么？

2. 任务分析

政府采购在我国的采购业务中占据相当大的比例。在该任务的操作过程中，教师可针对政府采购的内容和范围进行分析，引导学生思考上述问题，并完成任务书。

3. 实施步骤

（1）准备工作：对学生进行分组，约 4～5 人一组，准备网络和电脑。

（2）教师对背景材料进行解读，并解释涉及的基础概念的含义。

（3）布置问题，由学生分组讨论操作，并对人员的分工和操作进行记录。

（4）编写任务报告书。

（5）编写汇报材料。

4. 结果评价与交流

对学生实施过程及分析报告质量进行评价，激励学生积极认真地实施项目，为后续的点评交流准备翔实的基础资料。可将评价分为个人评价和小组评价两个层面。其中，小组评价可以由教师评价和小组互评得到，个人评价由教师评价和小组成员互评得到。

选取典型汇报材料进行展示点评，对表现优秀的事迹和亮点给予表彰和推广，对于不足之处帮助其改进，提高以后项目实施的绩效。

相关知识

一、政府采购概述

1. 政府采购的概念

所谓政府采购，也称公共采购，是指国家各级政府为了开展日常政府活动或建设公共工程、为公众提供公共服务的需要，满足公共服务的目的，在财政的监督下，以法定的方式、方法和程序，利用国家财政性资金或政府借款，从市场购买商品、工程及服务的行为。政府采购不仅是指具体的采购过程，而且是采购政策、采购程序、采购过程及采购管理的总称，是一种对公共采购管理的制度。

因此政府采购的特征，就是对“公”服务。这一点不同于任何其他的采购，如企业采购、个人采购等。企业采购的产权主体是企业，牵涉到企业的切身利益，因此采购的好坏，会由企业来切身关注；个人采购则直接关系个人切身利益，个人采购的好坏也会由个人直接关注。而政府采购，采购的物资都是为了满足公共利益。而这个公共利益，具体说来，却没有一个具体明确的产权主体。因此采购的好坏，没有一个直接的利益关系者予以关注。

在国内，政府采购这个概念 1998 年才开始出现。但是政府的采购活动，是自有政府时就有了。有了政府，政府机构就要运转，就要办一些事情，这都需要动用老百姓交的税钱进行采购。但是那只能叫做“政府的采购活动”，而不叫“政府采购”。因为，政府采购不仅是指具体的采购过程，而且是指一种特定的采购政策。也就是说，政府采购是采购政策、采购程序、采购过程及采购管理的总称。现在的政府采购不是以前的政府的采购活动，它是特指一种利用财政资金，在财政监督下，以法定的方式、方法和程序（如公开招标方式）为公共管理、公共服务和公共工程建设项目进行的采购活动。

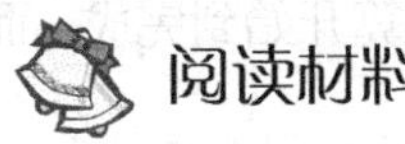

阅读材料

某区政府采购知识辅导

集中采购、部门采购、协议供货、定点采购、分散采购是目前我区按《政府采购法》的规定在采购过程实施中采用的五种基本形式，形式不同，但均需按采购法规定的程序方法进行。

集中采购指在政府采购目录范围内由政府采购专门机构、采购中心集中办理的采购行为。

部门采购指由政府采购主管机构根据实际情况在一定范围内授权主管部门进行的集中采购行为。

协议供货是目前全市范围内对政府采购部分通用设备采购进行公开招标定厂商、价格及相关服务，由各部门在此基础上自行选择的一种采购行为。

定点采购指对部分采购项目实行在定点厂商采购的行为，目前实行的项目有空调、汽车加油、维修、保险等。

分散采购指政府采购主管机构针对具体的采购项目授权采购申请单位自行实施的采购行为。

2. 政府采购的特点

政府采购也和企业采购、军队采购一样，是一种集体采购行为。但为什么要单独研究呢？这是因为政府采购与一般企业采购不同，具有如下特殊性。

（1）资金来源的公共性：它是利用公共资金为进行公共服务或公共工程建设的采购活动。采购资金都是财政资金，来源于民众的税收。采购来的物资都是用于为民众服务的项目，例如国家的公共管理费用、公共服务活动或者公共建设项目（以下统称为“公共项目”），都可以说是取之于民、用之于民的实施活动。

（2）非盈利性：政府采购往往是为公共事业服务而进行的采购行为，因此不存在营利群体。

（3）采购对象的广泛性和复杂性。

（4）采购数量巨大：政府的采购项目涉及面广，数量大。一些国家中政府采购量占国民生产总值（GDP）的10%以上。因此，政府采购活动对政府经济发展状况、产业结构、供求平衡以及公众的生产环境有着十分明显的影响。由此可见，政府的采购无论是从采购的数量还是以采购的范围和频率而言，都是其他采购所无法比拟的，这也说明了政府采购在国民需求总量中占有举足轻重的地位。

（5）利益模糊性：这些公共项目的主体自觉不需要花钱，也无须关心采购成本的大小，反正都是有财政拨款，他们最多也只是关心项目完成后的使用效果。这就是利益的模糊性。不像个人采购那样，跟个人的钱袋子直接相关；也不像企业采购那样，跟企业的成本效益直接相关。政府采购的基本控制指标只是一笔预算开始到完成。而项目的成本效益指标，即使有的话，基本上也只是一个软指标而已。

（6）决策的随意性：正是由于上述利益的模糊性，就造成了决策的随意性。一笔给定的预算开支，采购什么、采购多少、向谁采购，都是可以任意确定，没有人会直接关心。大概只有到了开人大会议，或者有人举报而进行的专项审计时，才会有人来认真过问一下。这种决策的随意性，给权利腐败创造了条件。一些腐败的官员可以利用他们的决策力进行权钱交易、受贿行贿。

（7）监督的必要性：正是由于上述的利益模糊性和决策随意性，所以要想搞好政府采购，一个显著的特点就是要进行有效的监督。

除此之外，政府采购还具有一定的规范性、政策性、公开性、极大的影响力等特点。

3. 政府采购的必要性

从以上可以看出，对政府采购活动加强管理，采用科学的采购方法很有必要，它有如下的很多好处。

实行政府采购是扩大内需、发展经济的重要途径。现在中国经济运行已从根本上摆脱了“短缺经济”的状态，由卖方市场向买方市场转化，转入了需求约束时期，有效需求不足成为制约我国经济增长的重要因素。在这种形势下，刺激有效需要，促使社会总供给和总需求的平衡，对于经济的稳定增长和物价稳定显得尤为重要。建立政府采购制度，对扩大内需，调节供求平衡无疑有着重要的现实意义。

（1）政府采购的购买力非常巨大，所采购的数量、品种、频率足以左右一国经济的供需关系。其中采购的对象包罗万象，既有标准产品也有非标准产品，既有有形产品也有无形产品，既有价位低的产品也有价位高的产品，既有军用产品也有民用产品。在很多国家，政府采购金额一般占国内生产总值（GDP）的10%以上。因此，政府采购对社会经济有着非常大的影响力，采购规模的扩大或缩小、采购结构的变化对社会经济发展状况、产业结构、供求平衡以及公众的生产环境有着十分明显的影响。

（2）政府采购是调节总供给和总需求平衡的重要的方法。市场的波动会直接影响产品的供求关系和价格变化，政府采购就是政府弥补市场不足的手段之一。面对当前买方市场条件下总供给相对过剩的主要矛盾，通过增加政府采购，将影响价格水平。当经济偏热时，可适当压缩和推迟政府采购，减少社会总需求；当经济偏冷时，可适当增加和提前进行政府采购，刺激总需求的增长。这样，通过政府采购来调控社会总供需的平衡关系。

（3）通过政府采购，政府可以将宏观调控和微观经济行为结合起来，以实现政府的重大政策目标。西方经济政策中，无论是罗斯福新政还是凯恩斯理论，其要点是百姓不买政府买、消费不买投资买，他们都是通过政府手段调节经济。现实经济生活中，国家实施经济宏观调控的主要手段之一是财政政策，而政府采购制度和政策是财政政策的有机组成部分。其调节国民经济的运行，除贯彻政府在总量调控方面的意图外，还可以贯彻政府在结构调整方面的意图，协调经济结构、产业结构，政府采购客观上对于不同的产品和行业有一定的选择余地，可以据此体现不同的政策倾向。这样，既可根据合理的产品政策和技术经济政策进行结构调整，又可有效的保护国内先进的、最具竞争和发展潜力的民族工业，支持国有企业的发展。

此外，政府采购政策与环境政策相结合，可以实现保护环境的目标，与就业政策相结合，可以促进就业的政策目标等。

政府采购制度是财务制度改革的重要组成部分，是加强财政支出管理的中心环节。通过建立政府采购制度，可实现政府对社会公共物品的管理，由单纯的价值管理向价值管理与实务管理相结合的方式转变，使政府对钱和物的管理很好地结合，从而为加强国有资产的管理奠定基础。通过建立政府采购制度，可改革财政资金的支付方式，加强财政资金的监督力度，实现支出由价值领域向实物领域的延伸管理；抑制采购中的腐败现象，使采购活动在公开、公正、公平、透明的环境中运行；可以节约支出，购得价廉物美产品；可以强化预算约束，减少资金流通环节，提高资金使用效率。

通过建立政府采购制度，政府得到了价廉物美的商品和服务，大幅度节约支出。政府采购通常采用招标采购方式，各个供应商都以优质低价的产品或服务相互竞争，以获取供应商的资格。因此，政府采购就可以获得价廉物美的产品和服务，大幅度地节约支出。据统计，我国目前行政事业单位的采购资金平均每天约有 20 亿元，若按国际公认的10%以上的节约率推算，一年可节省七八百亿元的资金。这对节约政府财政支出、筹集国家建设资金来源具有非常现实的意义。

可以抑制腐败，促进廉政建设。政府的采购活动具有决策随意性的特点。如果我们采用政府采购方式，则可以采用招标采购方式实现采购决策的民主化、透明化、市场化，从而抑制了它原来的决策随意性，防止一些官员利用任意采购来行贿受贿、权钱交易，防止了诸多腐败行为的发生。

由于实现政府采购有以上诸多好处，实现政府采购在经济上、政治上、体制改革方面都有积极的作用，所以实现政府采购是一种必要的选择，也是大势所趋。

4. 政府采购的原则

政府采购遵循的主要原则有以下几条。

（1）过程公开、公平、公正的原则：政府采购与传统的政府的采购活动的根本区别就在于公开、公正、公平。公开，就是不搞幕后活动、秘密活动，全部采购活动向社会公开。公正、公平就是对所有供应商、所有品种一视同仁，采用相同的政策。

（2）有效监督的原则：这也是政府采购与传统的采购活动的根本区别。有效监督是保证政府采购公正、公平的必要手段。任何一种好的采购制度，都要通过人去操作，而人们会无意或有意地偏离公正公平的轨道。这就需要随时进行监督。

（3）调控经济的原则：政府的作用，就是服务经济、发展经济。政府可以根据发展经济的需要，有目的地引导需求，有目的地投放资金，改善产业结构，促进经济发展。

5. 政府采购的内容

政府采购所涉及的内容包罗万象，既有有形的又有无形的，既有物品、工程，还有技术，非常庞杂。为了便于管理和统计，国际上通行的做法是按其性质将采购内容分为3大类：货物、工程和服务。货物是指各种物品，包括原料、产品、设备、器具等。工程是指在地面上下新建、扩建、改建、修建、拆建、修缮或翻新构造物，与其所属设备及改造自然环境的行为，包括建造房屋、兴修水利、交通设施、铺设下水道等建筑项目。服务是指除货物或工程以外的任何采购，包括专业服务、技术服务、资讯服务、营运管理、维修、培训、劳力等。

二、政府采购的程序

政府采购的程序可以概括为以下几个方面。

1. 确定采购需求

各个用户单位向财政局申报采购计划，财政局审批后交采购管理部门汇总审批通过，然后市采购管理部门向用户最后核实采购的具体品种、规格、数量，就确定了最后的采购需求。

2. 确定采购方式

要根据所需采购品种及其供应商的特点，合理选择采购方式。是集中采购还是分散采购，是招标采购，还是谈判采购、询价采购、单一来源采购等。

3. 预测采购风险

采购活动的进行过程，每一步都会有风险。这些风险来自于各种主观因素和客观因素。主观因素主要来自于有关各方的信用程度。客观因素主要是来自有关各方面的背景条件。它们当中，有些是可抗拒的，通过人们的努力可以避免发生的，如经济条件、运输能力等；有些则是不可抗拒的，不可能人为得到避免的，如天灾人祸、偶然事故等。因此，采购活动进行过程的每一步，都要注意风险预测和风险防范的工作。

4. 供应商资格审查

为了降低采购风险，需要对供应商进行资格审查。资格审查的基本内容一是供应商的信用程度；二是供应商的供应能力；三是供应商的质量保证能力。

5. 执行采购方式

根据具体情况，选择相应的采购方式加以实施。例如，公开招标，制定招标方案、招标实施计划，制定标底标书，成立评标系统，开招标会等。

6. 签订采购合同

招标会结束，得出中标供应商之后，就要和中标单位签订采购合同。签合同要考虑周到，双方都要慎重考虑合同条款、考虑自己能够承担的责任和义务，合同要实现监督和公证。

7. 履行采购合同

采购合同签订以后，双方就要履行合同。供应商应当按照合同给定的时间提供给定的物资品种数量或服务。采购方应当供应商的供货活动提供支持、监督和帮助。

8. 验收

对已经采购到货的物资，要进行验收。验收包括数量检验和质量检验。数量检验主要是检验各个品种规格、重量、体积等。质量检验主要是检验各个品种的质量，根据情况可以采用全检、抽检的方式，对不符合要求的物资可以根据情况采用退回、暂存或拒收处理。

9. 结算

结算就是要把供需之间发生的与业务有关的资金流动进行清理核算，结清成本和收益资金。

10. 效益评估

一次采购活动结束以后，应当对这次活动进行总结，对其效益成本进行评估，总结经验教训，为下一次采购活动提供借鉴。

图 9-1 是某市区政府的采购流程图。

三、政府采购的方式

政府采购的方式很多，总的来说可分为两大类。招标性采购和非招标性采购。采购金额是确定招标性采购与非招标性采购的重要标准之一。一般来说，达到一定金额以上的采购项目，采用招标性采购方式；不足一定金额的采购项目，采用非招标性采购方式。

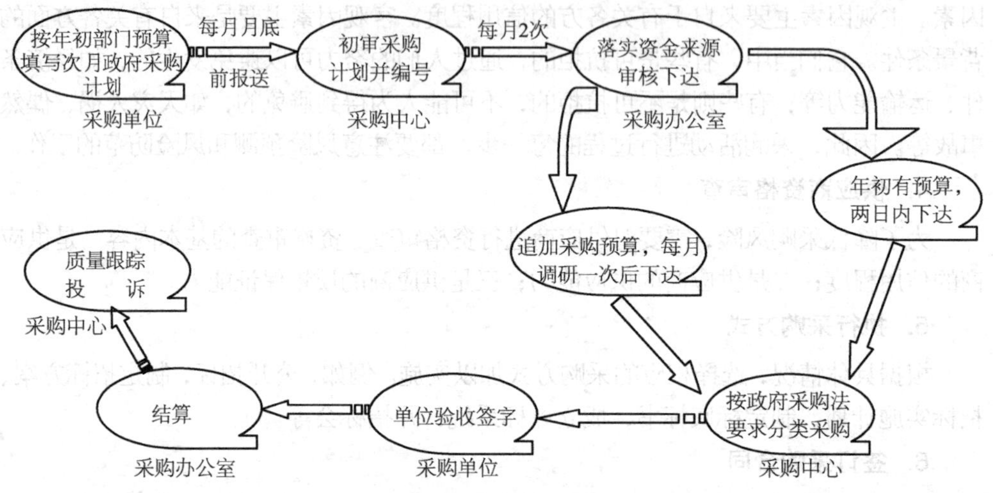

图 9-1　某市政府采购流程图

1. 招标性采购方式

招标性采购是指通过招标的方式，邀请所有潜在的供应商参加投标，采购单位通过某种事先确定并公布的标准从所有投标中评选出中标供应商，并与之签订合同的一种采购形式。

2. 非招标性采购方式

非招标性采购是指除招标方式以外的采购方式。达到一定金额以上的采购项目一般要求采用招标采购方式。但在有些情况下，如采购项目有时间限制、采购来源单一等，招标方式并不是最经济的，需要采用招标方式以外的采购方式。

适用于采购金额达到一定数额的采购项目的非招标性采购方式主要有两阶段招标采购、国内或国外询价采购、竞争性谈判采购、单一来源采购。采购金额在一定数额以下的项目，一般采用批量采购及小额采购等方式。

（1）采购金额达到一定数额的采购项目。两阶段招标采购是一种特殊的招标采购方式，即对同一采购项目要进行两次招标。第一次招标是采购单位要求供应商提交不含价格的技术标，目的是征求各供应商对拟采购项目在技术、质量或其他方面提出的建议。第二次招标是采购单位根据第一阶段征求的建议修改招标文件，要求供应商按修改后的招标文件提交最终的技术标和价格标。对大型复杂或技术升级换代的货物，如大型计算机和通信系统等，以及对特殊性质的土建工程事先准备完整的、准确的技术规格有困难的，可采用两阶段招标采购方法。

国内或国外询价采购，也称货比三家，是指采购单位向国内外有关供应商（通常不少于3家）发出询价单，预先向各个供应商询问价格，让其报价，然后在报价的基础上进行比较，酌情选择满意的供应商而进行采购的采购方法。这种采购方法没有引起竞争，供应商是按平常的销售价格进行销售。采购商最后选定的供应商一般是市场价格低、质量好、信誉好的供应商。适用询价采购方式的项目，主要是对现货或标准规格的商品的采购，或者投标文件的审查需较长时间、供应商准备投标文件需要高额费用以及供应商资格审查条件过于复杂的采购项目。

竞争性谈判采购是指在紧急情况下，采购单位通过与多位供应商进行谈判确定最优供应商的一种采购方式。有些达到竞争性招标金额的采购项目，由于出现了不可预见的紧急情况或灾难性事件，采用招标程序或任何其他采购方法都会延误时机。在这种情况下，如当地至少有两件能够提供所需货物、工程或服务的供应商，则可以采用这种竞争性谈判采购方法。

这种谈判，又分为供应商当面谈判和不当面谈判两种形式。当面谈判，由于竞争激烈可能出现争论、吵闹的局面，从而难以得出竞争结果。不当面谈判，可以避免供应商相互之间的争吵，但是可能要进行多轮谈判，而且要把谈判进展情况随时公开，才能引起供应商的竞争。

有些达到竞争性招标金额的采购项目，由于货物、工程的技术特点，或由于服务的性质，采购单位必须与供应商进行谈判，也可实行竞争性谈判的采购方法。

单一来源采购。单一来源，就是只有一个供应商，别无他选。这种采购，无竞争对手，容易造成垄断。因此，在谈判价格质量时，要仔细进行成本核算和质量检验，从而确定一个合理价格，然后再签订采购合同。有些达到了竞争性招标采购的金额标准，但所购产品的来源渠道单一或属专利、首次制造、合同追加、后续维修扩充等特殊情况的采购，都可以采用这种单一来源采购。

（2）采购金额在一定数额以下的项目。批量采购，即小额物品的集中采购。适用条件为在招标限额以下的单一物品，个别单位购买的数量不大，但政府各单位经常需要，或单一物品价格不高但数量较大。

小额采购，是指对单价不高、数量不大的零散物品的采购。可以分为集中采购和分散采购两种。

政府采购还可以按采购的形式分为集中采购和分散采购两种形式。

以上这些采购方式，实际上可以归结为4类情况，即招标采购、竞争性谈判采购、询价采购和单一来源采购。他们分别适用于不同的情况，应根据具体情况选择采用。

【阅读案例】 成功的政府采购

2004年3月18日，上海政府采购网采购论坛栏目刊登的《项目采购前进行方案招标或论证的必要性——个案分析》介绍了一个成功的政府采购案例。市政府采购中心的采购人员在对一个“数据仓库系统”公开招标采购过程中，根据咨询专家的意见，邀请中标候选单位进行询标，并根据各单位的补充资料与第一候选单位进行商谈和确认。该候选单位详细介绍了该方案核心技术的现状及发展趋势，提出了非常有价值的意见，认为原标书中的某开发平台可以不用购买同样可以满足需求，实现系统预定功能，并提供了相关资料。使用单位在充分考虑技术先进性、可维护性、可扩展性及现有软件后，决定接受这个意见。由此，节约资金 90 万元，采购项目节约率达 56%。这是一个比较典型的采购案例，其典型意义在于它的成功。而它的成功，又可以给我们有益的启示。

这个案例之所以成功，首先在于采购人员有高度的岗位责任感，掌握了采购操作程序，有效把握了采购过程，并不厌其烦地在咨询专家、供应商、预算单位之间准确地传递信息（准确地说是对信息的一种主动的交流）；其次在于咨询专家具有专业技术方面的优势和求真务实的工作作风；第三在于预算单位听取并接受了各方合理的意见；最后是在于供应商不仅能提供产品，还了解产品的现状、适用和发展，并将此与诚信加以融合——从用户利益考虑，不惜减少成交金额。很显然，采购人员、咨询专家、供应商、预算单位这 4 个环节，在这个案例中构成了一个环环相扣的整体，从而使政府采购的优越性得到了充分的体现，并且达到了“各得其所”的目的。如果采购人员、咨询专家、供应商、预算单位这 4 个环节不能很好地衔接，或者是某一环节游离于整个环节之外，采购结果还会是如此吗?

由此，我们又可以进一步得到启示。

（1）对采购人员来说，恪尽职守、以人为本、换位思考、不辞辛劳，终会苦尽甘来，品尝到采购之树结出丰硕之果的喜悦。

（2）对咨询专家来说，发挥自己的专长，更新自己的知识，并在评标或咨询中竭尽中国知识分子的才能和良知，其作用、其价值、其意义将是无比巨大的。

（3）对供应商来说，在提供优质产品和服务的同时提供自己的诚信，其实是同等重要的，而且诚信还会产生更长久的效益。案例中的供应商虽然在这次合同中失去了一个小“平台”，但它在政府采购这个广阔的领域里却赢得了一个大“舞台”。

（4）对预算单位来说，加强项目采购前的方案论证，真诚听取采购过程中有益的意见，集思广益，从善如流，于自己、于国家都是有百利而无一害的。

实训练习

请调研了解一下国外政府采购的情况，并与我国进行对比分析，比较其优劣以及值得我国政府采购借鉴的地方。

综合练习

小组讨论：在政府采购中，是不是所有的政府采购项目都应该实施公开招标采购呢？为什么？请结合政府采购和招标采购的特点进行分析，谈一下你的观点。

项目十

供应链环境下的采购

【知识目标】

- 熟悉 JIT 采购的含义
- 了解 JIT 采购的功能和实施条件
- 熟悉 JIT 采购的基本作业程序
- 掌握供应链管理的基本内涵
- 了解供应链环境下采购的特点
- 熟悉供应链环境下采购的运作过程

【技能目标】

- 能够熟练描述 JIT 的过程
- 能够完成供应链环境下的采购业务基本作业程序

任务一　JIT采购

任务引入

准时化采购（JIT）是起源于丰田公司的一种生产管理方式。很多企业在采购执行过程中，存在诸多成本浪费的现象。而这个方法就可以通过优化采购的运作过程，最大限度的消除商品库存、降低成本、消除浪费。

1. 任务要求

神龙汽车有限公司是由法国雪铁龙汽车公司与中国东风汽车公司集团合资，注册十亿人民币，投资百亿人民币，于1992年5月18日成立的一个轿车生产企业。1995年9月8日，神龙公司武汉工厂总装车间第一辆富康车下线。中、法两国企业间人员、技术交往不断增多，雪铁龙公司在汽车工业领域的先进管理经验，包括物流管理在内，越来越多地被中方人员学习、引入和应用。1998年初，神龙公司相关部门决定试行部分外协件的JIT采购，进行直送看板供应。

（1）选择对象。第一个选为JIT采购试点的外协件为汽车坐椅。之所以选择坐椅，是因为。

① 坐椅供应商云鹤坐椅厂距离神龙很近，就在神龙公司旁边。

② 根据以前较长期间的合作，发现该厂产品质量稳定，服务态度好。

于是经过协商谈判，双方签订了坐椅直送看板采购供应的合同协议，开始了JIT采购的直送看板供应的运作。

（2）前提条件。采用直送看板供应的前提性条件。

① 人员素质：直送看板供应运行涉及的相关人员经过必要培训，了解看板知识和运行规则，具备看板管理必备的素质和责任心。

② 质量保证性：质量保证在供应商处完成，用户和供应商都对产品质量有足够的信任和信心，直送看板零件达到质量免检水平，只有合格的产品才能挂看板卡片。

③ 技术经济性：优先选择A类物资，其单件零件占用的资金、面积、容器等制造资源较多。

④ 包装特性：标准化耐久容器，容器体积大，装载数量少。

⑤ 运输特性：每次运输批量较小，每日运输频次不少于1次，供应商供应点在50公里范围内。

⑥ 管理保证性：用户及其供应商愿意和能够实现准时化生产或运输管理，有一个直送看板供应的归口管理和仲裁部门，签订一份坐椅直送看板供应合同/协议。

（3）用户背景资料。神龙富康轿车成套坐椅价值4100元；采用专用耐久容器盛放，每个容器盛放2套坐椅；供应商为云鹤坐椅厂，距神龙公司总装车间约1公里；运输工具为3吨东风轻卡，每车运送9个容器；神龙公司总装车间实行五天二班制生产，日产214辆份，日有效工时15.5小时；云鹤坐椅厂实行5天单班制生产，但仓库发交和运输作业时间与神龙总装车间同步，当时神龙公司仓库坐椅库存水平为240套左右。

请根据上述背景材料，分析JIT采购的设计要点，对坐椅直送看板供应流程做一般性描述。

2. 任务分析

看板管理是 JIT 采购的主要方式。本任务可在教师解读之后，对学生要做的描述点进行提示，主要可从以下几个方面来进行研究和分析。

（1）描述坐椅厂为神龙公司总装车间实行坐椅直送看板供应的流程。

（2）进行工时分析，确定工时参数。

（3）看板计算。

（4）确定重要控制点和作业点。

（5）提出看板样本。

（6）提出看板运行所需要的人员、设备、物品、面积、环境配套等资源需求。

在了解了上述内容之后，学生可通过查阅材料、讨论的方式完成上述问题的描述，这样不仅可以让学生更深入地了解 JIT 采购的运作程序，更能够激发学生的学习兴趣，完成整个采购过程的运作学习。

3. 实施步骤

（1）准备工作：对学生进行分组，约 4～5 人一组，准备网络和电脑。

（2）教师对背景材料进行解读，并解释涉及的基础概念的含义。

（3）布置问题，由学生分组讨论操作，并对人员的分工进行记录。

（4）编写采购实施报告。

（5）编写汇报材料。

4. 结果评价与交流

对学生实施过程及分析报告质量进行评价，激励学生积极认真地实施项目。为后续的点评交流准备翔实的基础资料。可将评价分为个人评价和小组评价两个层面。其中，小组评价可以由教师评价和小组互评得到，个人评价由教师评价和小组成员互评得到。

选取典型汇报材料进行展示点评，对表现优秀的事迹和亮点给予表彰和推广，对于不足之处帮助其改进，提高以后项目实施的绩效。

一、JIT采购概述

1. JIT采购的概念

JIT 采购又称为准时化采购，它是由准时化生产（Just In Time）管理思想演变而来的。它的基本思想是把合适的数量、合适质量的物品、在合适的时间供应到合适的地点，最好地满足用户需要，准时化采购和准时化生产一样，它不但能够最好地满足用户需要，而且可以极大地消除库存、最大限度地消除浪费，从而极大地降低企业的采购成本和经营成本，提高企业的竞争力。

正是因为 JIT 采购对于提高企业经济效益有着显著的效果，80 年代以来，西方经济发达国家非常重视对 JIT 采购的研究与应用。据资料统计，到目前为止绝大多数的美国企业已经开始全部或局部应用 JIT 采购方法，并取得了良好的应用效果。

实施 JIT 采购对企业的基础工作、人员素质、管理水平等要求较高。在我国实施 JIT 采购方法的企业数量还不太多，主要集中在诸如汽车、电子等行业，应用水平也有待于进一步提高。作为一种先进的物资采购模式和管理方法，在工程建设机械行业的应用可以说是大势所趋。因此，工程建设机械行业有必要对 JIT 采购模式的原理、特点和实施过程进行深入了解，能够结合企业实际尽早采用，从而提高整个行业参与全球化竞争的能力，促进企业长足发展。

2. JIT采购的原理

日本丰田公司创造 JIT 生产方式是在美国参观超级市场时受超级市场的供货方式的启发而萌生的想法。而实际上超级市场模式本来就是一种采购供应的模式。有一个供应商、一个用户，双方形成了一个供需“节点”，需方是采购方，供应商是供应方，供方按照需方的要求给需方进行准时化供货。它们之间的采购供应关系，就是一种准时化采购模式，JIT 采购的主要原理主要表现在以下几个方面。

（1）与传统采购面向库存不同，准时化采购是一种直接面向需求的采购模式，它的采购送货是直接送到需求点上。

（2）用户需要什么，就送什么，品种规格符合客户需要。

（3）用户需要什么质量，就送什么质量，品种质量符合客户需要，拒绝次品和废品。

（4）用户需要多少就送多少，不少送，也不多送。

（5）用户什么时候需要，就什么时候送货，不晚送，也不早送，非常准时。

（6）用户在什么地点需要，就送到什么地点。

以上几条，就是 JIT 采购的基本原理，它既做到了很好地满足企业对物资的需求，又使得企业的库存量最小。只要在生产线边有一点临时的存放，一天工作完，这些临时存放就消失了，库存完全为零。依据 JIT 采购的原理，一个企业中的所有活动只有当需要进行的时候接受服务，才是最优化的。

3. JIT采购的特点分析

与传统采购相比较，JIT 采购具有诸多的优势。首先，先来看下 JIT 采购的特点有哪些。

（1）采用较少的供应商，甚至单一供应商。JIT 采购认为，最理想的供应商数目是对每一种原材料或外购件，只有一个供应商。因此，单源供应是 JIT 采购的基本特征之一。传统的采购模式一般是多头采购，供应商的数目相对较多。从理论上讲，采取单源供应比多方供应好。一方面，对供应商的管理比较方便，且可以使供应商获得内部规模效益和长期订货，从而使购买原材料和外购件的价格降低，有利于降低采购成本；另一方面，单源供应可以使制造商成为供应商的一个非常重要的客户，因而加强了制造商与供应商之间的相互依赖关系，有利于供需之间建立长期稳定的合作关系，质量上比较容易保证。

但是，采取单源供应也有风险，比如供应商可能因意外原因中断交货。另外，采取单源供应，使企业不能得到竞争性的采购价格，会对供应商的依赖性过大等。

阅读小材料：在日本，虽然98%的JIT企业采取单源供应。但实际上，一些企业常采用同一原材料或外购件由两个供应商供货的方法，其中一个供应商为主，另一个供应商为辅。从实际工作中看，许多企业也不是很愿意成为单一供应商。原因很简单，一方面供应商是具有独立性较强的商业竞争者，不愿意把自己的成本数据披露给用户；另一方面是供应商不愿意成为用户的一个产品库存点。实施JIT采购，需要减少库存，但库存成本原先在用户一边，现在转移到供应商。因此，用户必须意识到供应商这种忧虑。

（2）采取小批量采购的策略。小批量采购是JIT采购的一个基本特征。JIT采购和传统的采购模式的一个重要不同之处在于准时生产需要减小批量。因此，采购物资也应采用小批量办法。从另一个角度看，由于企业生产对原材料和外购件的需求是不确定的，而JIT采购又旨在消除原材料和外购件库存，为了保证准时、按质按量供应所需的原材料和外购件，采购必然是小批量的。但是，小批量采购必然增加运输次数和运输成本，对供应商来说，这点是很为难的事情，特别是当某些供应商在远距离的情形下，实施JIT采购的难度就很大。通常情况下，解决这一问题的方法主要有4种。

① 供应商在地理位置上靠近制造商，如日本汽车制造商扩展到哪里，其供应商就跟到哪里。

② 供应商在制造商附近建立临时仓库，实质上，这只是将负担转嫁给了供应商，而未从根本上解决问题。

③ 由一个专门的承包运输商或第三方物流企业负责送货，按照事先达成的协议，搜集分布在不同地方的供应商的小批量物料，准时按量送到制造商的生产线上。

④ 让一个供应商负责供应多种原材料和外购件。

（3）对供应商选择的标准发生变化。由于JIT采购采取单源供应，因而对供应商的合理选择就显得尤为重要。可以说，能否选择到合格的供应商是JIT采购能否成功实施的关键。合格的供应商应具有较好的技术、设备条件和较高的管理水平，可以保障采购的原材料和外购件的质量，保证准时按量供货。在传统的采购模式中，供应商是通过价格竞争而选择的，供应商与用户的关系是短期合作的关系，当发现供应商不合适时，可以通过市场竞标的方式重新选择供应商。但在JIT采购模式中，由于供应商和用户是长期的合作关系，供应商的合作能力将影响到企业长期经济利益。因此，对供应商的要求较高。在选择供应商时，需要对供应商按照一定标准进行综合评价，这些标准应包括产品质量、交货期、价格、技术能力、应变能力、批量柔性、交货期与价格的均衡、价格与批量的均衡、地理位置等，而不像传统采购那样主要依靠价格标准。在大多数情况下，其他标准较好的供应商，其价格可能也是较低的，即使不是这样，双方建立起互利互惠的合作关系后，企业可以帮助供应商找出降低成本的方法，从而使价格降低。更进一步，当双方建立了良好的合作关系后，很多工作可以简化以至消除，如订货、修改订货、点数统计、品质检验等，从而减少浪费，降低成本。

（4）对交货的准时性要求更加严格。JIT 采购的一个重要特点是要求交货准时，这是实施准时化生产的前提条件。交货准时取决于供应商的生产与运输条件。作为供应商来说，要使交货准时，可以从以下几个方面着手。一是不断改善企业的生产条件，提高生产的连续性和稳定性，减少由于生产过程的不稳定导致延迟交货或误点现象。作为准时化供应链管理的一部分，供应商同样应采用准时化的生产管理模式，以提高生产过程的准时性。另一方面，为了提高交货准时性，运输问题不可忽视。在物流管理中，运输问题是一个很重要的问题，它决定准时交货的可能性，因此，就要求用户企业和供应企业都应着重考虑好这一方面问题，并进行有效的计划和管理，使运输过程准确无误。

（5）从根源上保障采购质量。实施 JIT 采购后，企业的原材料和外购件的库存很少以至为零。因此，为了保障企业生产经营的顺利进行，采购物资的质量必须从根源上抓起，也就是说，质量问题应由供应商负责，而不是企业的物资采购部门。JIT 采购就是要把质量责任返回给供应商，从根源上保证采购质量。为此，供应商必须参与制造商的产品设计过程，制造商也应帮助供应商提高技术能力和管理水平。

阅读小材料：美国 IBM 公司企业战略中的重要一环就是帮助供应商建立供应体系，以实现真正的本地化采购供应。这不仅对供应商有利，对 IBM 也很有帮助。为此，IBM 建立一个开放、兼容的信息平台。在此基础上，IBM 可以详细地了解供应商的生产流程、介入产品设计、生产、质量控制等过程，为其产品线找出竞争优势。以长城公司为例，IBM 和长城公司之间既是合资公司的业务伙伴关系，同时也是供应商与客户的关系。通过帮助长城公司提高技术水平，不仅使长城公司的市场竞争能力增强了，也使长城公司能够更好地提供高质量的产品为 IBM 服务，同时 IBM 还向长城公司提供一种开放的技术标准作为技术支持，使长城公司可以了解 IBM 眼中的业界发展方向。由于 IBM 本身具有一流的技术能力，长城公司与之保持同样的发展方向就自然增加了自身的竞争能力。

（6）对信息交流的需求加强。JIT 采购要求供应与需求双方信息高度共享，保证供应与需求信息的准确性和实时性。由于双方的战略合作关系，企业在生产计划、库存、质量等各方面的信息都可以及时进行交流，以便出现问题时能够及时处理。只有供需双方进行可靠而快速的双向信息交流，才能保证所需的原材料和外购件的准时按量供应。同时，充分的信息交换可以增强供应商的应变能力。所以实施 JIT 采购，就要求供应商和制造商之间进行有效的信息交流。信息内容包括生产作业计划、产品设计、工程数据、质量、成本、交货期等。

全球知名的沃尔玛公司和宝洁公司合作后，双方成立了一个协作团队，共同控制商品的质量。双方以结盟的方式，通过计算机实现数据共享。宝洁公司借助数据库，除迅速知道沃尔玛物流中心自己所需的商品情况外，还能及时了解自己产品在沃尔玛各店铺的销售量、库存量和价格等，这不仅能使宝洁公司及时制定出符合市场需求的生产和研发计划，同时也能对沃尔玛的库存做到连续补货，沃尔玛只需要决定商品的进货数量就可以了。反过来，沃尔玛向宝洁公司反馈市场和消费信息，直接指导宝洁调整产品结构，改进产品质量，双方形成一种双赢的合作联盟。

（7）可靠的送货和特定的包装要求。由于 JIT 采购消除了原材料和外购件的缓冲库存，供应商交货的失误和送货的延迟必将导致企业生产线的停工待料。因此，可靠送货是实施 JIT 采购的前提条件。而送货的可靠性，常取决于供应商的生产能力和运输条件，一些不可预料的因素，如恶劣的气候条件、交通堵塞、运输工具故障等，都可能引起送货延迟。此外 JIT 采购对原材料和外购件的包装也提出了特定的要求。最理想的情况是，对每一种原材料和外购件，采用标准规格且可重复使用的容器包装，既可提高运输效率，又能保证交货的准确性。

4. JIT采购与传统采购的对比分析

传统采购与 JIT 采购相比较的话，存在着较大的问题，如较多的供应商数量，合作关系松散、物料质量不易稳定。在供应商评价方面，传统采购只评价合同履行能力，而准时制采购则会对合同履行能力、生产设计能力、物料配送能力、产品研发能力等进行综合评价；交货方式上，传统采购由采购商安排、按合同交货；准时采购由供应商安排，确保交货准时性；在到货检查与信息交流上，传统采购每次到货检查信息不对称，易导致暗箱操作；准时采购质量有保障，无需检查，采供双方高度共享准时实时信息，易建立信任；在采购批量与运输上，传统采购大批量采购，配送频率低，运输次数相对少；准时采购小批量采购、频率高、运输次数多。表 10-1 就是两者的区别分析表。

表 10-1　　传统采购和 JIT 采购的比较表

项　目	传统采购	JIT 采购
采购批量	大批量、送货频率低	小批量、送货频率高
供应商的选择	短期合作、多源供货	长期合作、单源供货
供应商评价	质量、交货期、价格	质量、交货期、价格
检查工作	收获、点货、质量验收	逐渐减少，最后消除
协商内容	获得最低价格	长期合作关系、质量和合理价格

续表

项　目	传统采购	JIT 采购
运输	较低成本卖方负责安排	准时送货买方负责安排
产品说明	买方关心设计、供应商没有创新	供应商革新、强调性能宽松要求
包装	普通包装没有特地说明	规格相对小、标准化容器包装
信息交换	一般要求	快速可靠

综上所述，JIT 采购与传统采购模式比较的话，具有如下几个方面的优势。

（1）有利于暴露生产过程隐藏的问题。从深层次上提高生产效率，JIT 采购认为过高的库存不仅增加了库存的成本，而且还将许多生产上、管理上的矛盾掩盖起来，使问题得不到及时解决，日积月累，小问题就可能积累成了大问题，严重地影响企业的生产效率。而 JIT 是一种理想的物资采购方式，它设置了一个最高标准，一种极限目标，即原材料和外购件的库存为零，质量缺陷为零。同时，为了尽可能地实现这样的目标，JIT 采购提供了一个不断改进的有效途径，即降低原材料和外购件库存—暴露物资采购问题—采取措施解决问题—降低原材料和外购件库存。JIT 采购通过不断减少外购件和原材料的库存来暴露生产过程的隐藏的问题，从解决深层次的问题上来提高生产效率。

（2）消除了生产过程的不增值过程，提高了生产效率。在企业采购中，存有大量的不增加产品价值的活动，如订货、修改订货、收货、装卸、开票、质量检验、点数、入库及运转等，把大量时间、精力、资金花在这些活动上是一种浪费。JIT 采购由于大大地精简了采购作业流程，因此消除了这些浪费，极大地提高了工作效率。

（3）进一步减少并最终消除原材料和外购件库存。降低企业原材料库存不仅取决于企业内部，而且取决于供应商的管理水平。JIT 采购模式不仅对企业内部的科学管理提出了严格的要求，而且对供应商的管理水平提出了更高、更严格的要求。JIT 采购不仅是一种采购方式，也是一种科学的管理模式，JIT 采购模式的运作，在客观上将在用户企业和供应商企业中铸造一种新的科学管理模式，这将大大提高用户企业和供应商企业的科学管理水平。根据国外一些实施 JIT 采购策略企业的测算，JIT 采购可以使原材料和外购件库存降低 40%～85%。有利于企业减少流动资金的占用，加速流动资金的周转，同时也有利于节省原材料和外购件库存占用空间，从而降低库存成本。

（4）使企业真正实现柔性生产。JIT 采购使企业实现了需要什么物资，就能供给什么样的物资，什么时间要就能什么时间供应，需要多少就能供给多少。从而使原材料和外购件库存降到最低水平。从这个意义上讲，JIT 采购最能适应市场需求变化，使企业能够具有真正的柔性。

（5）有利于提高采购物资的质量。一般来说，实施 JIT 采购，可以使购买的原材料和外购件的质量提高 2～3 倍。而且，原材料和外购件质量的提高，又会引致质量成本的降低。

（6）有利于降低原材料和外购件的采购价格。由于供应商和制造商的密切合作以及内部规模效益与长期订货，再加上消除了采购过程中的一些浪费，就使得购买的原材料和外购件的价格得以降低。

同时，JIT 采购也存在如下一些缺点。

（1）不能在一个车间状态下运作。

（2）在一个流量车间状态下不需要应用 JIT。

（3）在可以进行正常的工作前需要作很多准备工作。

（4）容易造成工作停滞，需求急涌而供不应求。

（5）难于频繁的变换新产品。

（6）频繁的运送可能导致拥塞。

（7）改进的实际因素不是很清楚。

二、JIT采购的实施

通过前文分析可以看到，JIT 采购方法和传统的采购方法差别很大，企业要实施 JIT 采购，以下 4 点十分重要。

① 看板管理是 JIT 采购中最有效的使用手段。

② 企业要选择最佳的供应商，并对供应商进行有效管理是 JIT 采购成功的基石。

③ 供应商与用户紧密合作是 JIT 采购成功的钥匙。

④ 卓有成效的采购过程，严格的质量控制是 JIT 采购成功的保证。此外 JIT 采购还必须遵循一定的科学实施步骤。

从经验上来看，企业在实施 JIT 采购时，大体可以遵从下面具体步骤。

1. 创建JIT采购班组

JIT 采购班组的作用，就是全面处理 JIT 有关事宜。要制订 JIT 采购的操作规程，协调企业内部各有关部门的运作、协调企业与供应商之间的运作。JIT 除了企业采购供应部门有关人员之外，还要有本企业以及供应商企业的生产管理人员、技术人员、搬运人员等共同组成。一般应成立两个班组。一个是专门处理供应商事务的班组，该班组的任务是培训和指导供应商的 JIT 采购操作、衔接供应商与本企业的操作流程、认定和评估供应商的信誉、能力，与供应商谈判签定准时化供货合同，向供应商发放免检签证等；另一个班组是专门协调本企业各个部门的 JIT 采购操作、制定作业流程、指导和培训操作人员、进行操作检验、监督和评估。这些班组人员对 JIT 采购的方法应有充分的了解和认识，必要时要进行培训。

2. 制订计划，确保JIT采购有计划有步骤地实施

企业要有针对性的制定采购策略，制定出具体的分阶段改进当前传统采购的措

施，包括减少供应商的数量、供应商的评价、向供应商发放签证等内容。在这个过程中，企业要与供应商一起商定 JIT 采购的目标和有关措施，保持经常性的信息沟通。

3. 精选少数供应商建立伙伴关系

供应商和企业之间互利的伙伴关系，意味着双方充满了一种紧密合作、主动交流、相互信赖的和谐气氛，共同承担长期协作的义务。在这种关系的基础上，发展共同的目标，分享共同的利益。企业可以选择少数几个最佳供应商作为工作对象，抓住一切机会加强与他们之间的业务关系。

4. 进行试点工作

企业可以先从某种产品、某条生产线或是某些特定原材料的试点开始，进行 JIT 采购的试点工作。在试点过程中，取得企业各个部门的支持是很重要的，特别是生产部门的支持。通过试点总结经验，为正式的 JIT 采购实施打下基础。以国内较早实施 JIT 采购的武汉神龙汽车有限公司为例。1998 年初，神龙公司相关部门决定施行部分外协件的 JIT 采购，进行直送看板供应。第一个被选为 JIT 采购试点的外协件为汽车坐椅。

5. 搞好供应商培训，确定共同目标

JIT 采购是供需双方共同的业务活动，单靠采购部门的努力是不够的，需要供应商的配合，只有供应商也对 JIT 采购的策略和运作方法有了认识和理解，才能获得供应商的支持和配合。因此，需要对供应商进行教育和培训。通过培训，大家取得一致的目标，相互之间就能够很好地协调做好采购的准时化工作。

6. 给供应商颁发产品免检证书

在实施 JIT 采购策略时，核发免检证书是非常关键的一步。颁发免检证书的前提是供应商的产品 100%的合格。为此，核发免检证书时，要求供应商提供最新的、正确的、完整的产品质量文件，包括设计蓝图、规格、检验程序以及其他必要的关键内容。经长期检验达到目标后，所有采购的物资就可以从卸货点直接运至生产线使用。

7. 实现配合节拍进度的交货方式

向供应商采购的原材料和外购件，其目标是要实现这样的交货方式：当生产线正好需要某种物资时，该物资就到货并运至生产线，生产线拉动它所需的物资，并在制造产品时使用该物资。

8. 继续改进，扩大成果

JIT 采购是一个不断完善和改进的过程，需要在实施过程中不断总结经验教训，从降低运输成本、提供交货的准确性、提高产品质量、降低供应库存等各个方面进行改进，不断提高 JIT 采购的运作绩效。实行 JIT 采购效益非常好，操作也非常简单，但对企业管理基础和信息化建设基础要求较高。因此，国内许多企业尚未采用。但是

作为一种先进的采购方法，由于能为企业带来显著的经济效益，JIT 采购模式已经引起了越来越多国内企业的兴趣和重视，推广和应用已是国内企业发展的必然需要和大势所趋。国内企业要开展 JIT 采购，只有未雨绸缪，尽快了解和探索 JIT 采购的原理和方法，从基础工作抓起，逐步创造条件，才能达到事半功倍的效果，从而早日为企业创造经济效益，提高企业的竞争能力。

【阅读案例】　海尔的 JIT 采购

采购物流是生产过程的前段，也是整个物流活动的起点。目前很多企业仍在困惑的是用什么样的办法可以快速、高效地组织自己的采购物流。很多企业也上了一些物流系统，但作用甚小。在这里，我们介绍一个最典型的案例——海尔公司的物流系统，希望给大家以启示。

1．3 个 JIT 同步流程

（1）海尔的 3 个 JIT 包括以下 3 个内容。

① JIT 采购。何时需要就何时采购，采购的是订单，不是库存，是需求拉动采购。这就会对采购提出较高的要求，要求原有的供应网络要比较完善，可以保证随时需要随时能采购得到。

② JIT 生产。JIT 生产也是生产订单，不生产库存。顾客下了订单以后，开始生产。答应 5 天或者 6 天交货，在这个期限内可以安排生产计划。完成生产计划需要怎样的原料供应，只要原料供应的进度能够保证，生产计划就会如期完成。

③ JIT 配送。三者有机地结合在一起，这种物流的流程跟传统的做法不一样，它完全是一体化的运作，而且海尔物流跟一般企业的物流还有比较大的差别。海尔对物流高度重视，把它提升到战略高度，也很舍得投资，去过海尔现场观察的人都会对它的立体仓储挑指称赞。流程化、数字化、一体化，是 3 个 JIT 流程的统一基本特色。

（2）海尔怎么做 JIT 采购？

① 全球统一采购。海尔产品所需的材料有 1.5 万个品种，这 1.5 万个品种的原材料基本上要进行统一采购，而且是全球范围的采购。这样做不仅能达到规模经济，而且要寻找全球范围的最低价格。所以它的 JIT 采购是全球范围里最低价格进行统一采购，采购价格的降低对物流成本的降低有非常直接的影响。

② 招标竞价。海尔每年的采购金额差不多有 100 多亿人民币，它通过竞标、竞价，要把采购价格下降 5%。每年下降 100 亿的 5%，就可以直接提高利润，或者说其价格在市场上就更有竞争力。

③ 网络优化供应商。网络优化供应商就是通过网络，通过 IT 平台在全球选择和评估供应商。网络优化供应商比单纯压价要重要得多，因为它的选择余地很大，真正国际化的企业在国际大背景下运作，就可以有很多资源供它选择。海尔的 JIT 采购实现了网络化、全球化和规模化，采取统一采购，而且是用招标竞标的方式来不断地寻求物流采购成本的降低。

（3）海尔怎么做JIT生产？

在ERP模块，它由市场需求来拉动生产计划，由生产计划来拉动原料采购，再要求供应商直送工位，一环紧扣一环。其基础是ERP的操作平台，有IT技术作为舞台，在这个舞台上演JIT生产这台戏。其前提就决定了生产速度会快，成本会低，效率会高；相反，如果靠传统模式去实现JIT生产难度就会很大。海尔完全是物流的一体化，包括采购、生产、销售、配送等的一体化，物流部门的组织结构已经调整过来，由物流部门来控制整个集团下面的物流。

（4）海尔怎么做JIT配送？

目前海尔物流部门在中国内地有4个配送中心，在欧洲的德国有配送中心，在美国也有配送中心，通过这些总的中转驿站——配送中心来控制生产。不做JIT采购就做不了JIT生产，而要做JIT生产和JIT采购还必须有JIT配送。是JIT配送而不是JIT运输，因为运输是长距离的，配送是短距离的，是当地的。怎样做到按照生产的需要在当地做配送，随时需要随时送到，而且数量、规格要符合需要，这就对物流提出了比较高的要求。货物配送时间要扣得准，JIT生产、JIT采购、JIT配送就是要达到零库存。零库存不是库存等于零，而是在于库存的周转速度，周转速度越快，相对来说库存量就越少。JIT配送是这一切的基础，采购、生产与配送必须同时具备JIT的条件，因此叫同步流程，流程再造的时候就要考虑到这3个方面。

3个JIT，实现同步流程。由于物流技术和计算机信息管理的支持，海尔物流通过3个JIT，即JIT采购、JIT配送和JIT分拨物流来实现同步流程。目前通过海尔的BBP采购平台，所有的供应商均在网上接受订单，并通过网上查询计划与库存，及时补货；货物入库后，物流部门可根据次日的生产计划利用ERP信息系统进行配料，同时根据看板管理4小时送料到工位；生产部门按照B2B、B2C订单的需求完成订单以后，满足用户个性化需求的定制产品通过海尔全球配送网络送达用户手中。目前海尔在中心城市实现8小时配送到位，区域内24小时配送到位，全国4天以内到位。

2. 海尔物流管理的“一流三网”

充分体现了现代物流的特征。“一流”是以订单信息流为中心；“三网”分别是全球供应链资源网络、全球用户资源网络和计算机信息网络。“三网”同步运动，为订单信息流的增值提供支持。

海尔物流的“一流三网”的同步模式可以实现以下目标。

为订单而采购，消灭库存。在海尔，仓库不再是储存物资的水库，而是一条流动的河，河中流动的是按单采购来生产必需的物资，从根本上消除了呆滞物资、消灭了库存。目前，海尔集团每个月平均接到6 000多个销售订单，这些订单的定制产品品种达7 000多个，需要采购的物料品种达15万多种。海尔物流整合以来，呆滞物资降低73.8%，仓库面积减少50%，库存资金减少67%。海尔国际物流中心货区面积7 200平方米，但它的吞吐量却相当于30万平方米的普通平面仓库，海尔物流中心只有10个叉车司机，而一般仓库完成这样的工作量至少需要上百人。双赢赢得全球供应链网络。海尔通过整合内部资源，优化外部资源使供应商由原来的2 336家优化至978家，国际化供应商的比例却上升了20%，建立了强大的全球供应链网络，GE、爱默生、巴斯夫等世界500强企业都成为海尔的供应商，有力地保障了海尔产品的质量和交货期。不仅如此，更有一批国际化大公司以其高科技和新技术参与到海尔产品的前端设计中，目前可以参与产品开发的供应商比例已高达32.5%。

实训练习

请结合所学知识，分析JIT采购方式应用的条件是什么？国内目前哪些企业可以应用这种采购方式呢？

任务二 供应链采购管理分析

任务引入

随着经济的不断发展，企业竞争越来越激烈，经济全球化不仅已经很明显，而且进程正在加快。全球经济一体化对我国企业来说，既是一种机遇，又是一种挑战，对企业的运营活动模式也会带来极大的影响和变化。

1. 任务要求

惠普打印机的生产、研究开发节点分布16个国家，销售服务部门节点分布110个国家，而其总产品超过22 000类。欧洲和亚洲地区对于台式打印机电源供应（电压110伏和220伏的区别，以及插件的不同）、语言（操作手册）等有不同的要求。以前这些都由温哥华的公司完成，北美、欧洲和亚太地区是它的3个分销中心。这样一种生产组织策略，我们称之为工厂本地化（Factory Localization）。惠普的分销商都希望尽可能降低库存，同时尽可能快地满足客户的需求。这样导致惠普公司感到保证供货及时性的压力很大，从而不得不采用备货生产（Make—To—Stock）模式以保证对分销商供货准时的高可靠性，因而分销中心成为有大量安全库存的库存点。制造中心是一种拉动式的，计划性生成是为了通过JIT模式满足分销中心的目标安全库存，同时它本身也必须拥有一定的零部件、原材料安全库存。

零部件原材料的交货质量（到货时间推迟、错误到货等问题是否存在）、内部业务流程、需求等的不确定性是影响供应链运作的主要因素。这些因素导致不能及时补充分销中心的库存，需求的不确定性导致库存堆积或者分销中心重复订货。

需要用大约一个月时间将产品海运到欧洲和亚太分销中心，这么长的提前期导致分销中心没有足够时间去对快速变化的市场需求作出反应，而且欧洲和亚太地区就只能以大量的安全库存来保证对用户需求的满足。

请同学根据上述供应链背景下的企业状况，分析完成以下任务，形成分析报告：

尽量减少库存并提供高质量服务，并着重于供应商管理以降低供应的不确定性，减少机器闲置时间。

要求：在不牺牲顾客服务水平前提下改善这一状况。

2. 任务分析

供应商、制造点（温哥华，Vancouver）、分销中心、经销商和消费者组成惠普台式打印机供应链的各个节点，供应链是一个由采购原材料、把它们转化为中间产品和最终产品、最后交到用户手中的过程所组成的网络。学生可首先在教师的指导下将供应量模型画出，教师再对分析报告的重点内容进行提示和建议。学生可通过查阅资料、讨论的形式来搜集信息，完成任务。为进入工作岗位进行实际操作打下良好的实践操作基础。

3. 实施步骤

（1）学生分组，建议4～5人一组。

（2）训练区域和工具的准备：电脑机房、计算机、多媒体网络。

（3）教师解读案例信息。

（4）学生讨论以下问题：

① 为了保证顾客订单的高比例即时满足率，在改建供应链之前，惠普应该做哪些工作?

② 改造过程中，如何把握进行即时供应时并不会出现缺货?

（5）完成供应链管理改造的采购分析报告。

（6）制作汇报PPT，展示成果。

4. 结果评价与交流

对学生实施过程及分析报告质量进行评价，激励学生积极认真地实施项目，为后续的点评交流准备翔实的基础资料。可将评价分为个人评价和小组评价两个层面。其中，小组评价可以由教师评价和小组互评得到，个人评价由教师评价和小组成员互评得到。

选取典型汇报材料进行展示点评，对表现优秀的事迹和亮点给予表彰和推广，对于不足之处帮助其改进，提高以后项目实施的绩效。

一、供应链管理概述

1. 供应链管理概念

供应链管理是近年来在国内外逐渐受到重视的一种新的管理理念与模式。供应链管理的研究最早是从物流管理开始的，起初人们并没有把它和企业的整体管理联系起来，主要是进行供应链管理的局部性研究，如研究多级库存控制问题、物资供应问题，其中较多的是关于分销运作问题，例如分销需求计划（DRP）的研究就是典型的属于供应链中的物资配送问题。

早期的观点认为供应链是制造企业中的一个内部过程，它是指把从企业外部采购的原材料和零部件，通过生产转换和销售等活动，再传递到零售商和用户的一个过程。传统的供应链概念局限于企业的内部操作层上，注重企业自身的资源利用。

有些学者把供应链的概念与采购、供应管理相关联，用来表示与供应商之间的关系，这种观点得到了研究合作关系、JIT 关系、精细供应、供应商行为评估和用户满意度等问题的学者的重视。但这样一种关系也仅仅局限在企业与供应商之间，而且供应链中的各企业独立运作，忽略了与外部供应链成员企业的联系，往往造成企业间的目标冲突。

目前人们比较认可的定义是供应链是围绕核心企业，通过对信息流、物流、资金流的控制，从采购原材料开始，制成中间产品以及最终产品，最后由销售网络把产品送到消费者手中的将供应商、制造商、分销商、零售商、直到最终用户连成一个整体的功能网链结构模式。它是一个范围更广的企业结构模式，它包含所有加盟的节点企业，从原材料的供应开始，经过链中不同企业的制造加工、组装、分销等过程直到最终用户。它不仅是一条连接供应商到用户的物料链、信息链、资金链，而且是一条增值链。物料在供应链上因加工、包装、运输等过程而增加其价值，给相关企业都带来收益。

2. 供应链管理特点

供应链管理具有以下特点。

（1）复杂性：供应链结构模式比一般单个企业的结构模式更为复杂。

（2）动态性：因企业战略和适应市场需求变化的需要，其中的节点企业需要动态地更新。

（3）面向用户需求：供应链的形成、存在、重构，都是基于一定的市场需求而发生。

（4）交叉性：节点企业可以是这个供应链的成员，同时又是另一个供应链的成员，众多的供应链形成交叉结构 。

3. 供应链管理的模型

根据以上供应链的定义，其结构可以简单地归纳为如图 10-2 所示的模型。

从图 10-2 中可以看出，供应链由所有加盟的节点企业组成，其中一般有一个核心企业（可以是产品制造企业，也可以是大型零售企业，如美国的沃尔玛），节点企业在需求信息的驱动下，通过供应链的职能分工与合作（生产、分销、零售等），以资金流、物流或/和服务流为媒介实现整个供应链的不断增值。

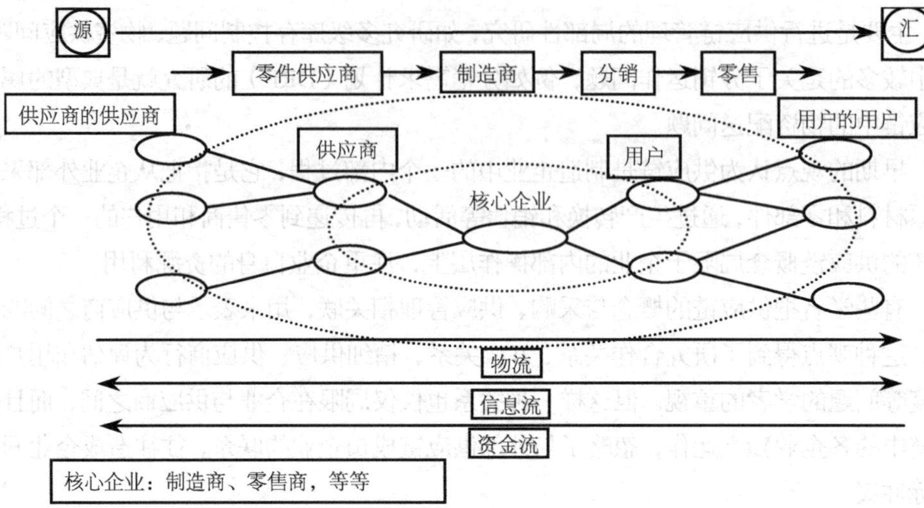

源
汇
零件供应商
制造商
分销
零售
供应商的供应商
用户的用户
供应商
用户
核心企业
物流
信息流
资金流
核心企业：制造商、零售商，等等

图 10-2 供应链管理结构模型

二、供应链采购

1. 供应链采购的概念

企业为了追求和实现它的战略目标而进行的一系列紧密与生产和库存相连的识别、采办、获取与管理它所需要的所有资源的活动。供应链采购是在供应链机制下，成员企业之间的采购模式。供应链内部的需求企业向供应商企业采购订货，供应商企业将货物供应给需求企业。图 10-3 所示是供应链管理环境下的采购运作信息处理示意图。

JIT 采购、MRP 采购都是供应链采购的模式。

供应商的信息处理系统
信息流
信息流
采购管理信息处理系统服务器
信息汇总、处理
信息流
信息流
企业管理信息系统中央服务器
信息流
信息流
包括价格、规格、代用、性能
供应商情况库数据库
物资情况数据库

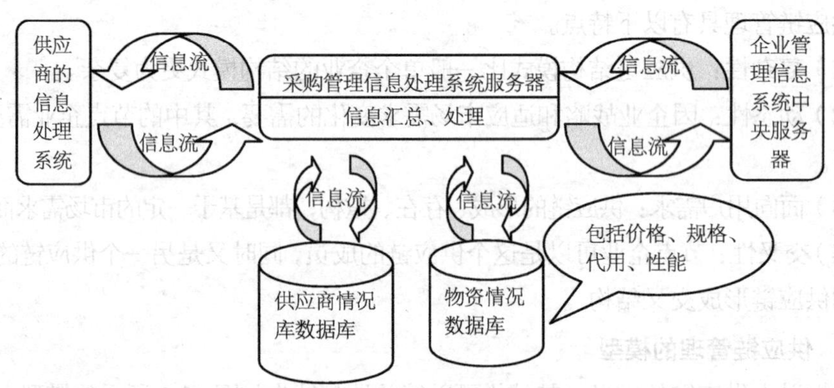

图 10-3 供应链管理环境下的采购运作信息处理示意图

2. 供应链采购特点

供应链采购与传统的采购相比，物资供需关系没变，采购的概念没变。但是，由于供应链各个企业之间是一种战略伙伴关系，采购是在一种非常友好的合作环境中进行，所以采购的观念和采购的操作都发生了很大变化。供应链采购的特点体现在如下几个方面。

（1）从采购性质来看。供应链采购是一种基于需求的采购；供应链采购也是一种供应商主动型采购；供应链采购还是一种合作型采购。

（2）从采购环境看。供应链采购是一种友好合作的环境，而传统采购是一种利益互斥、对抗性竞争环境。

（3）从信息情况看。供应链采购一个重要的特点就是供应链企业之间实现了信息连通、信息共享。

（4）从库存情况看。第一，用户零库存可以大大节省费用、降低成本、专心致志地搞好工作，发挥核心竞争力，可以提高效率；第二，供应商掌握库存自主权，可以根据需求变动情况适时地调整生产计划和送货计划，既避免盲目生产造成的浪费，也可以避免库存积压、库存过高所造成的浪费以及风险。

（5）从送货情况看。供应链采购是由供应商负责送货，而且是连续小批量多频次地送货。

（6）从双方关系看。供应链采购活动中，买方企业和卖方企业是一种友好合作的战略伙伴关系，彼此之间互相协调、互相配合、互相支持，所以有利于各个方面工作的顺利开展，提高工作效率、实现双赢。

（7）从货检情况看。传统采购由于是一种对抗关系，所以货物会常常以次充好、低价高买、甚至伪劣假冒、缺斤少两，所以买方进行货检的力度大，工作量大，成本高。而供应链采购，由于供应商自己责任与利润相连，所以自我约束、保证质量，所以可以免检。这样大大节约了费用、降低了成本、保证了质量。

从上述特点，可以看出，供应链采购和传统采购相比较，在观念上、行动上都有较大的区别，它具有明显的优越性。图 10-4 所示表明了采购在供应链活动中起着联系上下游企业（供应商和制造商）的作用。

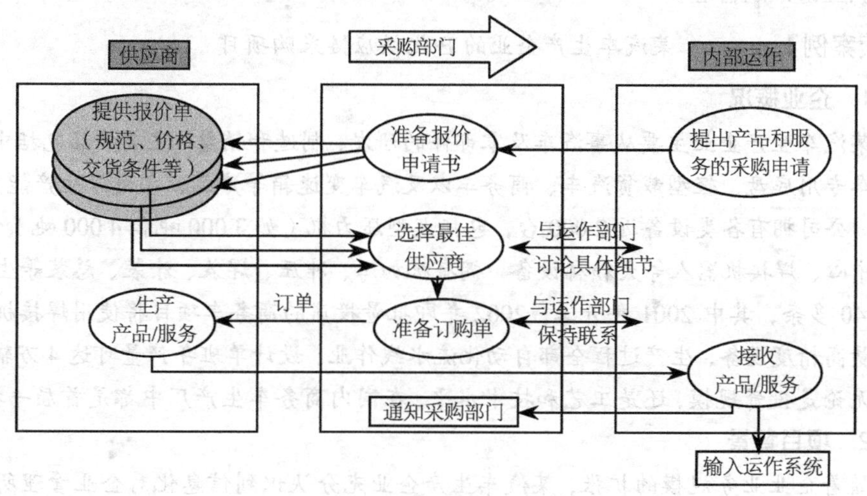

图 10-4　采购活动连接着制造商和供应商

三、供应链采购的实施

1. 转变观念

供应链管理采购确实存在诸多优势，是一种很受欢迎的采购方式。但是实施供应链管理采购方式确实是一件很难的事情。可以说，供应链采购是对传统采购方式的一种革命，无论在观念上还是做法上，都发生了革命性的变化。具体来说，表现在以下几个方面。

（1）改变为了库存而采购的想法。

（2）从采购管理向外部资源管理转变。供应链采购的实质，就是充分利用企业外部资源，利用供应商自己的作用来实现企业采购的工作。让供应商对自己的产品负责，对物资的供应负责。

（3）从一般买卖关系向战略伙伴关系转变。只有把供应商当成自己的合作伙伴，才会建立起友好的合作关系，才能够实现供应链采购。

（4）从卖方主动型向买方主动型转变。

2. 加强基础建设

除了在以上几个方面实现观念的转变之外，还要做一些基础建设工作。

（1）物流基础设施建设，包括仓库布点、运输通道、搬运工具等。

（2）信息基础建设，包括建立企业自己的信息系统网络、Internet、Intranet 网络等，方便采购的运作。

（3）供应链系统基础建设。

（4）采购基础建设，涉及供应商管理库存、连续补货系统、信息共享机制、自动订货机制、准时化采购机制、付款机制、效益评估、利益分配机制、安全系统等，以实现供应链采购管理。

【阅读案例】 某汽车生产企业的E化供应链采购项目

1. 企业概况

某汽车生产企业主要从事汽车及零部件的研发、制造和销售，主要产品包括中、轻型客车专用底盘、轻型载货汽车、商务车以及汽车变速箱等产品，年汽车生产能力 12 万辆。公司拥有各类设备近 2 000 台，包括大型压力机（如 3 000 吨和 4 000 吨）、数控加工中心、焊接机器人等大精稀设备，拥有机加工、冲压、焊装、涂装、总装等生产流水线 40 多条，其中 2001 年开工，2002 年即批量投产的商务车项目将使用焊接机器人等大量高精度设备，生产过程全部自动化流水线作业，设计单班年产量可达 4 万辆。该项目无论是投资规模，还是工艺和技术水平，在国内商务车生产厂中都是首屈一指的。

2. 项目背景

随着企业业务规模的扩张，某汽车生产企业充分认识到信息化对企业管理所带来的帮助。公司成功实施了CIMS示范工程，是全国CIMS运用先进企业，全面实现从产品开发到经营管理的信息化，形成了快速设计及制造体系。大力推行精益生产、顾客链管理、办公自动化等先进的管理方法和现代化的管理技术及手段，不断提升公司的管理水平，构建了企业整体的数字神经系统。

但是对于采购供应链管理方面尚未建立集成的系统，所以希望以e化采购的方式实现供应商与企业的紧密集成。从供应寻源，到采购协同，到供应优化，提供了一套科学、高效的全面供应商关系管理的思路，让供应商同本公司无缝集成，针对生产、市场的变化，敏捷应对、随需而动。

3. 项目解决方案

项目大体分为4个部分。交流平台，协同采购，电子询报价，供应商绩效评估。经过调研、需求分析和反复讨论、沟通，最后确定了如下的解决方案，整个项目分为4个部分。

（1）交流平台。首先建立一个信息交互平台，通过交流平台在企业与供应商间建立一个沟通的桥梁。在交流平台可以发布各类公告供内外部用户查看；供应商可以下载各种管理流程、管理制度、管理表格，按照统一的规范、统一的流程办事；通过交流平台采购与供应商（用户可以与权限范围内用户）间可以实现点对点的信息交流与文档传递。

（2）协同采购。协同采购主要是针对采购部门的日常业务，处理包括采购订单、发货通知、库存查询、发票控制、日送货排程等在内的各种信息的处理与查询。

① 采购订单处理主要实现采购订单的网上发布、网上确认，同时提供未交货信息和已交货信息等各种订单信息的查询；不需要再电话或传真通知供应商，供应商可以实时查询最新的订单状况。

② 发货通知。供应商发货前在系统创建送货通知单，然后打印出来随货一同发送。采购及库管可以随时查询供应商的发货状况，了解在途信息，并提前做好收货准备。

③ 库存查询。提供库存的查询，内部用户可以查询综合的库存信息，供应商用户只能查看自己存放在寄售仓库的库存信息，系统根据现有库存及库存警戒线给出警示信息，提醒要尽快补货。

④ 发票控制。允许供应商直接从网上下载一定范围内的开票信息，据此开发票，采购和财务也可以查询或下载同样的数据进行比对。这样就不再需要采购员定期的打印、传真给供应商开票通知；供应商也可以较早了解到最新的开票信息，据此开票，提高作业效率，减少差错发生。

⑤ 日送货排程。对于JIT或者采用寄售方式的物料，系统根据日生产计划生成的物料需求以及设定的物料的供货供应商轮换规则自动发布给供应商最新的送货排程，寄售仓库管理员或者Jit供应商查询发布给自己的排程资料，据此安排送货。

（3）电子询报价。采购在网上对相关供应商发布新品的询价信息或者发布合同询价信息，各供应商在网上直接回复报价资料；采购可以监控询报价进度，可以接受或者拒绝供应商报价，并要求供应商重新报价；对于报价可以从多个角度做价格比较，可以查询历史的报价信息。

（4）绩效评估。建立完整的供应商评估体系，从质量、交货、服务等多维度综合分析供应商绩效，纵向横向深入分析评估结果，比较查询供应商的优劣，逐步完善整个供应体系。评估结果可以以表格和图形的方式显示，看起来非常直观。评估结果发布后供应商可以直接查询自己的得分状况，及时分析原因，进行整改。

4. 实施效益

（1）构建一个供应链管理的平台，实现信息的快速传递；目前所有供应商都有使用交流平台，通过交流平台传递各种信息及资料。

（2）直接与 ERP 系统集成，信息同步快，数据更准确，极大减少人为原因造成的错误机率。

（3）降低采购人员的作业负担，减少传统的电话、传真等低效的沟通方式，降低沟通成本。

（4）改善现有的作业流程，可以及时发现并解决问题，信息反馈及时，提高工作效率。

（5）最终实现与供应商之间的协同，提升整个供应链的作业效率，共同应对市场变动。

实训练习

（1）请查阅沃尔玛公司的供应链采购实施过程，分析其特点，并对沃尔玛供应链采购的流程进行分析，画出流程图。

（2）从沃尔玛的供应链采购实施案例中我们学到了哪些经验和教训？

综合练习

1. 小组讨论：对比分析几种供应链采购模式。

2. 小组讨论：农产品的采购过程中，实施供应链需要哪些条件？

附　录

附录A　中华人民共和国政府采购法（全文）

第一章　总　则

第一条　为了规范政府采购行为，提高政府采购资金的使用效益，维护国家利益和社会公共利益，保护政府采购当事人的合法权益，促进廉政建设，制定本法。

第二条　在中华人民共和国境内进行的政府采购适用本法。

本法所称政府采购，是指各级国家机关、事业单位和团体组织，使用财政性资金采购依法制定的集中采购目录以内的或者采购限额标准以上的货物、工程和服务的行为。

政府集中采购目录和采购限额标准依照本法规定的权限制定。

本法所称采购，是指以合同方式有偿取得货物、工程和服务的行为，包括购买、租赁、委托、雇用等。

本法所称货物，是指各种形态和种类的物品，包括原材料、燃料、设备、产品等。

本法所称工程，是指建设工程，包括建筑物和构筑物的新建、改建、扩建、装修、拆除、修缮等。

本法所称服务，是指除货物和工程以外的其他政府采购对象。

第三条　政府采购应当遵循公开透明原则、公平竞争原则、公正原则和诚实信用原则。

第四条　政府采购工程进行招标投标的，适用招标投标法。

第五条　任何单位和个人不得采用任何方式，阻挠和限制供应商自由进入本地区和本行业的政府采购市场。

第六条　政府采购应当严格按照批准的预算执行。

第七条　政府采购实行集中采购和分散采购相结合。集中采购的范围由省级以上人民政府公布的集中采购目录确定。

属于中央预算的政府采购项目，其集中采购目录由国务院确定并公布；属于地方预算的政府采购项目，其集中采购目录由省、自治区、直辖市人民政府或者其授权的机构确定并公布。

纳入集中采购目录的政府采购项目，应当实行集中采购。

第八条　政府采购限额标准，属于中央预算的政府采购项目，由国务院确定并公布；属于地方预算的政府采购项目，由省、自治区、直辖市人民政府或者其授权的机构确定并公布。

第九条　政府采购应当有助于实现国家的经济和社会发展政策目标，包括保护环境，扶持不发达地区和少数民族地区，促进中小企业发展等。

第十条　政府采购应当采购本国货物、工程和服务。但有下列情形之一的除外：

（一）需要采购的货物、工程或者服务在中国境内无法获取或者无法以合理的商业条件获取的；

（二）为在中国境外使用而进行采购的；

（三）其他法律、行政法规另有规定的。

前款所称本国货物、工程和服务的界定，依照国务院有关规定执行。

第十一条　政府采购的信息应当在政府采购监督管理部门指定的媒体上及时向社会公开发布，但涉及商业秘密的除外。

第十二条　在政府采购活动中，采购人员及相关人员与供应商有利害关系的，必须回避。供应商认为采购人员及相关人员与其他供应商有利害关系的，可以申请其回避。

前款所称相关人员，包括招标采购中评标委员会的组成人员，竞争性谈判采购中谈判小组的组成人员，询价采购中询价小组的组成人员等。

第十三条　各级人民政府财政部门是负责政府采购监督管理的部门，依法履行对政府采购活动的监督管理职责。

各级人民政府其他有关部门依法履行与政府采购活动有关的监督管理职责。

第二章　政府采购当事人

第十四条　政府采购当事人是指在政府采购活动中享有权利和承担义务的各类主体，包括采购人、供应商和采购代理机构等。

第十五条　采购人是指依法进行政府采购的国家机关、事业单位、团体组织。

第十六条　集中采购机构为采购代理机构。设区的市、自治州以上人民政府根据本级政府采购项目组织集中采购的需要设立集中采购机构。

集中采购机构是非营利事业法人，根据采购人的委托办理采购事宜。

第十七条　集中采购机构进行政府采购活动，应当符合采购价格低于市场平均价格、采购效率更高、采购质量优良和服务良好的要求。

第十八条　采购人采购纳入集中采购目录的政府采购项目，必须委托集中采购机构代理采购；采购未纳入集中采购目录的政府采购项目，可以自行采购，也可以委托集中采购机构在委托的范围内代理采购。

纳入集中采购目录属于通用的政府采购项目的，应当委托集中采购机构代理采购；属于本部门、本系统有特殊要求的项目，应当实行部门集中采购；属于本单位有特殊要求的项目，经省级以上人民政府批准，可以自行采购。

第十九条　采购人可以委托经国务院有关部门或者省级人民政府有关部门认定资格的采购代理机构，在委托的范围内办理政府采购事宜。

采购人有权自行选择采购代理机构，任何单位和个人不得以任何方式为采购人指定采购代理机构。

第二十条　采购人依法委托采购代理机构办理采购事宜的，应当由采购人与采购代理机构签订委托代理协议，依法确定委托代理的事项，约定双方的权利义务。

第二十一条　供应商是指向采购人提供货物、工程或者服务的法人、其他组织或者自然人。

第二十二条　供应商参加政府采购活动应当具备下列条件：

（一）具有独立承担民事责任的能力；

（二）具有良好的商业信誉和健全的财务会计制度；

（三）具有履行合同所必需的设备和专业技术能力；

（四）有依法缴纳税收和社会保障资金的良好记录；

（五）参加政府采购活动前三年内，在经营活动中没有重大违法记录；

（六）法律、行政法规规定的其他条件。

采购人可以根据采购项目的特殊要求，规定供应商的特定条件，但不得以不合理的条件对供应商实行差别待遇或者歧视待遇。

第二十三条　采购人可以要求参加政府采购的供应商提供有关资质证明文件和业绩情况，并根据本法规定的供应商条件和采购项目对供应商的特定要求，对供应商的资格进行审查。

第二十四条　两个以上的自然人、法人或者其他组织可以组成一个联合体，以一个供应商的身份共同参加政府采购。

以联合体形式进行政府采购的，参加联合体的供应商均应当具备本法第二十二条规定的条件，并应当向采购人提交联合协议，载明联合体各方承担的工作和义务。联合体各方应当共同与采购人签订采购合同，就采购合同约定的事项对采购人承担连带责任。

第二十五条　政府采购当事人不得相互串通损害国家利益、社会公共利益和其他当事人的合法权益；不得以任何手段排斥其他供应商参与竞争。

供应商不得以向采购人、采购代理机构、评标委员会的组成人员、竞争性谈判小组的组成人员、询价小组的组成人员行贿或者采取其他不正当手段谋取中标或者成交。

采购代理机构不得以向采购人行贿或者采取其他不正当手段谋取非法利益。

第三章　政府采购方式

第二十六条　政府采购采用以下方式：

（一）公开招标；

（二）邀请招标；

（三）竞争性谈判；

（四）单一来源采购；

（五）询价；

（六）国务院政府采购监督管理部门认定的其他采购方式。

公开招标应作为政府采购的主要采购方式。

第二十七条　采购人采购货物或者服务应当采用公开招标方式的，其具体数额标准，属于中央预算的政府采购项目，由国务院规定；属于地方预算的政府采购项目，由省、自治区、直辖市人民政府规定；因特殊情况需要采用公开招标以外的采购方式的，应当在采购活动开始前获得设区的市、自治州以上人民政府采购监督管理部门的批准。

第二十八条　采购人不得将应当以公开招标方式采购的货物或者服务化整为零或者以其他任何方式规避公开招标采购。

第二十九条　符合下列情形之一的货物或者服务，可以依照本法采用邀请招标方式采购：

（一）具有特殊性，只能从有限范围的供应商处采购的；

（二）采用公开招标方式的费用占政府采购项目总价值的比例过大的。

第三十条　符合下列情形之一的货物或者服务，可以依照本法采用竞争性谈判方式采购：

（一）招标后没有供应商投标或者没有合格标的或者重新招标未能成立的；

（二）技术复杂或者性质特殊，不能确定详细规格或者具体要求的；

（三）采用招标所需时间不能满足用户紧急需要的；

（四）不能事先计算出价格总额的。

第三十一条　符合下列情形之一的货物或者服务，可以依照本法采用单一来源方式采购：

（一）只能从唯一供应商处采购的；

（二）发生了不可预见的紧急情况不能从其他供应商处采购的；

（三）必须保证原有采购项目一致性或者服务配套的要求，需要继续从原供应商处添购，且添购资金总额不超过原合同采购金额百分之十的。

第三十二条　采购的货物规格、标准统一、现货货源充足且价格变化幅度小的政府采购项目，可以依照本法采用询价方式采购。

第四章　政府采购程序

第三十三条　负有编制部门预算职责的部门在编制下一财政年度部门预算时，应当将该财政年度政府采购的项目及资金预算列出，报本级财政部门汇总。部门预算的审批，按预算管理权限和程序进行。

第三十四条　货物或者服务项目采取邀请招标方式采购的，采购人应当从符合相应资格条件的供应商中，通过随机方式选择三家以上的供应商，并向其发出投标邀请书。

第三十五条　货物和服务项目实行招标方式采购的，自招标文件开始发出之日起至投标人提交投标文件截止之日止，不得少于二十日。

第三十六条　在招标采购中，出现下列情形之一的，应予废标：

（一）符合专业条件的供应商或者对招标文件作实质响应的供应商不足三家的；

（二）出现影响采购公正的违法、违规行为的；

（三）投标人的报价均超过了采购预算，采购人不能支付的；

（四）因重大变故，采购任务取消的。

废标后，采购人应当将废标理由通知所有投标人。

第三十七条　废标后，除采购任务取消情形外，应当重新组织招标；需要采取其他方式采购的，应当在采购活动开始前获得设区的市、自治州以上人民政府采购监督管理部门或者政府有关部门批准。

第三十八条　采用竞争性谈判方式采购的，应当遵循下列程序：

（一）成立谈判小组。谈判小组由采购人的代表和有关专家共三人以上的单数组成，其中专家的人数不得少于成员总数的三分之二。

（二）制定谈判文件。谈判文件应当明确谈判程序、谈判内容、合同草案的条款以及评定成交的标准等事项。

（三）确定邀请参加谈判的供应商名单。谈判小组从符合相应资格条件的供应商名单中确定不少于三家的供应商参加谈判，并向其提供谈判文件。

（四）谈判。谈判小组所有成员集中与单一供应商分别进行谈判。在谈判中，谈判的任何一方不得透露与谈判有关的其他供应商的技术资料、价格和其他信息。谈判文件有实质性变动的，谈判小组应当以书面形式通知所有参加谈判的供应商。

（五）确定成交供应商。谈判结束后，谈判小组应当要求所有参加谈判的供应商在规定时间内进行最后报价，采购人从谈判小组提出的成交候选人中根据符合采购需求、质量和服务相等且报价最低的原则确定成交供应商，并将结果通知所有参加谈判的未成交的供应商。

第三十九条　采取单一来源方式采购的，采购人与供应商应当遵循本法规定的原则，在保证采购项目质量和双方商定合理价格的基础上进行采购。

第四十条　采取询价方式采购的，应当遵循下列程序：

（一）成立询价小组。询价小组由采购人的代表和有关专家共三人以上的单数组成，其中专家的人数不得少于成员总数的三分之二。询价小组应当对采购项目的价格构成和评定成交的标准等事项作出规定。

（二）确定被询价的供应商名单。询价小组根据采购需求，从符合相应资格条件的供应商名单中确定不少于三家的供应商，并向其发出询价通知书让其报价。

（三）询价。询价小组要求被询价的供应商一次报出不得更改的价格。

（四）确定成交供应商。采购人根据符合采购需求、质量和服务相等且报价最低的原则确定成交供应商，并将结果通知所有被询价的未成交的供应商。

第四十一条　采购人或者其委托的采购代理机构应当组织对供应商履约的验收。大型或者复杂的政府采购项目，应当邀请国家认可的质量检测机构参加验收工作。验收方成员应当在验收书上签字，并承担相应的法律责任。

第四十二条　采购人、采购代理机构对政府采购项目每项采购活动的采购文件应当妥善保存，不得伪造、变造、隐匿或者销毁。采购文件的保存期限为从采购结束之日起至少保存十五年。

采购文件包括采购活动记录、采购预算、招标文件、投标文件、评标标准、评估报告、定标文件、合同文本、验收证明、质疑答复、投诉处理决定及其他有关文件、资料。

采购活动记录至少应当包括下列内容：

（一）采购项目类别、名称；

（二）采购项目预算、资金构成和合同价格；

（三）采购方式，采用公开招标以外的采购方式的，应当载明原因；

（四）邀请和选择供应商的条件及原因；

（五）评标标准及确定中标人的原因；

（六）废标的原因；

（七）采用招标以外采购方式的相应记载。

第五章　政府采购合同

第四十三条　政府采购合同适用合同法。采购人和供应商之间的权利和义务，应当按照平等、自愿的原则以合同方式约定。

采购人可以委托采购代理机构代表其与供应商签订政府采购合同。由采购代理机构以采购人名义签订合同的，应当提交采购人的授权委托书，作为合同附件。

第四十四条　政府采购合同应当采用书面形式。

第四十五条　国务院政府采购监督管理部门应当会同国务院有关部门，规定政府采购合同必须具备的条款。

第四十六条　采购人与中标、成交供应商应当在中标、成交通知书发出之日起三十日内，按照采购文件确定的事项签订政府采购合同。

中标、成交通知书对采购人和中标、成交供应商均具有法律效力。中标、成交通知书发出后，采购人改变中标、成交结果的，或者中标、成交供应商放弃中标、成交项目的，应当依法承担法律责任。

第四十七条　政府采购项目的采购合同自签订之日起七个工作日内，采购人应当将合同副本报同级政府采购监督管理部门和有关部门备案。

第四十八条　经采购人同意，中标、成交供应商可以依法采取分包方式履行合同。

政府采购合同分包履行的，中标、成交供应商就采购项目和分包项目向采购人负责，分包供应商就分包项目承担责任。

第四十九条　政府采购合同履行中，采购人需追加与合同标的相同的货物、工程或者服务的，在不改变合同其他条款的前提下，可以与供应商协商签订补充合同，但所有补充合同的采购金额不得超过原合同采购金额的百分之十。

第五十条　政府采购合同的双方当事人不得擅自变更、中止或者终止合同。

政府采购合同继续履行将损害国家利益和社会公共利益的，双方当事人应当变更、中止或者终止合同。有过错的一方应当承担赔偿责任，双方都有过错的，各自承担相应的责任。

第六章　质疑与投诉

第五十一条　供应商对政府采购活动事项有疑问的，可以向采购人提出询问，采购人应当及时作出答复，但答复的内容不得涉及商业秘密。

第五十二条　供应商认为采购文件、采购过程和中标、成交结果使自己的权益受到损害的，可以在知道或者应知其权益受到损害之日起七个工作日内，以书面形式向采购人提出质疑。

第五十三条　采购人应当在收到供应商的书面质疑后七个工作日内作出答复，并以书面形式通知质疑供应商和其他有关供应商，但答复的内容不得涉及商业秘密。

第五十四条　采购人委托采购代理机构采购的，供应商可以向采购代理机构提出询问或者质疑，采购代理机构应当依照本法第五十一条、第五十三条的规定就采购人委托授权范围内的事项作出答复。

第五十五条　质疑供应商对采购人、采购代理机构的答复不满意或者采购人、采购代理机构未在规定的时间内作出答复的，可以在答复期满后十五个工作日内向同级政府采购监督管理部门投诉。

第五十六条　政府采购监督管理部门应当在收到投诉后三十个工作日内，对投诉事项作出处理决定，并以书面形式通知投诉人和与投诉事项有关的当事人。

第五十七条　政府采购监督管理部门在处理投诉事项期间，可以视具体情况书面通知采购人暂停采购活动，但暂停时间最长不得超过三十日。

第五十八条　投诉人对政府采购监督管理部门的投诉处理决定不服或者政府采购监督管理部门逾期未作处理的，可以依法申请行政复议或者向人民法院提起行政诉讼。

第七章　监督检查

第五十九条　政府采购监督管理部门应当加强对政府采购活动及集中采购机构的监督检查。

监督检查的主要内容是：

（一）有关政府采购的法律、行政法规和规章的执行情况；

（二）采购范围、采购方式和采购程序的执行情况；

（三）政府采购人员的职业素质和专业技能。

第六十条　政府采购监督管理部门不得设置集中采购机构，不得参与政府采购项目的采购活动。

采购代理机构与行政机关不得存在隶属关系或者其他利益关系。

第六十一条　集中采购机构应当建立健全内部监督管理制度。采购活动的决策和执行程序应当明确，并相互监督、相互制约。经办采购的人员与负责采购合同审核、验收人员的职责权限应当明确，并相互分离。

第六十二条　集中采购机构的采购人员应当具有相关职业素质和专业技能，符合政府采购监督管理部门规定的专业岗位任职要求。

集中采购机构对其工作人员应当加强教育和培训；对采购人员的专业水平、工作实绩和职业道德状况定期进行考核。采购人员经考核不合格的，不得继续任职。

第六十三条　政府采购项目的采购标准应当公开。

采用本法规定的采购方式的，采购人在采购活动完成后，应当将采购结果予以公布。

第六十四条　采购人必须按照本法规定的采购方式和采购程序进行采购。

任何单位和个人不得违反本法规定，要求采购人或者采购工作人员向其指定的供应商进行采购。

第六十五条　政府采购监督管理部门应当对政府采购项目的采购活动进行检查，政府采购当事人应当如实反映情况，提供有关材料。

第六十六条　政府采购监督管理部门应当对集中采购机构的采购价格、节约资金效果、服务质量、信誉状况、有无违法行为等事项进行考核，并定期如实公布考核结果。

第六十七条　依照法律、行政法规的规定对政府采购负有行政监督职责的政府有关部门，应当按照其职责分工，加强对政府采购活动的监督。

第六十八条　审计机关应当对政府采购进行审计监督。政府采购监督管理部门、政府采购各当事人有关政府采购活动，应当接受审计机关的审计监督。

第六十九条　监察机关应当加强对参与政府采购活动的国家机关、国家公务员和国家行政机关任命的其他人员实施监察。

第七十条　任何单位和个人对政府采购活动中的违法行为，有权控告和检举，有关部门、机关应当依照各自职责及时处理。

第八章　法律责任

第七十一条　采购人、采购代理机构有下列情形之一的，责令限期改正，给予警告，可以并处罚款，对直接负责的主管人员和其他直接责任人员，由其行政主管部门或者有关机关给予处分，并予通报：

（一）应当采用公开招标方式而擅自采用其他方式采购的；

（二）擅自提高采购标准的；

（三）委托不具备政府采购业务代理资格的机构办理采购事务的；

（四）以不合理的条件对供应商实行差别待遇或者歧视待遇的；

（五）在招标采购过程中与投标人进行协商谈判的；

（六）中标、成交通知书发出后不与中标、成交供应商签订采购合同的；

（七）拒绝有关部门依法实施监督检查的。

第七十二条　采购人、采购代理机构及其工作人员有下列情形之一，构成犯罪的，依法追究刑事责任；尚不构成犯罪的，处以罚款，有违法所得的，并处没收违法所得，属于国家机关工作人员的，依法给予行政处分：

（一）与供应商或者采购代理机构恶意串通的；

（二）在采购过程中接受贿赂或者获取其他不正当利益的；

（三）在有关部门依法实施的监督检查中提供虚假情况的；

（四）开标前泄露标底的。

第七十三条　有前两条违法行为之一影响中标、成交结果或者可能影响中标、成交结果的，按下列情况分别处理：

（一）未确定中标、成交供应商的，终止采购活动；

（二）中标、成交供应商已经确定但采购合同尚未履行的，撤销合同，从合格的中标、成交候选人中另行确定中标、成交供应商；

（三）采购合同已经履行的，给采购人、供应商造成损失的，由责任人承担赔偿责任。

第七十四条　采购人对应当实行集中采购的政府采购项目，不委托集中采购机构实行集中采购的，由政府采购监督管理部门责令改正；拒不改正的，停止按预算向其支付资金，由其上级行政主管部门或者有关机关依法给予其直接负责的主管人员和其他直接责任人员处分。

第七十五条　采购人未依法公布政府采购项目的采购标准和采购结果的，责令改正，对直接负责的主管人员依法给予处分。

第七十六条　采购人、采购代理机构违反本法规定隐匿、销毁应当保存的采购文件或者伪造、变造采购文件的，由政府采购监督管理部门处以二万元以上十万元以下的罚款，对其直接负责的主管人员和其他直接责任人员依法给予处分；构成犯罪的，依法追究刑事责任。

第七十七条　供应商有下列情形之一的，处以采购金额千分之五以上千分之十以下的罚款，列入不良行为记录名单，在一至三年内禁止参加政府采购活动，有违法所得的，并处没收违法所得，情节严重的，由工商行政管理机关吊销营业执照；构成犯罪的，依法追究刑事责任：

（一）提供虚假材料谋取中标、成交的；

（二）采取不正当手段诋毁、排挤其他供应商的；

（三）与采购人、其他供应商或者采购代理机构恶意串通的；

（四）向采购人、采购代理机构行贿或者提供其他不正当利益的；

（五）在招标采购过程中与采购人进行协商谈判的；

（六）拒绝有关部门监督检查或者提供虚假情况的。

供应商有前款第（一）至（五）项情形之一的，中标、成交无效。

第七十八条　采购代理机构在代理政府采购业务中有违法行为的，按照有关法律规定处以罚款，可以依法取消其进行相关业务的资格，构成犯罪的，依法追究刑事责任。

第七十九条　政府采购当事人有本法第七十一条、第七十二条、第七十七条违法行为之一，给他人造成损失的，并应依照有关民事法律规定承担民事责任。

第八十条　政府采购监督管理部门的工作人员在实施监督检查中违反本法规定滥用职权，玩忽职守，徇私舞弊的，依法给予行政处分；构成犯罪的，依法追究刑事责任。

第八十一条　政府采购监督管理部门对供应商的投诉逾期未作处理的，给予直接负责的主管人员和其他直接责任人员行政处分。

第八十二条　政府采购监督管理部门对集中采购机构业绩的考核，有虚假陈述，隐瞒真实情况的，或者不作定期考核和公布考核结果的，应当及时纠正，由其上级机关或者监察机关对其负责人进行通报，并对直接负责的人员依法给予行政处分。

集中采购机构在政府采购监督管理部门考核中，虚报业绩，隐瞒真实情况的，处以二万元以上二十万元以下的罚款，并予以通报；情节严重的，取消其代理采购的资格。

第八十三条　任何单位或者个人阻挠和限制供应商进入本地区或者本行业政府采购市场的，责令限期改正；拒不改正的，由该单位、个人的上级行政主管部门或者有关机关给予单位责任人或者个人处分。

第九章　附　则

第八十四条　使用国际组织和外国政府贷款进行的政府采购，贷款方、资金提供方与中方达成的协议对采购的具体条件另有规定的，可以适用其规定，但不得损害国家利益和社会公共利益。

第八十五条　对因严重自然灾害和其他不可抗力事件所实施的紧急采购和涉及国家安全和秘密的采购，不适用本法。

第八十六条　军事采购法规由中央军事委员会另行制定。

第八十七条　本法实施的具体步骤和办法由国务院规定。

第八十八条　本法自2003年1月1日起施行。

附录B　中华人民共和国招标投标法（全文）

（1999年8月30日第九届全国人民代表大会常务委员会第十一次会议通过）

第一章　总则

第一条　为了规范招标投标活动，保护国家利益、社会公共利益和招标投标活动当事人的合法权益，提高经济效益，保证项目质量，制定本法。

第二条　在中华人民共和国境内进行招标投标活动，适用本法。

第三条　在中华人民共和国境内进行下列工程建设项目包括项目的勘察、设计、施工、监理以及与工程建设有关的重要设备、材料等的采购，必须进行招标：

（一）大型基础设施、公用事业等关系社会公共利益、公众安全的项目；

（二）全部或者部分使用国有资金投资或者国家融资的项目；

（三）使用国际组织或者外国政府贷款、援助资金的项目。

前款所列项目的具体范围和规模标准，由国务院发展计划部门会同国务院有关部门制订，报国务院批准。

法律或者国务院对必须进行招标的其他项目的范围有规定的，依照其规定。

第四条　任何单位和个人不得将依法必须进行招标的项目化整为零或者以其他任何方式规避招标。

第五条　招标投标活动应当遵循公开、公平、公正和诚实信用的原则。

第六条　依法必须进行招标的项目，其招标投标活动不受地区或者部门的限制。任何单位和个人不得违法限制或者排斥本地区、本系统以外的法人或者其他组织参加投标，不得以任何方式非法干涉招标投标活动。

第七条　招标投标活动及其当事人应当接受依法实施的监督。

有关行政监督部门依法对招标投标活动实施监督，依法查处招标投标活动中的违法行为。

对招标投标活动的行政监督及有关部门的具体职权划分，由国务院规定。

第二章　招标

第八条　招标人是依照本法规定提出招标项目、进行招标的法人或者其他组织。

第九条　招标项目按照国家有关规定需要履行项目审批手续的，应当先履行审批手续，取得批准。

招标人应当有进行招标项目的相应资金或者资金来源已经落实，并应当在招标文件中如实载明。

第十条　招标分为公开招标和邀请招标。

公开招标，是指招标人以招标公告的方式邀请不特定的法人或者其他组织投标。

邀请招标，是指招标人以投标邀请书的方式邀请特定的法人或者其他组织投标。

第十一条　国务院发展计划部门确定的国家重点项目和省、自治区、直辖市人民政府确定的地方重点项目不适宜公开招标的，经国务院发展计划部门或者省、自治区、直辖市人民政府批准，可以进行邀请招标。

第十二条　招标人有权自行选择招标代理机构，委托其办理招标事宜。任何单位和个人不得以任何方式为招标人指定招标代理机构。

招标人具有编制招标文件和组织评标能力的，可以自行办理招标事宜。任何单位和个人不得强制其委托招标代理机构办理招标事宜。

依法必须进行招标的项目，招标人自行办理招标事宜的，应当向有关行政监督部门备案。

第十三条　招标代理机构是依法设立、从事招标代理业务并提供相关服务的社会中介组织。

招标代理机构应当具备下列条件：

（一）有从事招标代理业务的营业场所和相应资金；

（二）有能够编制招标文件和组织评标的相应专业力量；

（三）有符合本法第三十七条第三款规定条件、可以作为评标委员会成员人选的技术、经济等方面的专家库。

第十四条　从事工程建设项目招标代理业务的招标代理机构，其资格由国务院或者省、自治区、直辖市人民政府的建设行政主管部门认定。具体办法由国务院建设行政主管部门会同国务院有关部门制定。从事其他招标代理业务的招标代理机构，其资格认定的主管部门由国务院规定。

招标代理机构与行政机关和其他国家机关不得存在隶属关系或者其他利益关系。

第十五条　招标代理机构应当在招标人委托的范围内办理招标事宜，并遵守本法关于招标人的规定。

第十六条　招标人采用公开招标方式的，应当发布招标公告。依法必须进行招标的项目的招标公告，应当通过国家指定的报刊、信息网络或者其他媒介发布。

招标公告应当载明招标人的名称和地址、招标项目的性质、数量、实施地点和时间以及获取招标文件的办法等事项。

第十七条　招标人采用邀请招标方式的，应当向三个以上具备承担招标项目的能力、资信良好的特定的法人或者其他组织发出投标邀请书。

投标邀请书应当载明本法第十六条第二款规定的事项。

第十八条　招标人可以根据招标项目本身的要求，在招标公告或者投标邀请书中，要求潜在投标人提供有关资质证明文件和业绩情况，并对潜在投标人进行资格审查；国家对投标人的资格条件有规定的，依照其规定。

招标人不得以不合理的条件限制或者排斥潜在投标人，不得对潜在投标人实行歧视待遇。

第十九条　招标人应当根据招标项目的特点和需要编制招标文件。招标文件应当包括招标项目的技术要求、对投标人资格审查的标准、投标报价要求和评标标准等所有实质性要求和条件以及拟签订合同的主要条款。

国家对招标项目的技术、标准有规定的，招标人应当按照其规定在招标文件中提出相应要求。

招标项目需要划分标段、确定工期的，招标人应当合理划分标段、确定工期，并在招标文件中载明。

第二十条　招标文件不得要求或者标明特定的生产供应者以及含有倾向或者排斥潜在投标人的其他内容。

第二十一条　招标人根据招标项目的具体情况，可以组织潜在投标人踏勘项目现场。

第二十二条　招标人不得向他人透露已获取招标文件的潜在投标人的名称、数量以及可能影响公平竞争的有关招标投标的其他情况。

招标人设有标底的，标底必须保密。

第二十三条　招标人对已发出的招标文件进行必要的澄清或者修改的，应当在招标文件要求提交投标文件截止时间至少十五日前，以书面形式通知所有招标文件收受人。该澄清或者修改的内容为招标文件的组成部分。

第二十四条　招标人应当确定投标人编制投标文件所需要的合理时间；但是，依法必须进行招标的项目，自招标文件开始发出之日起至投标人提交投标文件截止之日止，最短不得少于二十日。

第三章　投标

第二十五条　投标人是响应招标、参加投标竞争的法人或者其他组织。

依法招标的科研项目允许个人参加投标的，投标的个人适用本法有关投标人的规定。

第二十六条　投标人应当具备承担招标项目的能力；国家有关规定对投标人资格条件或者招标文件对投标人资格条件有规定的，投标人应当具备规定的资格条件。

第二十七条　投标人应当按照招标文件的要求编制投标文件。投标文件应当对招标文件提出的实质性要求和条件作出响应。

招标项目属于建设施工的，投标文件的内容应当包括拟派出的项目负责人与主要技术人员的简历、业绩和拟用于完成招标项目的机械设备等。

第二十八条　投标人应当在招标文件要求提交投标文件的截止时间前，将投标文件送达投标地点。招标人收到投标文件后，应当签收保存，不得开启。投标人少于三个的，招标人应当依照本法重新招标。

在招标文件要求提交投标文件的截止时间后送达的投标文件，招标人应当拒收。

第二十九条　投标人在招标文件要求提交投标文件的截止时间前，可以补充、修改或者撤回已提交的投标文件，并书面通知招标人。补充、修改的内容为投标文件的组成部分。

第三十条　投标人根据招标文件载明的项目实际情况，拟在中标后将中标项目的部分非主体、非关键性工作进行分包的，应当在投标文件中载明。

第三十一条　两个以上法人或者其他组织可以组成一个联合体，以一个投标人的身份共同投标。

联合体各方均应当具备承担招标项目的相应能力；国家有关规定或者招标文件对投标人资格条件有规定的，联合体各方均应当具备规定的相应资格条件。由同一专业的单位组成的联合体，按照资质等级较低的单位确定资质等级。

联合体各方应当签订共同投标协议，明确约定各方拟承担的工作和责任，并将共同投标协议连同投标文件一并提交招标人。联合体中标的，联合体各方应当共同与招标人签订合同，就中标项目向招标人承担连带责任。

招标人不得强制投标人组成联合体共同投标，不得限制投标人之间的竞争。

第三十二条　投标人不得相互串通投标报价，不得排挤其他投标人的公平竞争，损害招标人或者其他投标人的合法权益。

投标人不得与招标人串通投标，损害国家利益、社会公共利益或者他人的合法权益。

禁止投标人以向招标人或者评标委员会成员行贿的手段谋取中标。

第三十三条　投标人不得以低于成本的报价竞标，也不得以他人名义投标或者以其他方式弄虚作假，骗取中标。

第四章　开标、评标和中标

第三十四条　开标应当在招标文件确定的提交投标文件截止时间的同一时间公开进行；开标地点应当为招标文件中预先确定的地点。

第三十五条　开标由招标人主持，邀请所有投标人参加。

第三十六条　开标时，由投标人或者其推选的代表检查投标文件的密封情况，也可以由招标人委托的公证机构检查并公证；经确认无误后，由工作人员当众拆封，宣读投标人名称、投标价格和投标文件的其他主要内容。

招标人在招标文件要求提交投标文件的截止时间前收到的所有投标文件，开标时都应当当众予以拆封、宣读。

开标过程应当记录，并存档备查。

第三十七条　评标由招标人依法组建的评标委员会负责。

依法必须进行招标的项目，其评标委员会由招标人的代表和有关技术、经济等方面的专家组成，成员人数为五人以上单数，其中技术、经济等方面的专家不得少于成员总数的三分之二。

前款专家应当从事相关领域工作满八年并具有高级职称或者具有同等专业水平，

由招标人从国务院有关部门或者省、自治区、直辖市人民政府有关部门提供的专家名册或者招标代理机构的专家库内的相关专业的专家名单中确定；一般招标项目可以采取随机抽取方式，特殊招标项目可以由招标人直接确定。

与投标人有利害关系的人不得进入相关项目的评标委员会；已经进入的应当更换。

评标委员会成员的名单在中标结果确定前应当保密。

第三十八条　招标人应当采取必要的措施，保证评标在严格保密的情况下进行。

任何单位和个人不得非法干预、影响评标的过程和结果。

第三十九条　评标委员会可以要求投标人对投标文件中含义不明确的内容作必要的澄清或者说明，但是澄清或者说明不得超出投标文件的范围或者改变投标文件的实质性内容。

第四十条　评标委员会应当按照招标文件确定的评标标准和方法，对投标文件进行评审和比较；设有标底的，应当参考标底。评标委员会完成评标后，应当向招标人提出书面评标报告，并推荐合格的中标候选人。

招标人根据评标委员会提出的书面评标报告和推荐的中标候选人确定中标人。招标人也可以授权评标委员会直接确定中标人。

国务院对特定招标项目的评标有特别规定的，从其规定。

第四十一条　中标人的投标应当符合下列条件之一：

（一）能够最大限度地满足招标文件中规定的各项综合评价标准；

（二）能够满足招标文件的实质性要求，并且经评审的投标价格最低；但是投标价格低于成本的除外。

第四十二条　评标委员会经评审，认为所有投标都不符合招标文件要求的，可以否决所有投标。

依法必须进行招标的项目的所有投标被否决的，招标人应当依照本法重新招标。

第四十三条　在确定中标人前，招标人不得与投标人就投标价格、投标方案等实质性内容进行谈判。

第四十四条　评标委员会成员应当客观、公正地履行职务，遵守职业道德，对所提出的评审意见承担个人责任。

评标委员会成员不得私下接触投标人，不得收受投标人的财物或者其他好处。

评标委员会成员和参与评标的有关工作人员不得透露对投标文件的评审和比较、中标候选人的推荐情况以及与评标有关的其他情况。

第四十五条　中标人确定后，招标人应当向中标人发出中标通知书，并同时将中标结果通知所有未中标的投标人。

中标通知书对招标人和中标人具有法律效力。中标通知书发出后，招标人改变中标结果的，或者中标人放弃中标项目的，应当依法承担法律责任。

第四十六条　招标人和中标人应当自中标通知书发出之日起三十日内，按照招标文件和中标人的投标文件订立书面合同。招标人和中标人不得再行订立背离合同实质性内容的其他协议。

招标文件要求中标人提交履约保证金的，中标人应当提交。

第四十七条　依法必须进行招标的项目，招标人应当自确定中标人之日起十五日内，向有关行政监督部门提交招标投标情况的书面报告。

第四十八条　中标人应当按照合同约定履行义务，完成中标项目。中标人不得向他人转让中标项目，也不得将中标项目肢解后分别向他人转让。

中标人按照合同约定或者经招标人同意，可以将中标项目的部分非主体、非关键性工作分包给他人完成。接受分包的人应当具备相应的资格条件，并不得再次分包。

中标人应当就分包项目向招标人负责，接受分包的人就分包项目承担连带责任。

第五章　法律责任

第四十九条　违反本法规定，必须进行招标的项目而不招标的，将必须进行招标的项目化整为零或者以其他任何方式规避招标的，责令限期改正，可以处项目合同金额千分之五以上千分之十以下的罚款；对全部或者部分使用国有资金的项目，可以暂停项目执行或者暂停资金拨付；对单位直接负责的主管人员和其他直接责任人员依法给予处分。

第五十条　招标代理机构违反本法规定，泄露应当保密的与招标投标活动有关的情况和资料的，或者与招标人、投标人串通损害国家利益、社会公共利益或者他人合法权益的，处五万元以上二十五万元以下的罚款，对单位直接负责的主管人员和其他直接责任人员处单位罚款数额百分之五以上百分之十以下的罚款；有违法所得的，并处没收违法所得；情节严重的，暂停直至取消招标代理资格；构成犯罪的，依法追究刑事责任。给他人造成损失的，依法承担赔偿责任。

前款所列行为影响中标结果的，中标无效。

第五十一条　招标人以不合理的条件限制或者排斥潜在投标人的，对潜在投标人实行歧视待遇的，强制要求投标人组成联合体共同投标的，或者限制投标人之间竞争的，责令改正，可以处一万元以上五万元以下的罚款。

第五十二条　依法必须进行招标的项目的招标人向他人透露已获取招标文件的潜在投标人的名称、数量或者可能影响公平竞争的有关招标投标的其他情况的，或者泄露标底的，给予警告，可以并处一万元以上十万元以下的罚款；对单位直接负责的主管人员和其他直接责任人员依法给予处分；构成犯罪的，依法追究刑事责任。

前款所列行为影响中标结果的，中标无效。

第五十三条　投标人相互串通投标或者与招标人串通投标的，投标人以向招标人或者评标委员会成员行贿的手段谋取中标的，中标无效，处中标项目金额千分之五以上千分之十以下的罚款，对单位直接负责的主管人员和其他直接责任人员处单位罚款数额百分之五以上百分之十以下的罚款；有违法所得的，并处没收违法所得；情节严重的，取消其一年至二年内参加依法必须进行招标的项目的投标资格并予以公告，直至由工商行政管理机关吊销营业执照；构成犯罪的，依法追究刑事责任。给他人造成损失的，依法承担赔偿责任。

第五十四条　投标人以他人名义投标或者以其他方式弄虚作假，骗取中标的，中标无效，给招标人造成损失的，依法承担赔偿责任；构成犯罪的，依法追究刑事责任。

依法必须进行招标的项目的投标人有前款所列行为尚未构成犯罪的，处中标项目金额千分之五以上千分之十以下的罚款，对单位直接负责的主管人员和其他直接责任人员处单位罚款数额百分之五以上百分之十以下的罚款；有违法所得的，并处没收违法所得；情节严重的，取消其一年至三年内参加依法必须进行招标的项目的投标资格并予以公告，直至由工商行政管理机关吊销营业执照。

第五十五条　依法必须进行招标的项目，招标人违反本法规定，与投标人就投标价格、投标方案等实质性内容进行谈判的，给予警告，对单位直接负责的主管人员和其他直接责任人员依法给予处分。

前款所列行为影响中标结果的，中标无效。

第五十六条　评标委员会成员收受投标人的财物或者其他好处的，评标委员会成员或者参加评标的有关工作人员向他人透露对投标文件的评审和比较、中标候选人的推荐以及与评标有关的其他情况的，给予警告，没收收受的财物，可以并处三千元以上五万元以下的罚款，对有所列违法行为的评标委员会成员取消担任评标委员会成员的资格，不得再参加任何依法必须进行招标的项目的评标；构成犯罪的，依法追究刑事责任。

第五十七条　招标人在评标委员会依法推荐的中标候选人以外确定中标人的，依法必须进行招标的项目在所有投标被评标委员会否决后自行确定中标人的，中标无效。责令改正，可以处中标项目金额千分之五以上千分之十以下的罚款；对单位直接负责的主管人员和其他直接责任人员依法给予处分。

第五十八条　中标人将中标项目转让给他人的，将中标项目肢解后分别转让给他人的，违反本法规定将中标项目的部分主体、关键性工作分包给他人的，或者分包人再次分包的，转让、分包无效，处转让、分包项目金额千分之五以上千分之十以下的罚款；有违法所得的，并处没收违法所得；可以责令停业整顿；情节严重的，由工商行政管理机关吊销营业执照。

第五十九条　招标人与中标人不按照招标文件和中标人的投标文件订立合同的，或者招标人、中标人订立背离合同实质性内容的协议的，责令改正；可以处中标项目金额千分之五以上千分之十以下的罚款。

第六十条　中标人不履行与招标人订立的合同的，履约保证金不予退还，给招标人造成的损失超过履约保证金数额的，还应当对超过部分予以赔偿；没有提交履约保证金的，应当对招标人的损失承担赔偿责任。

中标人不按照与招标人订立的合同履行义务，情节严重的，取消其二年至五年内参加依法必须进行招标的项目的投标资格并予以公告，直至由工商行政管理机关吊销营业执照。

因不可抗力不能履行合同的，不适用前两款规定。

第六十一条　本章规定的行政处罚，由国务院规定的有关行政监督部门决定。本法已对实施行政处罚的机关作出规定的除外。

第六十二条　任何单位违反本法规定，限制或者排斥本地区、本系统以外的法人或者其他组织参加投标的，为招标人指定招标代理机构的，强制招标人委托招标代理机构办理招标事宜的，或者以其他方式干涉招标投标活动的，责令改正；对单位直接负责的主管人员和其他直接责任人员依法给予警告、记过、记大过的处分，情节较重的，依法给予降级、撤职、开除的处分。

个人利用职权进行前款违法行为的，依照前款规定追究责任。

第六十三条　对招标投标活动依法负有行政监督职责的国家机关工作人员徇私舞弊、滥用职权或者玩忽职守，构成犯罪的，依法追究刑事责任；不构成犯罪的，依法给予行政处分。

第六十四条　依法必须进行招标的项目违反本法规定，中标无效的，应当依照本法规定的中标条件从其余投标人中重新确定中标人或者依照本法重新进行招标。

第六章　附则

第六十五条　投标人和其他利害关系人认为招标投标活动不符合本法有关规定的，有权向招标人提出异议或者依法向有关行政监督部门投诉。

第六十六条　涉及国家安全、国家秘密、抢险救灾或者属于利用扶贫资金实行以工代赈、需要使用农民工等特殊情况，不适宜进行招标的项目，按照国家有关规定可以不进行招标。

第六十七条　使用国际组织或者外国政府贷款、援助资金的项目进行招标，贷款方、资金提供方对招标投标的具体条件和程序有不同规定的，可以适用其规定，但违背中华人民共和国的社会公共利益的除外。

第六十八条　本法自 2000 年 1 月 1 日起施行。

附录C　中华人民共和国合同法（部分）

颁布时间：1999-3-15

总则

第一章　一般规定

第一条　为了保护合同当事人的合法权益，维护社会经济秩序，促进社会主义现代化建设，制定本法。

第二条　本法所称合同是平等主体的自然人、法人、其他组织之间设立、变更、终止民事权利义务关系的协议。婚姻、收养、监护等有关身份关系的协议，适用其他法律的规定。

第三条　合同当事人的法律地位平等，一方不得将自己的意志强加给另一方。

第四条　当事人依法享有自愿订立合同的权利，任何单位和个人不得非法干预。

第五条　当事人应当遵循公平原则确定各方的权利和义务。

第六条　当事人行使权利、履行义务应当遵循诚实信用原则。

第七条　当事人订立、履行合同，应当遵守法律、行政法规，尊重社会公德，不得扰乱社会经济秩序，损害社会公共利益。

第八条　依法成立的合同，对当事人具有法律约束力。当事人应当按照约定履行自己的义务，不得擅自变更或者解除合同。依法成立的合同，受法律保护。

第二章　合同的订立

第九条　当事人订立合同，应当具有相应的民事权利能力和民事行为能力。当事人依法可以委托代理人订立合同。

第十条　当事人订立合同，有书面形式、口头形式和其他形式。法律、行政法规规定采用书面形式的，应当采用书面形式。当事人约定采用书面形式的，应当采用书面形式。

第十一条　书面形式是指合同书、信件和数据电文（包括电报、电传、传真、电子数据交换和电子邮件）等可以有形地表现所载内容的形式。

第十二条　合同的内容由当事人约定，一般包括以下条款：

（一）当事人的名称或者姓名和住所；

（二）标的；

（三）数量；

（四）质量；

（五）价款或者报酬；

（六）履行期限、地点和方式；

（七）违约责任；

（八）解决争议的方法。当事人可以参照各类合同的示范文本订立合同。

第十三条　当事人订立合同，采取要约、承诺方式。

第十四条　要约是希望和他人订立合同的意思表示，该意思表示应当符合下列规定：

（一）内容具体确定；

（二）表明经受要约人承诺，要约人即受该意思表示约束。

第十五条　要约邀请是希望他人向自己发出要约的意思表示。寄送的价目表、拍卖公告、招标公告、招股说明书、商业广告等为要约邀请。商业广告的内容符合要约规定的，视为要约。

第十六条　要约到达受要约人时生效。采用数据电文形式订立合同，收件人指定特定系统接收数据电文的，该数据电文进入该特定系统的时间，视为到达时间；未指定特定系统的，该数据电文进入收件人的任何系统的首次时间，视为到达时间。

第十七条　要约可以撤回。撤回要约的通知应当在要约到达受要约人之前或者与要约同时到达受要约人。

第十八条　要约可以撤销。撤销要约的通知应当在受要约人发出承诺通知之前到达受要约人。

第十九条　有下列情形之一的，要约不得撤销：

（一）要约人确定了承诺期限或者以其他形式明示要约不可撤销；

（二）受要约人有理由认为要约是不可撤销的，并已经为履行合同作了准备工作。

第二十条　有下列情形之一的，要约失效：

（一）拒绝要约的通知到达要约人；

（二）要约人依法撤销要约；

（三）承诺期限届满，受要约人未作出承诺；

（四）受要约人对要约的内容作出实质性变更。

第二十一条　承诺是受要约人同意要约的意思表示。

第二十二条　承诺应当以通知的方式作出，但根据交易习惯或者要约表明可以通过行为作出承诺的除外。

第二十三条　承诺应当在要约确定的期限内到达要约人。要约没有确定承诺期限的，承诺应当依照下列规定到达：

（一）要约以对话方式作出的，应当即时作出承诺，但当事人另有约定的除外；

（二）要约以非对话方式作出的，承诺应当在合理期限内到达。

第二十四条　要约以信件或者电报作出的，承诺期限自信件载明的日期或者电报交发之日开始计算。信件未载明日期的，自投寄该信件的邮戳日期开始计算。要约以电话、传真等快速通讯方式作出的，承诺期限自要约到达受要约人时开始计算。

第二十五条　承诺生效时合同成立。

第二十六条　承诺通知到达要约人时生效。承诺不需要通知的，根据交易习惯或者要约的要求作出承诺的行为时生效。

采用数据电文形式订立合同的，承诺到达的时间适用本法第十六条第二款的规定。

第二十七条　承诺可以撤回。撤回承诺的通知应当在承诺通知到达要约人之前或者与承诺通知同时到达要约人。

第二十八条　受要约人超过承诺期限发出承诺的，除要约人及时通知受要约人该承诺有效的以外，为新要约。

第二十九条　受要约人在承诺期限内发出承诺，按照通常情形能够及时到达要约人，但因其他原因承诺到达要约人时超过承诺期限的，除要约人及时通知受要约人因承诺超过期限不接受该承诺的以外，该承诺有效。

第三十条　承诺的内容应当与要约的内容一致。受要约人对要约的内容作出实质性变更的，为新要约。有关合同标的、数量、质量、价款或者报酬、履行期限、履行地点和方式、违约责任和解决争议方法等的变更，是对要约内容的实质性变更。

第三十一条　承诺对要约的内容作出非实质性变更的，除要约人及时表示反对或者要约表明承诺不得对要约的内容作出任何变更的以外，该承诺有效，合同的内容以承诺的内容为准。

第三十二条　当事人采用合同书形式订立合同的，自双方当事人签字或者盖章时合同成立。

第三十三条　当事人采用信件、数据电文等形式订立合同的，可以在合同成立之前要求签订确认书。签订确认书时合同成立。

第三十四条　承诺生效的地点为合同成立的地点。

采用数据电文形式订立合同的，收件人的主营业地为合同成立的地点；没有主营业地的，其经常居住地为合同成立的地点。当事人另有约定的，按照其约定。

第三十五条　当事人采用合同书形式订立合同的，双方当事人签字或者盖章的地点为合同成立的地点。

第三十六条　法律、行政法规规定或者当事人约定采用书面形式订立合同，当事人未采用书面形式但一方已经履行主要义务，对方接受的，该合同成立。

第三十七条　采用合同书形式订立合同，在签字或者盖章之前，当事人一方已经履行主要义务，对方接受的，该合同成立。

第三十八条　国家根据需要下达指令性任务或者国家订货任务的，有关法人、其他组织之间应当依照有关法律、行政法规规定的权利和义务订立合同。

第三十九条　采用格式条款订立合同的，提供格式条款的一方应当遵循公平原则确定当事人之间的权利和义务，并采取合理的方式提请对方注意免除或者限制其责任的条款，按照对方的要求，对该条款予以说明。

格式条款是当事人为了重复使用而预先拟定，并在订立合同时未与对方协商的条款。

第四十条　格式条款具有本法第五十二条和第五十三条规定情形的，或者提供格式条款一方免除其责任、加重对方责任、排除对方主要权利的，该条款无效。

第四十一条　对格式条款的理解发生争议的，应当按照通常理解予以解释。对格式条款有两种以上解释的，应当作出不利于提供格式条款一方的解释。格式条款和非格式条款不一致的，应当采用非格式条款。

第四十二条　当事人在订立合同过程中有下列情形之一，给对方造成损失的，应当承担损害赔偿责任：

（一）假借订立合同，恶意进行磋商；

（二）故意隐瞒与订立合同有关的重要事实或者提供虚假情况；

（三）有其他违背诚实信用原则的行为。

第四十三条　当事人在订立合同过程中知悉的商业秘密，无论合同是否成立，不得泄露或者不正当地使用。泄露或者不正当地使用该商业秘密给对方造成损失的，应当承担损害赔偿责任。

第三章　合同的效力

第四十四条　依法成立的合同，自成立时生效。

法律、行政法规规定应当办理批准、登记等手续生效的，依照其规定。

第四十五条　当事人对合同的效力可以约定附条件。附生效条件的合同，自条件成就时生效。附解除条件的合同，自条件成就时失效。

当事人为自己的利益不正当地阻止条件成就的，视为条件已成就；不正当地促成条件成就的，视为条件不成就。

第四十六条　当事人对合同的效力可以约定附期限。附生效期限的合同，自期限届至时生效。附终止期限的合同，自期限届满时失效。

第四十七条　限制民事行为能力人订立的合同，经法定代理人追认后，该合同有效，但纯获利益的合同或者与其年龄、智力、精神健康状况相适应而订立的合同，不必经法定代理人追认。

相对人可以催告法定代理人在一个月内予以追认。法定代理人未作表示的，视为拒绝追认。合同被追认之前，善意相对人有撤销的权利。撤销应当以通知的方式作出。

第四十八条　行为人没有代理权、超越代理权或者代理权终止后以被代理人名义订立的合同，未经被代理人追认，对被代理人不发生效力，由行为人承担责任。

相对人可以催告被代理人在一个月内予以追认。被代理人未作表示的，视为拒绝追认。合同被追认之前，善意相对人有撤销的权利。撤销应当以通知的方式作出。

第四十九条　行为人没有代理权、超越代理权或者代理权终止后以被代理人名义订立合同，相对人有理由相信行为人有代理权的，该代理行为有效。

第五十条　法人或者其他组织的法定代表人、负责人超越权限订立的合同，除相对人知道或者应当知道其超越权限的以外，该代表行为有效。

第五十一条　无处分权的人处分他人财产，经权利人追认或者无处分权的人订立合同后取得处分权的，该合同有效。

第五十二条　有下列情形之一的，合同无效：

（一）一方以欺诈、胁迫的手段订立合同，损害国家利益；

（二）恶意串通，损害国家、集体或者第三人利益；

（三）以合法形式掩盖非法目的；

（四）损害社会公共利益；

（五）违反法律、行政法规的强制性规定。

第五十三条　合同中的下列免责条款无效：

（一）造成对方人身伤害的；

（二）因故意或者重大过失造成对方财产损失的。

第五十四条　下列合同，当事人一方有权请求人民法院或者仲裁机构变更或者撤销：

（一）因重大误解订立的；

（二）在订立合同时显失公平的。

一方以欺诈、胁迫的手段或者乘人之危，使对方在违背真实意思的情况下订立的合同，受损害方有权请求人民法院或者仲裁机构变更或者撤销。

当事人请求变更的，人民法院或者仲裁机构不得撤销。

第五十五条　有下列情形之一的，撤销权消灭：

（一）具有撤销权的当事人自知道或者应当知道撤销事由之日起一年内没有行使撤销权；

（二）具有撤销权的当事人知道撤销事由后明确表示或者以自己的行为放弃撤销权。

第五十六条　无效的合同或者被撤销的合同自始没有法律约束力。合同部分无效，不影响其他部分效力的，其他部分仍然有效。

第五十七条　合同无效、被撤销或者终止的，不影响合同中独立存在的有关解决争议方法的条款的效力。

第五十八条　合同无效或者被撤销后，因该合同取得的财产，应当予以返还；不能返还或者没有必要返还的，应当折价补偿。有过错的一方应当赔偿对方因此所受到的损失，双方都有过错的，应当各自承担相应的责任。

第五十九条　当事人恶意串通，损害国家、集体或者第三人利益的，因此取得的财产收归国家所有或者返还集体、第三人。

第四章　合同的履行

第六十条　当事人应当按照约定全面履行自己的义务。

当事人应当遵循诚实信用原则，根据合同的性质、目的和交易习惯履行通知、协助、保密等义务。

第六十一条　合同生效后，当事人就质量、价款或者报酬、履行地点等内容没有约定或者约定不明确的，可以协议补充；不能达成补充协议的，按照合同有关条款或者交易习惯确定。

第六十二条　当事人就有关合同内容约定不明确，依照本法第六十一条的规定仍不能确定的，适用下列规定：

（一）质量要求不明确的，按照国家标准、行业标准履行；没有国家标准、行业标准的，按照通常标准或者符合合同目的的特定标准履行。

（二）价款或者报酬不明确的，按照订立合同时履行地的市场价格履行；依法应当执行政府定价或者政府指导价的，按照规定履行。

（三）履行地点不明确，给付货币的，在接受货币一方所在地履行；交付不动产的，在不动产所在地履行；其他标的，在履行义务一方所在地履行。

（四）履行期限不明确的，债务人可以随时履行，债权人也可以随时要求履行，但应当给对方必要的准备时间。

（五）履行方式不明确的，按照有利于实现合同目的的方式履行。

（六）履行费用的负担不明确的，由履行义务一方负担。

第六十三条　执行政府定价或者政府指导价的，在合同约定的交付期限内政府价格调整时，按照交付时的价格计价。逾期交付标的物的，遇价格上涨时，按照原价格执行；价格下降时，按照新价格执行。逾期提取标的物或者逾期付款的，遇价格上涨时，按照新价格执行；价格下降时，按照原价格执行。

第六十四条　当事人约定由债务人向第三人履行债务的，债务人未向第三人履行债务或者履行债务不符合约定，应当向债权人承担违约责任。

第六十五条　当事人约定由第三人向债权人履行债务的，第三人不履行债务或者履行债务不符合约定，债务人应当向债权人承担违约责任。

第六十六条　当事人互负债务，没有先后履行顺序的，应当同时履行。一方在对方履行之前有权拒绝其履行要求。一方在对方履行债务不符合约定时，有权拒绝其相应的履行要求。

第六十七条　当事人互负债务，有先后履行顺序，先履行一方未履行的，后履行一方有权拒绝其履行要求。先履行一方履行债务不符合约定的，后履行一方有权拒绝其相应的履行要求。

第六十八条　应当先履行债务的当事人，有确切证据证明对方有下列情形之一的，可以中止履行：

（一）经营状况严重恶化；

（二）转移财产、抽逃资金，以逃避债务；

（三）丧失商业信誉；

（四）有丧失或者可能丧失履行债务能力的其他情形。

当事人没有确切证据中止履行的，应当承担违约责任。

第六十九条　当事人依照本法第六十八条的规定中止履行的，应当及时通知对方。对方提供适当担保时，应当恢复履行。中止履行后，对方在合理期限内未恢复履行能力并且未提供适当担保的，中止履行的一方可以解除合同。

第七十条　债权人分立、合并或者变更住所没有通知债务人，致使履行债务发生困难的，债务人可以中止履行或者将标的物提存。

第七十一条　债权人可以拒绝债务人提前履行债务，但提前履行不损害债权人利益的除外。债务人提前履行债务给债权人增加的费用，由债务人负担。

第七十二条　债权人可以拒绝债务人部分履行债务，但部分履行不损害债权人利益的除外。债务人部分履行债务给债权人增加的费用，由债务人负担。

第七十三条　因债务人怠于行使其到期债权，对债权人造成损害的，债权人可以向人民法院请求以自己的名义代位行使债务人的债权，但该债权专属于债务人自身的除外。

代位权的行使范围以债权人的债权为限。债权人行使代位权的必要费用，由债务人负担。

第七十四条　因债务人放弃其到期债权或者无偿转让财产，对债权人造成损害的，债权人可以请求人民法院撤销债务人的行为。债务人以明显不合理的低价转让财产，对债权人造成损害，并且受让人知道该情形的，债权人也可以请求人民法院撤销债务人的行为。

撤销权的行使范围以债权人的债权为限。债权人行使撤销权的必要费用，由债务人负担。

第七十五条　撤销权自债权人知道或者应当知道撤销事由之日起一年内行使。自债务人的行为发生之日起五年内没有行使撤销权的，该撤销权消灭。

第七十六条　合同生效后，当事人不得因姓名、名称的变更或者法定代表人、负责人、承办人的变动而不履行合同义务。

第五章　合同的变更和转让

第七十七条　当事人协商一致，可以变更合同。

法律、行政法规规定变更合同应当办理批准、登记等手续的，依照其规定。

第七十八条　当事人对合同变更的内容约定不明确的，推定为未变更。

第七十九条　债权人可以将合同的权利全部或者部分转让给第三人，但有下列情形之一的除外：

（一）根据合同性质不得转让；

（二）按照当事人约定不得转让；

（三）依照法律规定不得转让。

第八十条　债权人转让权利的，应当通知债务人。未经通知，该转让对债务人不发生效力。

债权人转让权利的通知不得撤销，但经受让人同意的除外。

第八十一条　债权人转让权利的，受让人取得与债权有关的从权利，但该从权利专属于债权人自身的除外。

第八十二条　债务人接到债权转让通知后，债务人对让与人的抗辩，可以向受让人主张。

第八十三条　债务人接到债权转让通知时，债务人对让与人享有债权，并且债务人的债权先于转让的债权到期或者同时到期的，债务人可以向受让人主张抵销。

第八十四条　债务人将合同的义务全部或者部分转移给第三人的，应当经债权人同意。

第八十五条　债务人转移义务的，新债务人可以主张原债务人对债权人的抗辩。

第八十六条　债务人转移义务的，新债务人应当承担与主债务有关的从债务，但该从债务专属于原债务人自身的除外。

第八十七条　法律、行政法规规定转让权利或者转移义务应当办理批准、登记等手续的，依照其规定。

第八十八条　当事人一方经对方同意，可以将自己在合同中的权利和义务一并转让给第三人。

第八十九条　权利和义务一并转让的，适用本法第七十九条、第八十一条至第八十三条、第八十五条至第八十七条的规定。

第九十条　当事人订立合同后合并的，由合并后的法人或者其他组织行使合同权利，履行合同义务。当事人订立合同后分立的，除债权人和债务人另有约定的以外，由分立的法人或者其他组织对合同的权利和义务享有连带债权，承担连带债务。

第六章 合同的权利义务终止

第九十一条 有下列情形之一的，合同的权利义务终止：

（一）债务已经按照约定履行；

（二）合同解除；

（三）债务相互抵销；

（四）债务人依法将标的物提存；

（五）债权人免除债务；

（六）债权债务同归于一人；

（七）法律规定或者当事人约定终止的其他情形。

第九十二条 合同的权利义务终止后，当事人应当遵循诚实信用原则，根据交易习惯履行通知、协助、保密等义务。

第九十三条 当事人协商一致，可以解除合同。

当事人可以约定一方解除合同的条件。解除合同的条件成就时，解除权人可以解除合同。

第九十四条 有下列情形之一的，当事人可以解除合同：

（一）因不可抗力致使不能实现合同目的；

（二）在履行期限届满之前，当事人一方明确表示或者以自己的行为表明不履行主要债务；

（三）当事人一方迟延履行主要债务，经催告后在合理期限内仍未履行；

（四）当事人一方迟延履行债务或者有其他违约行为致使不能实现合同目的；

（五）法律规定的其他情形。

第九十五条 法律规定或者当事人约定解除权行使期限，期限届满当事人不行使的，该权利消灭。

法律没有规定或者当事人没有约定解除权行使期限，经对方催告后在合理期限内不行使的，该权利消灭。

第九十六条 当事人一方依照本法第九十三条第二款、第九十四条的规定主张解除合同的，应当通知对方。合同自通知到达对方时解除。对方有异议的，可以请求人民法院或者仲裁机构确认解除合同的效力。

法律、行政法规规定解除合同应当办理批准、登记等手续的，依照其规定。

第九十七条 合同解除后，尚未履行的，终止履行；已经履行的，根据履行情况和合同性质，当事人可以要求恢复原状、采取其他补救措施，并有权要求赔偿损失。

第九十八条 合同的权利义务终止，不影响合同中结算和清理条款的效力。

第九十九条 当事人互负到期债务，该债务的标的物种类、品质相同的，任何一方可以将自己的债务与对方的债务抵销，但依照法律规定或者按照合同性质不得抵销的除外。

当事人主张抵销的，应当通知对方。通知自到达对方时生效。抵销不得附条件或者附期限。

第一百条　当事人互负债务，标的物种类、品质不相同的，经双方协商一致，也可以抵销。

第一百零一条　有下列情形之一，难以履行债务的，债务人可以将标的物提存：

（一）债权人无正当理由拒绝受领；

（二）债权人下落不明；

（三）债权人死亡未确定继承人或者丧失民事行为能力未确定监护人；

（四）法律规定的其他情形。

标的物不适于提存或者提存费用过高的，债务人依法可以拍卖或者变卖标的物，提存所得的价款。

第一百零二条　标的物提存后，除债权人下落不明的以外，债务人应当及时通知债权人或者债权人的继承人、监护人。

第一百零三条　标的物提存后，毁损、灭失的风险由债权人承担。提存期间，标的物的孳息归债权人所有。提存费用由债权人负担。

第一百零四条　债权人可以随时领取提存物，但债权人对债务人负有到期债务的，在债权人未履行债务或者提供担保之前，提存部门根据债务人的要求应当拒绝其领取提存物。

债权人领取提存物的权利，自提存之日起五年内不行使而消灭，提存物扣除提存费用后归国家所有。

第一百零五条　债权人免除债务人部分或者全部债务的，合同的权利义务部分或者全部终止。

第一百零六条　债权和债务同归于一人的，合同的权利义务终止，但涉及第三人利益的除外。

第七章　违约责任

第一百零七条　当事人一方不履行合同义务或者履行合同义务不符合约定的，应当承担继续履行、采取补救措施或者赔偿损失等违约责任。

第一百零八条　当事人一方明确表示或者以自己的行为表明不履行合同义务的，对方可以在履行期限届满之前要求其承担违约责任。

第一百零九条　当事人一方未支付价款或者报酬的，对方可以要求其支付价款或者报酬。

第一百一十条　当事人一方不履行非金钱债务或者履行非金钱债务不符合约定的，对方可以要求履行，但有下列情形之一的除外：

（一）法律上或者事实上不能履行；

（二）债务的标的不适于强制履行或者履行费用过高；

（三）债权人在合理期限内未要求履行。

第一百一十一条　质量不符合约定的，应当按照当事人的约定承担违约责任。对违约责任没有约定或者约定不明确，依照本法第六十一条的规定仍不能确定的，受损害方根据标的的性质以及损失的大小，可以合理选择要求对方承担修理、更换、重作、退货、减少价款或者报酬等违约责任。

第一百一十二条　当事人一方不履行合同义务或者履行合同义务不符合约定的，在履行义务或者采取补救措施后，对方还有其他损失的，应当赔偿损失。

第一百一十三条　当事人一方不履行合同义务或者履行合同义务不符合约定，给对方造成损失的，损失赔偿额应当相当于因违约所造成的损失，包括合同履行后可以获得的利益，但不得超过违反合同一方订立合同时预见到或者应当预见到的因违反合同可能造成的损失。

经营者对消费者提供商品或者服务有欺诈行为的，依照《中华人民共和国消费者权益保护法》的规定承担损害赔偿责任。

第一百一十四条　当事人可以约定一方违约时应当根据违约情况向对方支付一定数额的违约金，也可以约定因违约产生的损失赔偿额的计算方法。

约定的违约金低于造成的损失的，当事人可以请求人民法院或者仲裁机构予以增加；约定的违约金过分高于造成的损失的，当事人可以请求人民法院或者仲裁机构予以适当减少。

当事人就迟延履行约定违约金的，违约方支付违约金后，还应当履行债务。

第一百一十五条　当事人可以依照《中华人民共和国担保法》约定一方向对方给付定金作为债权的担保。债务人履行债务后，定金应当抵作价款或者收回。给付定金的一方不履行约定的债务的，无权要求返还定金；收受定金的一方不履行约定的债务的，应当双倍返还定金。

第一百一十六条　当事人既约定违约金，又约定定金的，一方违约时，对方可以选择适用违约金或者定金条款。

第一百一十七条　因不可抗力不能履行合同的，根据不可抗力的影响，部分或者全部免除责任，但法律另有规定的除外。当事人迟延履行后发生不可抗力的，不能免除责任。

本法所称不可抗力，是指不能预见、不能避免并不能克服的客观情况。

第一百一十八条　当事人一方因不可抗力不能履行合同的，应当及时通知对方，以减轻可能给对方造成的损失，并应当在合理期限内提供证明。

第一百一十九条　当事人一方违约后，对方应当采取适当措施防止损失的扩大；没有采取适当措施致使损失扩大的，不得就扩大的损失要求赔偿。

当事人因防止损失扩大而支出的合理费用，由违约方承担。

第一百二十条　当事人双方都违反合同的，应当各自承担相应的责任。

第一百二十一条　当事人一方因第三人的原因造成违约的，应当向对方承担违约责任。当事人一方和第三人之间的纠纷，依照法律规定或者按照约定解决。

第一百二十二条　因当事人一方的违约行为，侵害对方人身、财产权益的，受损害方有权选择依照本法要求其承担违约责任或者依照其他法律要求其承担侵权责任。

第八章　其他规定

第一百二十三条　其他法律对合同另有规定的，依照其规定。

第一百二十四条　本法分则或者其他法律没有明文规定的合同，适用本法总则的规定，并可以参照本法分则或者其他法律最相类似的规定。

第一百二十五条　当事人对合同条款的理解有争议的，应当按照合同所使用的词句、合同的有关条款、合同的目的、交易习惯以及诚实信用原则，确定该条款的真实意思。

合同文本采用两种以上文字订立并约定具有同等效力的，对各文本使用的词句推定具有相同含义。各文本使用的词句不一致的，应当根据合同的目的予以解释。

第一百二十六条　涉外合同的当事人可以选择处理合同争议所适用的法律，但法律另有规定的除外。涉外合同的当事人没有选择的，适用与合同有最密切联系的国家的法律。

在中华人民共和国境内履行的中外合资经营企业合同、中外合作经营企业合同、中外合作勘探开发自然资源合同，适用中华人民共和国法律。

第一百二十七条　工商行政管理部门和其他有关行政主管部门在各自的职权范围内，依照法律、行政法规的规定，对利用合同危害国家利益、社会公共利益的违法行为，负责监督处理；构成犯罪的，依法追究刑事责任。

第一百二十八条　当事人可以通过和解或者调解解决合同争议。

当事人不愿和解、调解或者和解、调解不成的，可以根据仲裁协议向仲裁机构申请仲裁。涉外合同的当事人可以根据仲裁协议向中国仲裁机构或者其他仲裁机构申请仲裁。当事人没有订立仲裁协议或者仲裁协议无效的，可以向人民法院起诉。当事人应当履行发生法律效力的判决、仲裁裁决、调解书；拒不履行的，对方可以请求人民法院执行。

第一百二十九条　因国际货物买卖合同和技术进出口合同争议提起诉讼或者申

请仲裁的期限为四年，自当事人知道或者应当知道其权利受到侵害之日起计算。因其他合同争议提起诉讼或者申请仲裁的期限，依照有关法律的规定。

分则

第九章　买卖合同

第一百三十条　买卖合同是出卖人转移标的物的所有权于买受人，买受人支付价款的合同。

第一百三十一条　买卖合同的内容除依照本法第十二条的规定以外，还可以包括包装方式、检验标准和方法、结算方式、合同使用的文字及其效力等条款。

第一百三十二条　出卖的标的物，应当属于出卖人所有或者出卖人有权处分。

法律、行政法规禁止或者限制转让的标的物，依照其规定。

第一百三十三条　标的物的所有权自标的物交付时起转移，但法律另有规定或者当事人另有约定的除外。

第一百三十四条　当事人可以在买卖合同中约定买受人未履行支付价款或者其他义务的，标的物的所有权属于出卖人。

第一百三十五条　出卖人应当履行向买受人交付标的物或者交付提取标的物的单证，并转移标的物所有权的义务。

第一百三十六条　出卖人应当按照约定或者交易习惯向买受人交付提取标的物单证以外的有关单证和资料。

第一百三十七条　出卖具有知识产权的计算机软件等标的物的，除法律另有规定或者当事人另有约定的以外，该标的物的知识产权不属于买受人。

第一百三十八条　出卖人应当按照约定的期限交付标的物。约定交付期间的，出卖人可以在该交付期间内的任何时间交付。

第一百三十九条　当事人没有约定标的物的交付期限或者约定不明确的，适用本法第六十一条、第六十二条第四项的规定。

第一百四十条　标的物在订立合同之前已为买受人占有的，合同生效的时间为交付时间。

第一百四十一条　出卖人应当按照约定的地点交付标的物。

当事人没有约定交付地点或者约定不明确，依照本法第六十一条的规定仍不能确定的，适用下列规定：

（一）标的物需要运输的，出卖人应当将标的物交付给第一承运人以运交给买受人；

（二）标的物不需要运输，出卖人和买受人订立合同时知道标的物在某一地点的，出卖人应当在该地点交付标的物；不知道标的物在某一地点的，应当在出卖人订立合同时的营业地交付标的物。

第一百四十二条　标的物毁损、灭失的风险，在标的物交付之前由出卖人承担，交付之后由买受人承担，但法律另有规定或者当事人另有约定的除外。

第一百四十三条　因买受人的原因致使标的物不能按照约定的期限交付的，买受人应当自违反约定之日起承担标的物毁损、灭失的风险。

第一百四十四条　出卖人出卖交由承运人运输的在途标的物，除当事人另有约定的以外，毁损、灭失的风险自合同成立时起由买受人承担。

第一百四十五条　当事人没有约定交付地点或者约定不明确，依照本法第一百四十一条第二款第一项的规定标的物需要运输的，出卖人将标的物交付给第一承运人后，标的物毁损、灭失的风险由买受人承担。

第一百四十六条　出卖人按照约定或者依照本法第一百四十一条第二款第二项的规定将标的物置于交付地点，买受人违反约定没有收取的，标的物毁损、灭失的风险自违反约定之日起由买受人承担。

第一百四十七条　出卖人按照约定未交付有关标的物的单证和资料的，不影响标的物毁损、灭失风险的转移。

第一百四十八条　因标的物质量不符合质量要求，致使不能实现合同目的的，买受人可以拒绝接受标的物或者解除合同。买受人拒绝接受标的物或者解除合同的，标的物毁损、灭失的风险由出卖人承担。

第一百四十九条　标的物毁损、灭失的风险由买受人承担的，不影响因出卖人履行债务不符合约定，买受人要求其承担违约责任的权利。

第一百五十条　出卖人就交付的标的物，负有保证第三人不得向买受人主张任何权利的义务，但法律另有规定的除外。

第一百五十一条　买受人订立合同时知道或者应当知道第三人对买卖的标的物享有权利的，出卖人不承担本法第一百五十条规定的义务。

第一百五十二条　买受人有确切证据证明第三人可能就标的物主张权利的，可以中止支付相应的价款，但出卖人提供适当担保的除外。

第一百五十三条　出卖人应当按照约定的质量要求交付标的物。出卖人提供有关标的物质量说明的，交付的标的物应当符合该说明的质量要求。

第一百五十四条　当事人对标的物的质量要求没有约定或者约定不明确，依照本法第六十一条的规定仍不能确定的，适用本法第六十二条第一项的规定。

第一百五十五条　出卖人交付的标的物不符合质量要求的，买受人可以依照本法第一百一十一条的规定要求承担违约责任。

第一百五十六条　出卖人应当按照约定的包装方式交付标的物。对包装方式没有约定或者约定不明确，依照本法第六十一条的规定仍不能确定的，应当按照通用的方式包装，没有通用方式的，应当采取足以保护标的物的包装方式。

第一百五十七条　买受人收到标的物时应当在约定的检验期间内检验。没有约定检验期间的，应当及时检验。

第一百五十八条　当事人约定检验期间的，买受人应当在检验期间内将标的物的数量或者质量不符合约定的情形通知出卖人。买受人怠于通知的，视为标的物的数量或者质量符合约定。

当事人没有约定检验期间的，买受人应当在发现或者应当发现标的物的数量或者质量不符合约定的合理期间内通知出卖人。买受人在合理期间内未通知或者自标的物收到之日起两年内未通知出卖人的，视为标的物的数量或者质量符合约定，但对标的物有质量保证期的，适用质量保证期，不适用该两年的规定。

出卖人知道或者应当知道提供的标的物不符合约定的，买受人不受前两款规定的通知时间的限制。

第一百五十九条　买受人应当按照约定的数额支付价款。对价款没有约定或者约定不明确的，适用本法第六十一条、第六十二条第二项的规定。

第一百六十条　买受人应当按照约定的地点支付价款。对支付地点没有约定或者约定不明确，依照本法第六十一条的规定仍不能确定的，买受人应当在出卖人的营业地支付，但约定支付价款以交付标的物或者交付提取标的物单证为条件的，在交付标的物或者交付提取标的物单证的所在地支付。

第一百六十一条　买受人应当按照约定的时间支付价款。对支付时间没有约定或者约定不明确，依照本法第六十一条的规定仍不能确定的，买受人应当在收到标的物或者提取标的物单证的同时支付。

第一百六十二条　出卖人多交标的物的，买受人可以接收或者拒绝接收多交的部分。买受人接收多交部分的，按照合同的价格支付价款；买受人拒绝接收多交部分的，应当及时通知出卖人。

第一百六十三条　标的物在交付之前产生的孳息，归出卖人所有，交付之后产生的孳息，归买受人所有。

第一百六十四条　因标的物的主物不符合约定而解除合同的，解除合同的效力及于从物。因标的物的从物不符合约定被解除的，解除的效力不及于主物。

第一百六十五条　标的物为数物，其中一物不符合约定的，买受人可以就该物解除，但该物与他物分离使标的物的价值显受损害的，当事人可以就数物解除合同。

第一百六十六条　出卖人分批交付标的物的，出卖人对其中一批标的物不交付或者交付不符合约定，致使该批标的物不能实现合同目的的，买受人可以就该批标的物解除。

出卖人不交付其中一批标的物或者交付不符合约定，致使今后其他各批标的物的交付不能实现合同目的的，买受人可以就该批以及今后其他各批标的物解除。

买受人如果就其中一批标的物解除，该批标的物与其他各批标的物相互依存的，可以就已经交付和未交付的各批标的物解除。

第一百六十七条　分期付款的买受人未支付到期价款的金额达到全部价款的五分之一的，出卖人可以要求买受人支付全部价款或者解除合同。

出卖人解除合同的，可以向买受人要求支付该标的物的使用费。

第一百六十八条　凭样品买卖的当事人应当封存样品，并可以对样品质量予以说明。出卖人交付的标的物应当与样品及其说明的质量相同。

第一百六十九条　凭样品买卖的买受人不知道样品有隐蔽瑕疵的，即使交付的标的物与样品相同，出卖人交付的标的物的质量仍然应当符合同种物的通常标准。

第一百七十条　试用买卖的当事人可以约定标的物的试用期间。对试用期间没有约定或者约定不明确，依照本法第六十一条的规定仍不能确定的，由出卖人确定。

第一百七十一条　试用买卖的买受人在试用期内可以购买标的物，也可以拒绝购买。试用期间届满，买受人对是否购买标的物未作表示的，视为购买。

第一百七十二条　招标投标买卖的当事人的权利和义务以及招标投标程序等，依照有关法律、行政法规的规定。

第一百七十三条　拍卖的当事人的权利和义务以及拍卖程序等，依照有关法律、行政法规的规定。

第一百七十四条　法律对其他有偿合同有规定的，依照其规定；没有规定的，参照买卖合同的有关规定。

第一百七十五条　当事人约定易货交易，转移标的物的所有权的，参照买卖合同的有关规定。

（第十章以后内容省略）

参考文献

【1】 李述容. 采购与供应管理实务. 武汉：武汉理工大学出版社，2007.

【2】 赵艳俐. 采购与供应管理实务，北京：人民交通出版社，2009.

【3】 李恒芳，廖小丽. 优秀采购员手册. 广州：广东省出版集团，广东经济出版社，2009.

【4】 王文信. 采购管理，厦门：厦门大学出版社. 2008.

【5】 李政，李亮. 采购主管工作手册. 北京：化学工业出版社，2010.

【6】 蒙茨卡，（美）特伦特，（美）汉菲尔德. 采购与供应链管理（第3版）. 北京：电子工业出版社，2008.

【7】 方光罗. 商品采购管理. 大连：东北财经大学出版社，2010.

【8】 张瑞夫. 现代采购管理实务. 上海：上海交通大学出版社，2008.

【9】 许亮. 国际物流环境下采购问题研究. 河海大学硕士学位论文，2005.

【10】 王振武. 基于ERP的采购业务流程控制. 理财与会计，2007.11.

【11】 许俊平. 浅谈电子招投标[J]. 有色冶金设计与研究. 2010.2.

【12】 徐秋林. 浅谈我国电子招投标发展趋势[J]. 山西建筑，2010.8.

【13】 李永玲. 政府采购网上招标初探[J]. 企业科技与发展，2010（18）.

【14】 王为人. 采购案例精选. 北京：电子工业出版社，2009.

【15】 楼继伟. 政府采购，北京：经济科学出版社，1998.

【16】 善村. 采购技术. 广州：广东经济出版社，2001.

【17】 魏国辰. 采购实际操作技巧. 北京：中国物资出版社，2003.

【18】 王槐林. 采购管理与库存控制. 北京：中国物资出版社，2002.

【19】 马士华. 供应链管理. 北京：机械工业出版社，2002.

【20】 张晓青. 现代物流概论. 武汉：武汉理工大学出版社，2005.

【21】 朱水兴. 工业企业的采购与采购管理. 北京：中国经济出版社，2001.